农产品冷链物流配送

主 编 周洁 韩璞 简永富

中华工商联合出版社

图书在版编目（CIP）数据

农产品冷链物流配送 / 周洁，韩璞，简永富主编.
--北京：中华工商联合出版社，2021.9
ISBN 978-7-5158-3147-3

Ⅰ. ①农… Ⅱ. ①周… ②韩… ③简… Ⅲ. ①农产
品－冷冻食品－物流管理－物资配送 Ⅳ. ①F252.8

中国版本图书馆 CIP 数据核字(2021)第 196322 号

农产品冷链物流配送

作　　者：周　洁 韩　璞 简永富
出 品 人：李　梁
责任编辑：于建廷 臧赞杰
封面设计：书海之舟
责任审读：傅德华
责任印制：迈致红
出版发行：中华工商联合出版社有限责任公司
印　　刷：北京毅峰迅捷印刷有限公司
版　　次：2022 年 1 月第 1 版
印　　次：2022 年 6 月第 1 次印刷
开　　本：710mm×1000 mm　1/16
字　　数：410 千字
印　　张：17.25
书　　号：ISBN 978-7-5158-3147-3
定　　价：78.00 元

服务热线：010－58301130-0（前台）
销售热线：010－58301132（发行部）
　　　　　010－58302977（网络部）
　　　　　010－58302837（馆配部、新媒体部）
　　　　　010－58302813（团购部）
地址邮编：北京市西城区西环广场 A 座
　　　　　19－20 层，100044
http://www.chgslcbs.cn
投稿热线：010－58302907（总编室）
投稿邮箱：1621239583@qq.com

编　委　会

本书编写成员如下：

主　编：周　洁　韩　璞　简永富
副主编：陈　刚　周启荣　杨宇平
　　　　农丽艳
参　编：劳德勇　陈　晨　刘成稻
　　　　傅渝萱　刘烨烨　罗桂莲
　　　　张　宸　陈燕芳　苏志鹏

前　言

在现代物流活动中，仓储与配送是现代物流的重要组成部分，是连接生产、供应、销售等环节的中转站，是物流、信息流、单证流合一的作业基础。物流仓储与配送管理是对仓库、储存和配送的管理，是企业为了充分利用所具有的仓储资源，提供高效的仓储与配送服务所实施的计划、组织、控制和协调过程，其基本任务是提供物流的储存和配送功能，创造时间价值，提高资源效益。高效合理的仓储与配送管理可以帮助企业加快物资流动的速度，降低成本，保障生产的顺利进行并实现对资源的有效控制和管理，帮助企业获得更大的收益。配送活动及其管理的好坏，直接关系到生产流通成本的大小、生产流通速度的快慢以及效率的高低，也直接关系到供应链、价值链和服务链的战略目标。

物流业已经成为国民经济一个非常重要的服务产业，它涉及领域广、吸纳就业人数多，对促进生产、拉动消费的作用大。物流业已经上升到国家战略层面，极大地提振了全行业的信心，提升了物流业在国民经济全局发展中的地位，各级地方政府加大了对物流业的支持力度。物流企业正向规模化经营和专业化服务扩展，物流服务的专业化和精细化要求越来越高。但与发达国家相比，我国物流发展水平仍然比较低下。近年来，随着农业结构调整和居民消费水平的提高，生鲜农产品的产量和流通量逐年增加，全社会对生鲜农产品的安全和品质提出了更高的要求。加快发展农产品冷链物流，对于促进农民持续增收和保障消费安全具有十分重要的意义。冷链物流是现代物流的重要组成部分，对降低农产品产后损耗，提高农产品品质，推动农产品跨季节均衡销售，促进农产品流通，增加农民收入均具有重要意义。

本书在编写过程中，曾参阅了相关的文献资料，在此谨向作者表示衷心的感谢。由于水平有限，书中内容难免存在不妥、疏漏之处，敬请广大读者批评指正，以便进一步修订和完善。

本书由广西物资学校智慧物流专业群教学团队编写。

目 录

项目一 农产品冷链物流概述

任务导入

在很长一段时期，人们对农产品物流的认识都具有一定的片面性，认为其只是对农产品进行运输、储存和装卸，这些观点都是不全面的。如今，物流行业正在进行转型升级，从传统的物流向现代物流进行过渡。随着现在的物流概念和含义的发展，农产品物流在结合农业发展特点的基础上，有了更新的定义，即在满足消费者需求的情况下，为实现农产品价值而进行的从生产者到消费者之间的运动。通过学习本章的内容，使读者对农产品冷链物流有一个基础的认识。

学习大纲

1. 掌握农产品的概念与分类
2. 了解冷链运输中的要求
3. 掌握农产品冷链物流的基础知识

任务一 冷链物流的概念与分类

一般认为，将容易腐烂的货物置于适宜存放的条件下，可以使其在收集、加工、包装、储存、运输到销售整个链条中最大限度地维持货物较好的质量，尽可能使货物变质的速度减慢，在这个过程中采取的特殊手段与综合设施就是我们所说的冷链物流。冷链运输指在进行运输的过程中，运用一些特定的装备，按照冷链物流的简单明细，使易腐烂物品在规定的温度下从生产地到销售地无损耗地运输的特定手段与技术。冷链运输技术随着社会经济水平和科技水平的快速提高，已经日渐规范和标准，已经成为冷链非常重要的一个过程。冷链物流与易腐货物在冷库中的静态储藏是有所区别的，它是一个随机、动态的过程。不同种类的易腐货物对冷链的要求大有不同，甚至同一种类不同批次要求也会不完全一样。更重要的是，冷链中对不同的加工环节、不同形式的温控设备和不同的处理流程，有特别的温度控制要求。很多类别的产品需要通过冷藏供应链以达到其市场流通寿命的最大化。同一类别不同类型的产品因各自的产地、目标市场以及是否经过冷加工处理等因素的不同而有不同的冷链处理要求，故同种类别的冷链间也存在一定的差异。

一、冷链物流的概念

冷链物流（Cold Chain Logistics），也叫低温物流（Low - temperature Logistics）。目前，

学术界对冷链物流的定义是：为了减少易腐物品和生鲜食品的不必要消耗与污染变质，维持货物的良好品质而采用的使物品在生产制造、储存、流通、分销直到售出前的整个过程中均处在适宜的温度条件下的专用的供应过程系统。

（一）冷链的内涵变迁

冷链是指在适宜的温度条件下生产、运输、流通、销售易腐货物的综合系统。它是通过制冷设施与技术方法等手段，针对货物生产、加工、储存、运输到分销的全过程，尽可能地维持易腐货物的质量，供给优良的食物的冷藏运输设备与系统。

通过各种保鲜技术与设施的同时应用，使易腐货物在生产制造、加工、储存和分销的各个过程中，尽可能地维持其质量和活性的综合工作链就是保鲜链。在食物的生产制造到分销流通的整个过程中，均保持适宜低温环境以使其良好质量得到保持的综合系统是冷链。食品冷藏供应链就是使易腐烂食物从生产制造、加工、储存、流通、分销到被购入的全过程中均处于确定的温度条件下，维持食物品质，降低食物的不必要消耗，避免食物的腐烂与污染。21 世纪初《国家标准：物流术语》对冷链的定义为：冷链是指依照货物特性设置的，为了保证货物能够不变质，需要对货物进行规定的低温封闭，将货物从生产开始，一直到销售的每个环节都用低温处理的物流系统。这个标准在规定了冷链的标准的同时，也将物流网络的详细意义表达出来，表明物流全环节中所有的相关的信息、组织结构和设施的总和称为物流网络。

在《农产品冷链物流发展规划》指出，"农产品冷链物流是指使肉、禽、水产、蔬菜、水果、蛋等生鲜农产品从产地采收（或屠宰、捕捞）后，在产品加工、贮藏、运输、分销、零售等环节始终处于适宜的低温控制环境下，最大程度地保证产品品质和质量安全、减少损耗、防止污染的特殊供应链系统欧盟认为，冷链是指从原料的采收开始，经历过屠宰或者生产加工，到被消费者购入的全过程中均处于温度控制之下的流通过程。由于涉及的国家众多，更加注重冷链的标准与管理，保证了冷链物流在不同国家之间的有效联系，推进了欧洲冷链物流运输与对接的标准化管理。在美国食品药品监督局的规定中，冷链的要求是将食物从农田采摘出来后，一直到做成菜肴端上餐桌的过程中，都需要保持新鲜，抑制有害微生物的生长繁殖。美国冷链物流的发展与管理极大地影响了其他国家和地区，它对冷链的定义凸显了供应链的管理思想。日本《明镜国大辞典》认为，冷链是指通过冷藏、冷冻、低温储藏的手段，保证食物或原料由生产者到消费者的全过程中维持新鲜状态。它认为冷链是一种低温流通系统，它凸显冷链技术的发展，大范围采取预冷、加工、储藏、冷冻、运输流通，物流网络等规范化的专业体系，更加注重流通。

从以上不同角度所关注和研究的冷链内涵变迁历程可以看出，随着冷链内涵的演进和深入，冷链运输的运作功能不断增强，服务层面更加多样化，延伸和覆盖的范围逐步扩大，但仍存在局限。冷链运输在冷链过程中占用不可或缺的地位，顺应着社会经济的发展、科学技术的进步，冷链逐渐规范化、专业化、标准化，其内涵也更加深入，冷链运输的应用范围、职能作用将有更新、更深的内涵。其一，冷链运输随着冷链涉及的实体范围扩大，运送的对象从易腐食品扩大到所有适用于低温运输的货物、物品。其二，冷链运输随着冷链涵盖的不同过程增加，运送的地点转移涉及生产制造过程、物流过程，包括商流的流通过程的全部环节。没有冷链运输贯穿全程，冷链就无法成为"链"。其三，冷链运输随着冷链涵盖的功能作用增强，从单纯的"运输"变成重要的"功能要素"。从由此地到彼地的单线运输与传递，到联结各设施、各产地、各工厂、各配送中心、各销售点的"物流网络"和贯穿整个供应链，到全程控温的特殊物流系统的重要"过程控制功能要素"。冷链运输随着易腐货物从供应地到达需求地，其冷链效果目前存在局限性。"民以食为天，食以安为先"，人民不仅对易腐货物的要求（如形状颜色、营养成分、口感味道和便利安全等）更加详尽，同时更倾向于未经冻结过的新鲜事物。人民对易腐食品的"鲜活"需求相当可观。目前的冷链有待于进一步从理论、技术方面实施低温控制以外的保鲜手段，比如可借鉴菲律宾蛤子低温保鲜技术，这种技术能够使蛤子从捕捞、海水清洁、养殖吐沙、精选、加工包装、运输流通到分销的所有环节均保持鲜活，也就是形成所谓的保鲜链。通过试验研究，其最佳的保活方法是降温冷藏法，在2℃～2.5℃下，可保活10天以上，存活率达90%以上。易腐食品的"鲜活"将成为未来冷链发展的重要方向。

（二）冷链物流的适用范围与一般原则

1. 适用范围

冷链运输中的易腐货物若按一般条件运输极易受到外界条件的影响而腐烂变质。需要使用冷链运输的货物中，通常会将易见的货物分为三类。其一，初级农产品。其中的动物性食品有肉（禽畜肉类）、鱼类、新鲜奶类、蛋类等；植物性食品主要指蔬果类产品等；另外还有林木、花卉等。其二，次级农产品，就是经过加工的产品，例如肉制品、速冻食物、鱼制品、方便调理食物、蛋制品、水产品，部分罐头食品、糖果、冰淇淋等。其三，特殊商品。包括某些化学品、药品和疫苗等。

图1-1　冷链运输中的易腐货物

2. 一般原则

其一，进入冷链运输前的易腐货物的原材料和成品的初始质量必须保证，首先是品质和鲜活状态要保证，如果易腐货物已经开始变质，会造成大量的腐败损耗。保持低温环境的冷藏无法使产品恢复到鲜活状态，也无法提升它的品质，唯一可以做的只有尽可能维持当下品质。农产品应当依据合理的种植管理方法种植，应没有影响食品安全的有毒微生物，没有超标的农药残留，没有受到病理性疾病、生理失调或者虫病的影响。其次是保证包装要符合易腐货物的特性和冷链的要求。此条原则极为重要，若不遵循，不仅会产生过多的成本投入，还要承担食品腐败的风险。

其二，冷链运输前要进行运输工具的预冷和易腐货物的预冷。冷链运输的目的不是冷却货物的温度，而是维持货物的温度。预冷运输工具可以大大减少运输途中继续冷却车体的冷消耗，易腐货物在产出、采用、收集整理后应即刻进行冷冻处理，尽量保存其生命状态，去除加工热、田间热，从而减轻运输工具的热负荷。

其三，易腐货物的特性对冷链运输的环境要求极为苛刻，要保证不间断地维持规定的温度和湿度等。低温环境的设置要保持适宜、维持其稳定不变的连续性。

（1）适宜的温度

如果果蔬温度过低，就会因冻结而破坏其呼吸功能，失去抗病性，同时因冻结破坏其组织结构而降低其耐藏性，风味品质就会发生很大变化，解冻时会迅速腐烂。

（2）要保证温度的平稳

温度上下波动、忽高忽低，不但会使微生物的活动和呼吸作用随着温度的升高而加强从而大量繁殖，同时还会引起冻结食品内部的重新结晶，使冰晶进一步扩大，食品的不可逆变化加深。

（3）要保证连续性

易腐货物在冷链运输过程中应保持冷藏条件的连续性，如果由于各种偶然因素断链，那么易腐货物就有可能在这个环节中迅速腐败。

（4）要求快速运输

对每一种易腐烂的食物来说，在确定的温度条件下，食物品质的降低与存放时间之间有明确的关联。这就是众所周知的"T. T. T."理论［即时间（Time）、温度（Temperature）、耐藏性（Tolerance）］。易腐货物即使处在要求的条件下，其品质仍在不断地降低，因为呼吸作用等生化变化以及微生物繁殖仍继续进行，只是进行的速度相比通常条件下较为缓慢。某些娇嫩易腐货物在要求条件下只能保管几天，超过这个时间，货物品质就会显著降低甚至失去食用价值，因此易腐货物本身的特点要求快速运输。

（三）冷链运输的作用

1. 冷链运输是冷链运输系统的重要环节

冷链运输系统是一种低温物流系统，它的基石是冷冻工艺学，主要方法是制冷技术，包括物品冷藏、冷链运输、冷链配送与冷藏销售等过程。冷链运输是构建和完善冷链运输系统的必要环节和首要条件。目前，我国冷链运输装备无论在数量上还是在质量上都比地面冷藏设施差，特别是在冷库与冷链运输衔接的作业中，最容易使货物暴露在高温下。此外，预冷站建设这一食品冷链运输的先导过程目前仍未被涉及。冷链运输被各种各样的人为和非人为因素制约。人为因素有管理者和运送者为达到"低成本"目标所采用运输手段的调整，人工等附加费等费用的变化，客户定制化的个性需求，以及销售终端货物送达的时间变更等，任何一个人为因素或者突发性的事件都有可能造成冷链运输停滞不前。比如，跨区域的易腐货物运输，不同城市交通管制的区别，常常使冷链运输承运人陷入"最后一公里"瓶颈的困境。非人为因素有燃油、设备、技术等内在因素，以及由于交通拥堵、突发事件等外在因素引起的配送间隔变化等。在我国，要实现真正意义上的冷链运输，要配备和应用高成本的设施设备与技术，这是一个长期的过程。因此，首先处理好冷链运输环节的诸多不可控因素，是解决冷链运输运作的关键问题和主要问题。

2. 冷链运输可以实现易腐货物时空位移，调节市场需求

易腐货物原料在我国的生产区域分布十分广泛，运输流向按照不同的自然地理环境划分极为复杂。比如南菜南果的北运，四川、湖南、湖北等地的冻肉外运等。在运转过程上突破了时空限制，即易腐食品生产原料的产地格局、季节变化限制，加速了农产品进入大生产、大流通的进程，从而使区域生产规模和品种结构趋于优化，促进经济增长，更好地满足人民生活需求、使人民的菜单更加丰富。随着我国社会的迅速发展和经济水平的日渐提高，城市化进程的加速，人民群众消费水平的提高、生活节奏的加快，人们对各种加工食品如调理食品、冷冻食品、方便食品要求更高，需求趋向于多品种、小批量、高品质。同时，食品业在质量、价格、新产品等方面，各业种、各厂家之间的竞争日益激烈，在竞争中唯独冷冻食品仍保持着持续高速增长的趋势。这需要冷链运输发挥改变时空的位移作用，迅速地将易腐食品快速、安全地送到顾客餐桌，并具有调节品种、适应不同季节变化与稳定物价的作用，加速易腐货物从实物到价值的转换，将冷链变成价值链。

3. 冷链运输可以降低易腐货物物流过程损耗，节约食品资源

易腐货物在整个供应链的各个环节都可能产生损耗。主要是由于冷链运输环节操作不当，导致产品质量下降、重量损失、数量减少。比如，果蔬储运过程中的损耗体现在三个方面：微生物活动导致腐烂造成数量的损失，蒸发失水引起重量的损失，生理活动自我消耗引起的营养、风味变化造成商品品质上的损失。造成损耗的原因有多种，如由于缺乏恰当温度控制而导致的产品腐坏。值得注意的是，易腐货物在到达消费者面前之前，因水分流失造成的损失相当巨大。如果果蔬产品的水分流失会导致明显的萎蔫、变色、表皮起皱、过分萎缩等现象。产品质量和价值的损失造成客户满意度的下降和品牌信誉的下降，整个冷藏供应链上的生产商、运输商、经销商都要受到供应链影响而整体利润减少。在许多地区，农产品生产是当地的主要经济来源。农产品从"农场"到"餐桌"，即从生产者到消费者，不可避免地要进行一次或多次集散，由于没有足够的冷链运输能力和科学的冷链运输方法，很多生鲜农产品不得不在常温下流通，流通中的巨大损失导致生产受到限制。比如，两广的香蕉因为"香蕉大丰收，运输不畅使人愁"而不得不砍掉香蕉树改种粮食的历史，使得当地的自然优势得不到充分发挥。冷链运输对于易腐货物的运输非常重要，通过冷链运输，能够保证货物的质量、保持货物的新鲜度以及保障货物的安全，在运输过程中，能够最大限度地做到对温度、湿度等条件的控制，并且能够最大限度地保证一个理想的冷链环境。在这个过程中，因为对温度、湿度等条件的控制，所以那些易腐货物

变质的因素，诸如物理、生物、化学变化，发生的概率会大大降低。冷链运输将冷链环境从供应地一直保持到了需求地。冷链运输能够保证适宜的运输条件，减少易腐货物在运输过程中品质、风味和鲜度的损失，大大降低了易腐货物在流通过程中的损耗，节约食品资源。

（四）我国冷链运输的特点

冷链运输是一个不容易控制的复杂过程，其主要的特征如下：

1. 易腐货物种类多、流通散乱、流向杂乱

我国地大物博、地势多变、海岸线漫长，包括亚热带、温带、寒带等多种气候区，物产资源种类繁多，易腐货物原料资源丰富。如鱼类有2000多种，水果有300余种，蔬菜有几千种，其他如畜禽蛋类农产品也极为丰富。几乎所有的易腐货物都可以通过冷链运输来调节消费市场，除少数大宗货物从大生产区到消费区之间由于供求关系逐渐形成相对平稳和显著的流向以外，大部分的易腐货物的流通和流向比较松散杂乱。运输小、批量化、经销个体化，对易腐货物品种及包装的要求往往更多、更严格。

2. 运输量难以保证、浮动明显

易腐货物的生产加工有很强的地区性，运输流向不可控，导致运输时车辆空载较多；易腐货物生产有季节性，运输量在不同季节上下浮动明显，对冷链运输设施的要求比较高。

3. 组织工作比较复杂，对技术性等要求较高

我国夏季时南北两地温度普遍较高，冬季时南北气温差异较大。总的趋势是从南向北，从沿海向内陆降低，温差大。因此同一地区不同季节的运输方式不尽相同，相同季节时在不同地区之间进行物流运输的要求也不同，在同一次运输任务中也许会采取冷藏、加温和保温等多种措施。我国国土辽阔，易腐货物有的运距长达三四千公里，虽然随着我国农产品的产业化、规模化生产以及设施农业和大棚生产的发展，各地生产的农产品品种逐渐增多，减少了长途调运的运量，缩短了内销货物的平均运距，但仍有大量的易腐货物需要长途冷链运输，这就使组织工作复杂化。在整个冷链物流进行的环节，冷链所必需的制冷方法、保温方法、产品品质和对温度的把控与检测方法是冷链物流的理论基础，不同的易腐货物都有其对应的运输条件。

4. 由于易腐货物的不易储藏性，冷链运输有时间限制

冷链物流有一定的时效性。企业要求冷藏车准时准点到厂装货并在规定时间内将货物送到目的地，超过一定的时限，货物就可能腐烂变质、失去商品价值。

5. 冷链运输成本高

冷链运输成本高主要是因为冷链运输设备的购置成本较高、需要投入的资源多、组织工作复杂、损耗大等。普通的冷藏货车比通常的货车成本高出数十倍，因此其修理或护理所需费用也要高出许多；另外需要许多配套的节点设施等，投入运营的资金以及占地费用也很高；并且，运输时技术水平要求高，运输条件（气调、冷藏、加温等）比较苛刻；运行组织难度较大，需要快速组织冷藏运力资源进行快速运输以降低运行成本。我国地处北温带，南方更属亚热带，因此平均温度较高，运输中损失的冷量较大，维持低温需要耗费

的电费和油费较高。

6. 没有形成真正的"冷链"

我国易腐货物从生产到销售的各个过程中，冷链物流设备的数量、技术难度、运输结构不平衡，如缺乏果蔬预冷的设备，运输过程能力较弱，冷链运输率低。

二、铁路冷链运输的特点

铁路冷链运输是指运用铁路冷链运输工具在铁路上进行的易腐货物运输的方式。铁路冷链运输工具包括铁路冷藏车、铁路冷藏集装箱等。技术特点如下：

（一）适应性强，运输能力大

铁路冷链运输适用于易腐食品所分布的不同生产区域，它的连续性相对较强，适合用于质量和容量有差异的易腐货物的双向运输。铁路是大众、常见的运输方式，列车本身的重量和每24小时通过此线路的列车对数决定了铁路运输承载能力。每一趟列车运输承载货物的水平远超飞机或者汽车。目前采用的机械式制冷铁路冷藏装备，能够担负大量的易腐货物的运输任务。机械冷藏车车体隔热、密封性能好，并安装了机械制冷设备，具有与冷库相同的效应，能调控适宜的储运条件，保持品质，减少损耗效果好。

（二）运送速度较高，运输成本较低

对于常年消费的、大宗的来自原料产地、季节性较强的易腐货物，托运者十分重视冷链运输的大量性、连续性、运价的低廉以及运送速度。运输成本中固定资产的损耗造成的费用占据很大一部分。并且，成本与运输距离的长短、运输货物的多少有很大关联，距离越长、货物越多，单位运输成本就越少。一般情况下，铁路运输的单位成本与公路和航空相比都要低，部分甚至比内河航运还低。

（三）安全性高、能耗小、受环境污染程度小

在我们的印象中，多种现代化运输方式中，按照所完成的乘客人千米和运输的货物吨千米算出的事故率，铁路运输非常低。铁路列车单位功率能承载的重量约为汽车的11倍，这表明铁路列车单位运输量所耗能量比汽车少得多。就环境污染程度而言，对大气和土地污染最严重的是汽车运输，各种航空运输的噪声污染更为明显。相对而言，铁路运输在各方面的环境污染程度均比较小，尤其是电气化铁路污染程度更小。

（四）运价上缺乏灵活性，内部比价不尽合理

易腐货物在进行运输的时候，因为考虑到地区性、季节性、时效性和品质要求，所以运输价格会出现差异。在不同的季节，价格会因为运输质量要求和运输期限要求而差异比价明显。但是铁路运输的价格比较固定，旺季价格较低不能增加收入，淡季价格较高招揽不到生意，非常不利于物流运输市场的开拓。

最为重要的一点是，铁路运输的价格普遍由国家定价，暂时不能根据不同的地区、天气等因素进行调整。

（五）运输工具不适应市场要求

20世纪后期，我国冷链运输一直以铁路冷藏车运输工具为主。但易腐货物市场变化较大，大宗货物正在逐渐变少，通过冰冷藏的运输弊端逐渐显现，车辆的利用率较低。并且，车辆自身的储存和技术水平有限，路途中需要停车加冰，延长了运输时间，满足不了易腐货物的时效性，目前已经被淘汰。而成组机械冷藏车一次装载量过大，单节机械冷藏车的技术状态不良。这些都导致运输量急剧下降，铁路冷藏运输严重亏损。运输易腐货物不同于普通货物，需要建设完备的冷链运输专用设施和管理结构，才能保证货物的品质、新鲜度以及物流过程的利润。

乳制品在温度方面的要求比较苛刻，生产者为了保证产品质量，一般会选择自己运营冷链物流业务；冷饮、速冻食品等生产者更倾向于雇用第三方物流企业进行部分或者全部物流业务；肉制品生产者倾向于将冷链物流业务全部外包以适应行业的迅猛发展。

冷链物流的重担逐渐会转移给越来越专业化的第三方物流机构。物流作为非核心产业，生产者如果自己运营冷链物流，投入大量资金进行基础设施、信息网络和人力资源的建设，这些只会服务于物流业务本身，对生产者来说是不必要的浪费。因此，更多的生产者将会选择更专业、更完备的第三方物流。市场很难满足生产者自营物流业务的要求，因而，在市场的大环境下，供不应求必然会导致第三方物流企业的快速崛起和发展。

三、冷藏运输的发展趋势

因为食品冷藏业的强势发展、冷藏技术的提高、物流水平的加快等因素的影响，冷藏运输的每个环节同样受到了积极影响，正在走上一条迅猛发展的道路，具体的表现为以下几个方面：

（一）新材料与新技术的广泛运用

在冷藏运输业，大量地投入新材料和新技术，将冷藏运输设备的技术性能大幅提高，能够更好地保持易腐食品原有的质量。新技术、新材料也能够在一定程度上降低冷藏运输设备的造价和运输成本。大范围地使用包括自动化技术、计算机技术、数字控制技术等在内的新技术，通过新技术的使用更新冷藏运输的设备，使设备的性能更加优化，增强设备的可靠性以及自动化的水平。与此同时，在人工服务方面也加大了对于运输的管理。

（二）采用新的制冷方法

新技术的使用也创造出了新的制冷方法，在运输过程中，新的制冷方法得到广泛应用。以往的运输过程中只会使用机械制冷，但现在也会使用液化气体制冷，比如液氮、液化二氧化碳、液化空气等。在运输车内采用液氮制冷系统，通过这种制冷方式能够将冷藏的温度控制在 $-25℃ \sim -15℃$。除了能够制冷，还能够将温度进行保持，车内的温差不会超过 $\pm 1℃$。不同于液氮制冷，液化二氧化碳制冷的办法就是直接喷射 $-20℃ \sim -18℃$ 的液化二氧化碳。而液化空气制冷的操作过程就是在车内喷射能够吸走热量的液化空气进行降温。正是因为有了这些新的方法，才能够在整个冷藏运输过程当中将车内的温度保持在最适宜的温度。

（三）广泛采用冷藏集装箱

如今，有一种便利价廉的运输方法快速发展，广泛应用于公路、铁路、水上和空中运输，它使易腐货物的物流网络联运得到实现，那就是冷藏集装箱技术。近几年来，冷藏集装箱的发展速度已超过其他冷藏运输工具的发展速度，使用冷藏集装箱不仅装卸的效率更高，而且它基本不用人工操作，大大降低了人力资源的使用，节约人工成本。除此之外，冷藏集装箱能够轻松进行调度，周转的速度特别快，运输量特别大以及将理货的过程简化，很大程度上降低了运输货损和货差等，可在世界范围内流通使用，并具有冷藏运输通用性和国际标准化。冷藏集装箱的尺寸和性能正日趋标准化、完善化。总之，食品冷藏链在现在的生活当中不可缺少，冷藏链的数量日益增长，在其中扮演着重要角色的冷藏运输被赋予了保持食品质量与提升冷藏效率的重任。为了保持食品在运输流通过程中具有良好的品质，冷藏运输的方方面面将日趋完善。

任务二 冷链运输的要求

冷藏货物由于受地理分布、气候条件以及其他许多条件因素的影响，原料产地、加工基地与消费中心往往相距很远，但为了满足各地消费者的需求，保持市场的供求平衡，必须进行合理的调度。特别是易腐食品，其在自然条件下特别容易腐烂变质，这样它就不再具有食用价值，所以在进行运输时必须保持它的新鲜度，因此要求运输过程中对温度和湿度条件必须进行控制，对运输工具及其运输管理提出了一定的要求，并在运输组织过程中，要使各个环节都合理化。

图1-2 冷藏车

一、冷链运输的原则

不管使用何种冷藏运输方式，对于运输的管理都必须坚持"及时、准确、经济、安全"的基本原则。

（一）及时

按时把货物送到指定地点是最重要的，同时也是最难做到的。在实际运输中，经常出现货物迟到的现象，这对于企业的销售影响很大，甚至企业会因此而失去客户。对于冷藏运输来说，如不及时送到，对于货物质量有很大的影响。尤其是没有机械制冷装置的运输工具，如保温汽车，路上运输的时间越长，对货物的影响越大。

（二）准确

在运输的整个过程中，要防止各种差错的出现。比如，货物多发、少发、漏发等。另外，在冷藏运输开始之前，承运人应该掌握准确的装卸货点，核对联系人的姓名、电话等，防止冷藏货物长时间存放在运输工具上。

（三）经济

这主要是运输成本的问题。在运输方式和路线的选择、运量和运价的确定等各个环节都要考虑运输成本。冷藏运输的运价都比较高，尤其是在高温季节，冷藏运输往往供不应求，价格很高，所以应从运输组织的角度，合理地组织货源，采用正确的包装，提高装卸效率，选用正确的运输方式等。

（四）安全

"安全"就是要顺利地把货物送到客户手中，包括车辆的运行安全和货物的安全等内容。对于车辆的安全来说，应该保持运输车辆良好的性能，选用驾驶技术好、经验丰富的司机；对于货物安全来说，要做好防盗、防损等措施。

二、冷链运输的一般要求

不同的冷藏货物都有一定的储藏温度、湿度条件的要求。在进行冷藏运输时，需要考虑并满足不同货物的不同要求，并且在运输的过程中一直保持下去。为了维持所运食品的原有品质，保持车内温度稳定，冷藏运输过程中可从以下三个方面考虑。

（一）温度要求

在进行冷藏运输之前，需要将易腐食品储藏温度调试到和车内温度差不多。如果将生鲜易腐食品在冷藏运输工具上进行预冷，则存在许多缺点。首先，是预冷的成本会加倍提高。其次，需要考虑到的是运输工具的制冷能力有限。所以不可以用冷藏运输工具降低货物的温度，只能用其有效地平衡环境传入的热负荷，维持产品的温度不超过所要求保持的最高温度。在多数情况下冷藏运输工个预冷不能保证冷却均匀，而且冷却时间长、品质损耗大。

（二）湿度要求

运输过程中，冷藏食品的水分会蒸发，特别是用能透过蒸汽的保护膜包装的或表面上并无任何保护膜包装的食品，其表面不但有热量散发出来，同时还有水分向外蒸发，造成失水干燥。水果、蔬菜中水分蒸发，会导致其失去新鲜的外观，当减重达到5%时，会影响其柔嫩性和抗病性。

（三）工具要求

运输工具是冷藏运输环节中最重要的设施，运输工具的质量直接影响到运输质量，即直接影响到冷藏货物的质量。对于不同的运输方式，有不同的运输工具，但它们都应该满足以下几方面的要求。

1. 冷源需求

在冷藏运输当中最重要的一点就是运输工具上必须要有适当的冷源，如干冰、冰盐混合物、碎冰、液氮或机械制冷系统等，这样才能够将货物间的温度维持在一定的低温环境下，保持食品的新鲜。使用冷源最主要的目的就是避免外界传入的热量和货物本身产生的热量对于货物质量的影响。比如，果蔬类的货物在进行运输的过程中，为了避免因为车内温度上升而导致果蔬类货物变质，需要做到及时排除呼吸热，而且要有合理的空气循环，让冷量分布均匀，保证货物存在的每一处的温度都均匀一致且能够稳定，最大温差不超过3℃。有些冷藏货物对温度要求较高，比如速冻食品，在运输中，运输工具必须要有机械制冷提供的冷源。

2. 隔热性能

冷藏运输工具应当具有优良的隔热性能，总的传热系数 K 要求小于 $0.4W/m^2 \cdot K$，甚至小于 $0.2W/m^2 \cdot K$，这样外界传入的热量会被大量地降低，同时能够保证机械制冷产生的冷气能够维持车舱内的温度，避免车内温度的波动和防止设备过早地老化。一般来说，K 值平均每年要递增5%左右。车辆或集装箱的隔热板外侧应该使用具有反射性能的材料。需要注意的是，必须保持隔热板外侧的表面清洁，这样才能够降低对于辐射热的吸收。在车辆或集装箱的整个使用期间，应避免箱体结构部分的损坏，特别是箱体的边和角，以保持隔热层的气密性，并且应该每隔一段固定的时间就对冷藏门的密封条、跨式制冷机组的密封、排水洞和其他孔洞等进行检查。只有这样，才能够有效地降低因为空气渗透而导致的隔热性能的降低。

3. 温度检控

运输工具的货物间必须具有温度检测和控制设备，对于温度检测仪的要求是，其必须能够准确且连续地记录货物间内的温度；对于温度控制器的要求是，必须保持很高的精度，最佳为 ±0.25℃，以满足易腐食品在运输过程中的冷藏工艺要求，防止食品温度过分波动。

4. 车厢卫生

在车厢内部，对于食物可能接触到的所有部分，都必须使用对食物的味道以及气味没有影响的安全材料，包括顶板和地板在内的箱体内壁，必须是光滑、防腐蚀、不受清洁剂影响、不渗透、不腐烂，这样才能够为对车厢的清洁和消毒工作提供便利。箱体的内壁除了一些特殊的需要之外，不能有突出的部分，箱内的各种设备不可以有尖角和褶皱，否则，对于货物的运输以及各种脏物和水分的清除是很不利的，很有可能会损害货物，或者导致货物不新鲜。在车厢正式投入使用之后，对于车辆和集装箱内的碎渣碎屑要及时地清扫干净，以保证车厢的整洁、空气的流通以及货物的质量。对冷板所采用的低温共溶液的成分及其在渗透时的毒性程度应予以足够的重视。对于汽车运输来说，冷藏车的清洗频率应该是比较高的，每一个运次回场后都应该清洗冷藏车厢。

知识连接：

农产品冷链物流泛指水果、蔬菜、肉类等物品在生产、贮藏运输、销售，到消费前的各个环节中始终处于规定的低温环境下，以保证物品质量和性能的一项系统工程。它由冷冻加工、冷冻贮藏、冷藏运输及配送、冷冻销售四个方面构成。冷链物流需要综合考虑生产、运输、销售、经济和技术性等各个要素，并协调好各要素间的关系，以确保易腐、生鲜食品在加工、运输和销售过程中保值增值。冷链所适用的食品范围包括蔬菜、肉类、水产品、奶制品和速冻食品等。

任务三　农产品冷链物流基础知识

一、农产品冷链物流基本概念

（一）冷链的相关定义

根据《中华人民共和国国家标准：物流术语》（GB/T18354—2021）：

冷链（Cold Chain）的定义为：根据物品特性，为保持其品质而采用的从生产到消费的过程中始终处于低温状态的物流网络。

冷藏区（Chill Space）的定义为：仓库内温度保持在0℃～10℃范围的区域。

冷冻区（Freeze Space）的定义为：仓库内温度保持在0℃以下（不含0℃）的区域。

根据《中华人民共和国国家标准：冷藏食品物流包装、标志、运输和储存》（GB/T24616—2009）的定义，冷藏农产品（Refrigerated Agricultural Products）是指在物流运输过程中，使环境温度维持在低于8℃且保证在冻结点以上，尽可能地维持其鲜活状态和良好的品质的农产品。

根据《中华人民共和国国家标准：冷藏食品物流包装、标志、运输和储存》（GB/T24616—2009），冷藏运输（Refrigerated Transportation）定义为：采用可以达到低温要求的运输设备，将农产品从一地点向另一地点运送的物流活动，其中包括装载、运输、卸货等一系列操作。

根据《中华人民共和国国家标准：冷冻食品物流包装、标志、运输和储存》（GB/T24617—2009）的定义，冷冻农产品（Frozen Agricultural Products）指的是将可以食用的农产品、水产品或畜禽类产品作为主原料，通过加工、冻结、包装处理等环节，在−18℃

以下的低温环境中储藏与分销的农产品。

对于易腐农产品（Perishable Foodstuff），根据《中华人民共和国物资管理行业标准：易腐食品机动车辆冷藏运输要求》（WB/T1046—2012），可以将其定义为：在常温下保存或流通易于腐败变质的农产品总称。

（二）冷链物流

一般情况下，为了维持农产品的品质，减轻农产品消耗而采用的使易腐农产品从生产制造、储存、运输到分售前的整个过程中均处在确定适宜的低温环境中的系统工程称为冷链物流（Cold Chain Logistics）。需要运用冷链物流的物品如下：一是初级货品：花卉产品；水中产品；肉类、禽类、蛋类；蔬果产品。二是加工货品：快餐制作原材料；速冻肉类、禽类、水产品、农产品等加工过的货物、熟食、奶制品和冰淇淋。三是特殊种类物品：药物及其原料。

农产品冷链是一个复杂的综合产业链，与其他普通的物流行业相比，它的环境要求更多、更苛刻，需要付出的资金更加庞大，因为它以保持易腐食物质量为最终目标，以保证适宜温度为核心标准的综合系统。易腐食物的特性使其对冷链各过程间的系统调节要求更为苛刻，因此，农产品冷链的运转必须仔细考虑消费投入，有效控制运作成本与农产品冷链技术的进步密不可分。

冷链物流是顺应科技的发展、制冷设备的完善而不断完善的，是在冷冻工艺学的基础上，利用制冷设备完成的必须保证温度的物流系统。冷链物流的条件比较苛刻，其在人力与金钱方面的付出也比不要求温度的一般物流大，政府必须发布并实施合理可行的政策来保证我国冷链物流行业迅速可靠的建设。

（三）农产品冷链物流

农产品冷链物流是一种特殊的供应链系统，其目的是尽可能地维持货物良好的质量、减少不必要的消耗以及避免腐败变质，它主要是通过创造一个规定的温度条件，使蔬果、蛋奶、水产、肉类、禽类等生鲜农产品从生产制造、采买、加工包装、储存、运输到被购入的全过程均在此温度环境下实现。

我们平时所说的农产品是农业获得的初级产物，包括在生产中得到的微生物、动物、植物及其相关产物，如小麦、玉米、芝麻、苹果等，初级农产品是没有被加工过的各种渔业、种植业、畜牧业所得产品。可分为下列种类：

一是可食用真菌，指自然野生和人工培育的各种可食用真菌，包含农业从业人员将自身培植、移栽、摘取的产物进行各种加工和保鲜包装的鲜货和干货。

二是蔬果类产品，指自然野生和人工培育的各种蔬果类产物，包含农业从业人员将自身培植、移栽、摘取的产物进行加工包装的干货和腌渍产品（不包括蔬果所制蜜饯）。

三是树木、花卉，指自然野生和人工培育的，可以维持自然状态的树木、花卉类产品。

四是药品，指自然野生和人工培育的初级药品。除此之外，还有出产药品的企业经过切、炒、烘、焙、熏、蒸、包装等环节加工过的药品或中成药。

五是畜禽、昆虫等动物类产品。包括有生命状态的禽类、畜类、虫类、两栖动物类等，如牛蛙、活牛、山羊、家猪等；牲畜类动物的皮毛，如狼皮、兔皮等的生皮；未被特殊处理加工过的牲畜、禽类、兽类等的鬃毛或羽毛等；蛋类和光禽，光禽是指只经历过宰杀、去毛而没有进行进一步分割加工的农业从业人员提供的禽类；动物自己产生或相关产出的产品，如蜂蜜、奶类、蚕蛹等。还包括除了上面提到的产品外的其他所有动物类产品。

六是渔业产品。如滩涂养殖产物、淡水产物、海水产物等，还包含农业从业人员打捞获得后进行冰冻、熏制、腌制和风干的制品。

另外，还包括其他的植物类产品，如茶树、林木产品和粮油原料植物等。综上所述，我们认为农产品加工是对以上农产品进行简单的初级生产收获。它与农产品的进一步加工是有区别的，这种简单加工可以保持农产品原有的形状或特征。

二、农产品冷链物流的货物种类

（一）根据农产品货物品类划分

1. 冻畜禽肉类

畜禽类动物经过宰杀后就会变成无生命产品，即畜禽肉类。其由骨骼、肌肉、脂肪和结缔组织构成，主要包括鸡、鸭、鹅、鱼、猪、羊、牛等，主要营养物质有脂肪、蛋白质、糖、水、维生素和无机盐等。其对微生物等的入侵几乎没有抵抗的能力，同时还会出现一些降解等生物化学反应，分为僵硬、软化、溶解和腐败四个过程。其中，自身溶解过程从成熟后期开始，标志着产品品质开始降低。特征反应是蛋白质解体，氨基酸分解，微生物大量增殖，肉类品质下降。因此，肉类储存时应尽可能推延自溶阶段的到来。

食物可能会因为各种微生物的大量增殖和各种酶的氧化分解作用而变质，冷冻能够降低微生物的繁殖能力，抑制酶的活性，减慢分解氧化的速度，让食物变质进程减慢，在其产出后长时间内依然维持其良好的品质。因此，我国传统的储存易腐食物的方法是冷冻储藏。

一般情况下，肉类进入休眠状态的极限温度是 -18℃，但当温度达到 -23℃以下时，冷冻储藏的期限可以加倍延长，当温度达到 -30℃以下时，此期限可以更长，这之中最明显的是猪肉。在很多国家有规定：水产品以及冷冻农产品及其制品必须保证 -18℃或者更低的运输环境。

大部分消费者会提出运输环境应该在 -18℃以下的条件。

2. 冻鱼和水产品

与家畜、家禽等肉类相比，鱼类和水产品的不饱和脂肪酸含量更高，肌肉纤维更为疏松，各种酶的含量也比较高。鱼类和水产品中含有丰富的脂肪、含量较高的蛋白质、矿物质、维生素、酶和水分，还包括八种必需氨基酸。

鱼类和水产品死亡之后不仅会有僵硬、软化成熟、溶解和腐败等现象，在之前还会出现表面黏液分泌的现象，其是导致微生物腐败的良好培养基。这几个现象各自出现时间都比较短，特别是软化成熟现象持续时间极其短，这是许多微生物和酶类在低温环境下依然可以保持比较强的活性导致的。在自身溶解阶段，蛋白质解体，氨基酸分解，致使腐烂的微生物增殖，品质持续下降。

鱼类和水产品的储存时间受温度的影响极大，一般条件下，温度下降10℃，冷冻储存的时间增加3倍，相比较之下，低脂鱼类比高脂鱼类时间长，红色肌纤维的鱼类冷冻时间比较短。大多数情况下储存温度是：低脂鱼类和水产品为 -18 ~ -23℃，高脂鱼类和水产品要低于 -29℃，少数红色肌纤维的鱼类可能会需要 -60℃的温度。在冷冻储存和运输时，应该保持尽量低的温度，并且尽量规避温度的上下浮动。

图1-3 冷冻水产品

3. 冷冻水果和蔬菜

蔬果类产品是人体必需的食品，各品种的营养成分因种类、生长环境、储存条件等的差异而有很大的不同，主要包括纤维素、糖类、水分、有机酸、酶和维生素等。蔬果类产品被摘取后，果实内部依然有非常明显的新陈代谢，在很多情况下是母体变化的延伸，没有完全成熟的可以成熟，已经完全成熟的可以继续进行溶解腐败的过程。

大多蔬果类食品在经历冷冻和冷藏后会使生命的新陈代谢过程中断，从有生命体转变成无生命体。冷冻的蔬果类食品从大量包装批发到精包装零售的运输过程中，应注意保持其特殊的环境条件，避免损耗。一般情况下，冷冻储存的温度越低，食品品质维持越好。

冷冻蔬菜应该先用开水或者蒸汽熏烫清洗，再进行冷冻，用以消灭腐败微生物以及抑制酶的活性。它应储存在低于 -18℃ 的环境下，避免温度的上下浮动，并且使用密闭防水的材料包装，以此延长蔬菜的保存期。

冷冻水果通常采取糖或者酸进行处理代替烫洗。这导致对水果的挑选十分重要，应该选取成熟适度和品质较好的水果进行冷冻，因为单纯的精包装或者低温环境并不能抑制低水平的酶化作用。

4. 冰淇淋

冰淇淋富含蛋白质、碳水化合物、脂肪、无机盐、维生素和矿物质等，它是营养成分丰富的产品，主要作用是饱腹止渴、解暑降温等。

在冰淇淋的生产过程中，严格的低温要求、无菌洁净的运输过程、适宜的温度环境和密封的包装都使得冰淇淋进入最安全可靠的农产品之列。冰淇淋口感是否细腻是评价好坏的重要指标，它主要由冰晶的形状、分布及角度决定。冰晶形状越规则、分布越均匀、形状越小，口感越细腻。除了加工过程外，冷冻储存过程中的低温环境也可以有效地保证冰晶尺度及品质。

冰淇淋的外包装可以帮助其规避损坏的风险，抵抗温度的作用，其材料分为塑料桶、纸箱和涂蜡纸等种类。一般情况下，冰淇淋运用恒温箱运输，温度应该在－25℃以下，应该避免温度的上下浮动。

5. 奶制品

一般情况下，冷冻奶油属于大宗货物，一般的做法是用纸箱包装奶油，将纸箱置于货盘上，最后一起装在冷藏箱里进行运输。尽管部分奶制品能够在温度比较高的环境下进行运输，但实际的环境温度会控制在－14℃以下甚至更低，这是由于大部分的奶油制品处于－18℃以下的低温时可以保证自身没有微生物的破坏，可以保证品质。能够长期储藏的硬奶酪需要在1℃~7℃的环境下运输，其他种类的奶酪需要用冷箱在0℃~13℃的环境下运输，这是由奶酪的品种、包装、运输时间长短以及销售的用途等决定的。

（二）根据农产品货物所在温度区间划分

1. 保鲜货物

保鲜货物一般是指各种水果、蔬菜、花卉、苗木等储藏保鲜。保鲜货物的特点是经过长时间的储藏，依然能保持新鲜，此类货物具有较高的经济价值。比如，说葡萄的保鲜期为7个月左右，蒜薹能够储存7个月时间，苹果储存6个月，质量和新鲜度都接近生长状态，货物总体的损耗小于5%。通常情况下，葡萄在原产地的售价仅为每千克1.5元，可是如果将葡萄储存到春节期间再卖，那么售价将会达到每千克6元。通常来说，一个冷库的使用寿命能够达到30年，因此是具有十分显著的经济效益的。可以看出冷库的优点在于，当年投资当年就能受益。与此同时，冷库的操作技巧也比较简单，进行的维修也比较简单。最为核心的制冷设备能够通过电脑自动化处理，这样能够大幅度降低人工费用，并且提高收益。

保鲜货物存放在保鲜库中。保鲜库又称为高温冷库，一般主要用来存放需要短期储藏的水果、蔬菜产品。保鲜库和其他农产品冷库相比，在设计冷库制冷量时要考虑货物呼吸热量和冷库通风换气热量。同时，为了保证货物储藏品质，在对保鲜冷库设计时要考虑库内空气的湿度控制。

农产品在采收后昼夜温差较大，并且空气中的相对湿度较低，蔬菜、水果在这样的环境中储藏时间将大大缩短，储藏品质也将下降。据大量实验研究，蔬菜、水果在保鲜库内储藏时间能延长1/3。保鲜库的作用便在于此。再者，蔬果保鲜冷库储存是通过降低酶类和微生物的活性，增加蔬果类产品储藏时间。保鲜冷库技术是目前蔬果类产品低温保鲜的最常用方式。蔬果类产品在0℃~15℃均可以保鲜，保鲜冷库储藏能够抑制有害微生物的生长发育，减少产品的腐烂，并且能够减慢产品的呼吸作用与新陈代谢，进而能够防止变质，延长储藏时间。

就气调技术来说，果蔬气调保鲜库是通过改变空气中的氧气、乙烯、惰性气体、二氧化碳等的浓度以及大气压强、空气湿度、温度（冰冻临界点以上）来降低果蔬内部细胞的呼吸作用的频率，借此减少其新陈代谢，使其进入休眠状态并非彻底死亡，从而可以在一段时期内维持果蔬的口感、外观和营养成分，以此达到长期保存的目的。我们平时讨论的气调保鲜即通过对气体的调节控制，从而达到保鲜的目的。气体调节则是控制空气中的氧气含量，使其由21%减少到3%～5%。也就是说，保险库是由气调设备和高温冷库设备共同组成的，通过控制温度和空气中氧浓度两种方法的合作，取得减少蔬果被采摘后呼吸作用的效果。即便被储存保鲜的物品远离气调保鲜的条件后，它内部的生化活动依然可以进行，正常地新陈代谢，保持有生命状态，短时间内不会腐烂。气调保鲜库是世界范围内比较具有前瞻性的蔬果保鲜设备，它可以控制储藏库的湿度和温度，还可以调节空气中氧气浓度，让保存的蔬果进入休眠状态，即使离开储藏库依然可以维持质量。它的优点如下：一是可以增长蔬果类产品的保存时间，一般情况下比普通冷藏延长0.5～1倍，保存至高价时销售，可以取得极高利润。二是可以保持蔬果的新鲜度和口感。蔬果离开保险库后，其营养成分、口感、外观、形状、重量、水分等都能达到要求。果蔬口感好，颜色鲜艳，接近生长时状态，品质和价值非常高。三是可以使果蔬遭受病虫灾害的机会减少，降低果蔬不必要的损耗。四是产品离开保险库后的摆放期有一定的延长，可达21～28天，而普通的产品出库后，摆放一周左右时就可能变质。

2. 冷藏货物

冷藏货物是在低于常温但不低于物品冻结温度条件下，实施对冷冻冷藏类货物保持货物所需的低温或恒温温度环境，目的是保持货物原有的品质，减少货物损耗的一种保藏措施。冷藏的温度一般控制在0℃～5℃。防止冷藏货物即易腐农副产品发生腐败变质的方法称为防腐法。其主要是通过制止腐败微生物的代谢运动达到的，或将细菌真菌完全杀灭。一般情况下有熏制、干制、盐渍或糖渍、冷藏处理及高温处理等方法。

各种防腐法的原理及操作如下。

（1）熏制

熏制时将农副产品烘干，覆盖上高温燃烧得到的防腐剂，熏制前先用盐渍处理，此法一般用于鱼类或者肉类。

（2）干制

用烤焙或者风干晾晒的方法处理鱼类、肉类、蔬果类产品等，使其成为鱼干、肉干、果干或者脱水蔬菜等。鱼类和肉类一般在少量盐渍的基础上进行烤干操作。其目的是创造恶劣的条件，使微生物不能生长、发育或者繁殖，大部分的易腐产品都可以采用此法。

（3）盐渍和糖渍

盐和糖的极高的渗透压，可以减少农产品内部的水分，使微生物不能生长发育，甚至会死亡，最方便价廉的防腐法就是盐渍。

（4）冷藏处理

降低农产品所处环境温度，冻结农产品内部水分，发生脱水作用，或者使农产品温度降到0℃左右。虽然此法可以抑制微生物的生长发育和繁殖，但是微生物依然处于有生命状态，对于需要长期保存的货物来说依然非常危险。所以，在长期的运输和仓储过程中，必须保证产品所处的低温环境可控，才能保证货物的储存环境，保持其良好的品质。

（5）高温处理

将马口铁罐中被密封的农产品放在耐压浸渍器中，罐不能漏气，将温度升至120℃，消毒过程应该持续1.5小时，以将农产品中所有腐败微生物和菌类完全杀灭。

要注意的是这几种防腐法里，除了冷藏处理之外，其余办法都改变了农副产品的口感或品质，改变了其营养价值，甚至可能在处理过程中生成对身体健康有害的物质，应该时刻注意。所以，能够保证农产品新鲜度和品质的冷藏处理才是最理想、最应该大力推行的防腐法。

3. 冷冻货物

冷冻处理是将农副产品完全冻结，将农副产品中几乎所有的液体成分均冻结，冻结处理时应该在低于 −20℃ 的温度下快速进行，并且冻结所用的时间越短越好。

一般情况下，肉类农产品及海产品是常见的冷冻货物。这是因为当处于零度以下的低温环境时，即便货物不会冻结，低温环境也可以抑制有害微生物的生长、发育和繁殖，延长农产品的保质期。这是因为在冻结时，内部的液体成分结冰，不再向微生物提供生长发育所需的水分，并且低温环境可以直接抑制有害微生物的生长发育和繁殖，进而延长储藏期限。冷冻处理不会影响农产品中含有的脂肪、蛋白质、无机盐和糖类等营养成分，也不会损耗除了维生素 C 以外的维生素。如果在冻结处理时，想办法阻止或者中断酵素的活动，在 −25℃ 的低温下处理，在 −18℃ 的低温下储藏，维生素 C 也可以得到完整的保存。采用冷冻处理法保藏的农产品，由于冻结处理可能损坏内部组织和细胞，所以农产品的营养成分和口感会受到影响，不能维持其特有的色香味，这是它很大的不足之处。因此，可以清楚地知道不同的产品其温度带是不一样。

任务四　农产品冷链物流的特点及模式

最近几年，物流行业快速发展，农产品冷链物流也迎来了发展的高峰期。在目前的市场环境下，我国农产品冷链物流的发展趋势和生存环境不断改善，其作为物流行业的重要一环，正在逐渐向社会各层展示自己的重要性。根据农业农村部的统计汇总，全国范围内有超过5000个的农业产品批发市场，其负担了超过70%的农业产物流通分销的任务，并且促进了农业产品市场分销流通多类型、多层次、多主体的全新格局的形成。虽然我国农产品冷链物流已经初具规模，但这其中依然有许多需要尽快解决的难题。与其他发达国家相比，我国冷链物流行业仍然比较滞后，并且断链现象仍比较频繁。

一、农产品冷链物流的特点

（一）农产品冷链物流基础设施不断升级，日趋完善

随着我国农产品冷链物流的迅猛发展，许多大型的农产品生产企业和销售企业以及农产品批发市场都在加快对冷链物流设施的建设。

为了保证国家农产品财产安全，我国政府正在大力推行战略储藏库的建设，这一举措

极大地促进了国家冷链物流设备的建设。许多大型的农产品生产企业和零售企业注意到了生鲜农产品冷链物流的快速发展与极大利润，从而开始进行冷链物流配送系统以及生鲜农产品专用配送中心的建设。更有许多大型的连锁企业开始进行技术水平要求更高的冷链配送中心的建设，形成了初步的农产品物流系统和运输配送链，为完整的农产品冷链物流的形成打下了坚实的基础。

（二）农产品冷链物流规模快速增长，扩张势头强劲

当下，我国水果和肉类总产量占全球实际总产量的30%，禽类、蛋类和水产品占40%，蔬菜更是占60%。每年大约要有4亿吨农产品进入市场，冷链物流在流通过程中的重要性日渐显著。这其中，蔬果类、肉类以及水产品的冷链运输比例分别是5%、15%和23%，冷藏运输比例分别为15%、30%和40%。冷链物流正在飞速发展。此外，国民消费水平进一步提升，人民群众对于农产品冷链物流的认可度越来越高，种种表现都为我国农产品冷链物流的发展打下了坚实的基础。

（三）制冷设备不断更新换代，制冷技术日趋多样化

当前，我国用于制冷的设施正在逐渐改进，能够节省电力和水资源的蒸发式冷凝器可以帮助建设低碳环保的绿色模式，这种设备正在被大力推广。我国农业生产结构和包装结构正在不断进步，特别是小包装的生鲜农产品飞速进步，农产品冻结技术取得了长足的发展。其通过迅速、连续式的冷冻设备，提高了冻结的速度，改善了冻货的品质。此外，供液技术和制冷设备正在多方面发展。

（四）全国范围的低成本运输网络初具规模

近些年来，我国增强了农业产品物流信息与设备网络的建设，各级政府都对农业产品物流的建设提供了强大的支持与重视。我国完成了对贯通全国的"绿色通道"——全国农业产品物流"五纵二横绿色通道"网络的基本建设，提供了方便快捷、低投入、高回报的物流通道和网络，加速了冷链物流的建设。

（五）农产品冷链物流运作模式呈现多样化发展

我国地大物博，各个地区之间的经济社会发展、基础设施的完备程度有很大差异。我国的农产品冷链物流的流通形式基本可以分为三大类：首先是被农副产品批发市场控制的冷链物流模式；其次是被大型连锁超市控制的冷链物流模式；最后是被大型龙头企业控制的冷链物流模式。当前，在我国，被农副产品批发市场控制的冷链物流模式比较常见，而且在发展的很长时期里，此种模式仍然占大多数。但是，因为我国对农超对接政策的推行，农产品工业化的进一步发展，以大型连锁超市为主导的冷链物流模式的比例将不断提高。

（六）第三方冷链物流企业不断创立，发展势头强劲

由于我国目前正在积极推行低能耗、低成本的冷链物流技术，经营水产品和反季节蔬

果的利润较高的农产品流通链正在快速发展，这刺激了我国冷链物流大型企业数量的增加，也使得我国冷链物流企业趋向于信息化、集团化、规模化发展。

二、农产品冷链物流的传统模式

（一）自营物流模式

农业从业人员以及相关的生产企业（包含产品的销售方和购入方）根据自己的经济和设备条件自己进行物流运输的物流形式称作自营物流。它是基于自身已有的物质和设施去支持物流产业，它的宗旨是"大而全""万事不求人"。"大而全，小而全"之所以能成为物流产业主要的形式，主要是因为自给自足的"小农"思想。在这种物流形式下，有些大型的农业加工企业和农业生产大户也会从物流企业购入物流服务或者从仓储公司购入储藏服务，但这种服务通常只是一些零散的或者一次性的服务，并且只是暂时的仅限于市场交接的服务，物流企业不会根据企业完成的产业环节交付完整的服务。也可以说，物流服务与公司行业链之间的链式是不牢固的。

农产品自营物流因为其本身的许多长处正在被我国和国外的许多农产品加工或销售企业以及大型的农场不断应用，它的主要优点如下：

一是帮助农产品生产者或大型企业合理地控制物流产业链运行的所有环节，掌握与农产品的生产制造和分销过程、消费者对农产品的品质和种类的条件、分销者和零售者的处理货物的能力等有关的详细的信息材料，并以此改变自己的生产制造的策略。

二是帮助企业完成对经营管理模式的改变，有效应用已有的物流设备和服务，促进资金流通，增加企业的盈利空间。

三是帮助生产者和大型企业完成对原料的采用和成品的分销，省略了针对相应的运输流通、储存、配送和售后服务的资金问题进行的谈判，规避反复交易带来的多余花费和风险，降低了交易过程的不稳定性，也降低了交易的资金投入。

四是帮助企业在了解市场走向和消费者真实需要的基础上改变物流服务，提高服务质量，进一步增加企业的品牌影响力和参与竞争的能力，也可以规避外界物流介入导致的商业机密的曝光。

同时，自营物流也有许多的缺点，主要表现在以下几个方面：一是自营物流对运输和仓储的能力与容量的要求很高，必须与生产制造的能力符合，这会给企业带来经济方面的高负荷，另外，因为市场的不稳定招致风险，特别是在市场比较低迷的时候，运输和储存设备大多闲置，会带来大额的浪费。二是在大型企业的内部会设有专门的物流部门，该部门通常情况下会与其他部门产生交集和联系，各个部门都有着自身的规律与利润，这使企业更加难以管理。三是物流行业对专业方面的知识和物流实践工作能力有很高要求，企业常常会因为物流行业并非自身主要行业、优势不明显而导致自营物流的投入偏高但业务水平偏低。

（二）第三方物流模式

第三方物流模式是指建立特定的物流产业，接受销售方或购入方的雇用，专门进行物流服务的物流外包。通过这种物流形式，可以得到专业的物流服务，减少物流的投入，提高工作效率，还能够节省销售方或购入方企业的人工资源和设备资金等，专注于企业本身的业务，实现效率上的共赢。当然，第三方物流也拥有长处和局限性。

第三方物流的长处主要有下列几点：一是农业工作人员和大型企业可以减轻自己进行物流产业和物流信息化设施建设所带来的巨大负担，还能够通过外界物流产业的介入得到由于自身能力不足，不能支持运行或者自己进行不占有优势的物流服务。二是第三方物流行业更加规范和经济实用。农业生产人员和生产企业把物流服务承包给他们，与自己运行相比较，投资成本更加减少，还能够规避自身的不合理投资，将成本更多地用于合理的产业。三是第三方物流企业有专门的运输配送资源与信息网络，具有强大的优势，能够提供更加便利的服务，提高企业的品牌号召力。

第三方物流的局限性也可以概括为几个方面：一是比较重要的物流过程承包给外界企业，导致农产品供货方对物流环节的掌控力度大大地减弱，这种情况很有可能会影响到物流失控的层次。二是第三方物流企业往往会同时接受多个供货方的雇用，导致信息在各个供货方间流通，企业的商业机密有被暴露的风险。三是第三方物流企业承包了重要的物流环节，往往对企业内部的决策与规划了解比较深入，能够取得更多详尽的消息，这也会增加企业核心机密被暴露的风险。

三、农产品冷链物流的基本模式

（一）批发市场模式

批发市场模式是生产者或者中间分销者将零散的产品投放到一定规模的批发市场，由批发商进行统一收购，然后由零售商进行销售，最后被消费者购入获得的物流模式。

此模式有自身的长处，可以防止产品的零散销售，实现统一化、规范化，减少物流方面的投入。我国的农产品主要依靠零散的个体农户自行生产，这种小规模经营是我国农产品市场的基础。批发市场是主要交易场所，将零散的农产品收集起来，再统一进行分销，致力于农产品的收购与分销。批发市场仍是我国农产品销售途径中最为重要的一个方向。例如甘肃最主要的大型农产品批发市场包括武威市农产品批发市场、兰州张苏滩瓜果批发市场、甘肃秦安县北大果品产地批发市场、甘肃省粮油批发市场等。批发市场的基本模式如图 1-4 所示：

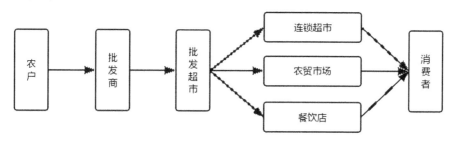

图 1-4 批发市场模式

（二）连锁超市模式

连锁超市与流通企业或物流企业签订合约，流通企业或物流企业与零散的农户约定好收购规则，三者之间构成平稳的契约结盟的关系，也就是连锁超市模式，这是一种典型的物流结盟型模式。它的特征是能够确保货源的稳定、减少物流的过程、提升物流效率。这种模式大多被生鲜农产品冷链物流运用。生鲜农产品容易腐败变质、新鲜度维持时间短的特性，导致其对物流设施、运输距离、销售速度等的要求极为苛刻，因此对物流服务的速度和效率要求也极高，连锁超市模式完美地贴合了它对于速度、效率的要求，而且还采用了产销直挂的模式，减少了物流的过程，完成了环节之间的无缝交接，使整个物流产业链得到了优化。连锁超市的基本模式如图1-5所示。

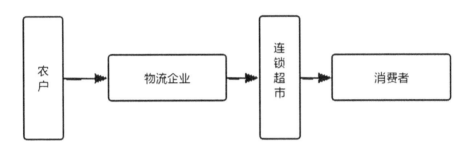

图1-5 连锁超市模式

（三）物流中心模式

物流中心没有确切的定义，它的概念比较广泛，是多种物流节点的集合，包括各种配送节点、集散中心和物流基地等。这种模式是在物流活动集约化、物流服务一体化思想的基础上总结出来的。当前，规模化、现代化的物流服务由农产品交易主体负责提供的物流模式就是以物流中心为主导的农产品冷链物流模式。我国大部分农产品交易主体比较零散且规模也不够大，无法提供专业规范的物流服务，将零散的农产品收集起来统一管理，能够使物流服务的效率得到提升，还能够使小生产与大市场之间的矛盾得到完美解决。物流中心的基本模式如图1-6所示。

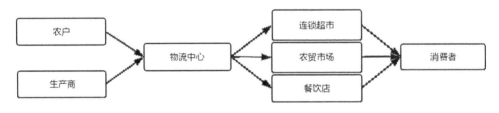

图1-6 物流中心模式

本章练习

一、单项选择题

1. 水果蔬菜的保鲜温度范围为(　　)。

A. −15 ~ 0℃

B. −5 ~ 5℃

C. 0 ~ 15℃

D. 10 ~ 20℃

2. 下列属于冷冻农产品的是(　　)。

A. 冰淇淋

B. 鲜鱼

C. 豆制品

D. 奶酪

3. 下列不属于易腐农产品的是(　　)。

A. 水产品

B. 小麦

C. 豆制品

D. 水果

4. 冷冻区带仓库内温度保持在(　　)。

A. −15 ~ 0℃

B. 0℃以下（不含0℃）

C. 0 ~ 10℃

D. 10 ~ 20℃

二、多项选择题

1. 一般的防腐法有(　　)。

A. 高温处理

B. 干制

C. 熏制

D. 盐渍

E. 糖渍

F. 冷藏处理

2. (　　)类产品必须经过冷链。

A. 生鲜农产品

B. 加工产品

C. 特种商品

D. 普通产品

3. 一般情况下，根据农产品货物品类可以分为(　　　)。

A. 冻畜禽肉类

B. 水产品

C. 水果

D. 冰淇淋

E. 奶制品

4. 食品危害是由(　　　)因素引起的。

A. 物理性

B. 化学性

C. 微生物性

D. 放射性

三、简答题

1. 简述冷链物流的概念。

2. 冷链物流的分类有哪些？

3. 冷链运输的要求有哪些？

4. 农产品冷链物流的特点是什么？

5. 农产品冷链物流的模式是什么？

项目二　冷链运输与配送

任务导入

冷链运输主要包括公路运输、铁路运输、航运运输和水路运输，本章在对冷链运输概述的基础上，分别对上述运输方式做了详细介绍。不同的运输方式具有不同的运输方法，根据运输物品、距离、保鲜期和价值等因素，综合考虑运用哪种运输更加合理，从而使利润最大化。

学习大纲

1. 了解冷链运输的概念
2. 掌握公路冷链运输
3. 掌握铁路冷链运输
4. 掌握航运冷链运输

任务一　冷链运输概述

一、冷藏运输方式及其选择

（一）冷藏运输方式

目前，普通货物的运输有五种基本的运输方式，分别是公路运输、铁路运输、水路运输、航空运输和管道运输。对于冷藏货物来说，除管道运输外，其他四种运输方式都有广泛的应用。

1. 公路冷藏运输

（1）公路运输的特点

公路运输的主要特点是机动、灵活，可实现"门到门"运输，较适合运输中短途货物，并且公路运输具有速度较快、可靠性高和对产品损伤较小的特点。汽车承运人具有灵活性，他们能够在各种类型的公路上进行运输，不像铁路那样要受到铁轨和站点的限制，所以公路运输比其他运输方式的市场覆盖面都要广。

（2）公路运输的应用

公路运输的特点使它特别适合配送短距离、高价值的产品。公路运输不仅可进行直达运输，而且是其他运输方式的接运工具并可减少运输过程中的中转环节及装卸次数。由于递送的灵活性，公路运输在中间产品和轻工产品的运输方面也有较大的竞争优势。总体来说，公路运输在物流作业中起着骨干作用。

（3）公路冷藏运输

公路运输是目前冷藏运输中最普遍、最常见的重要方式。公路冷藏运输通常采用两种运输设备：一种是装有小型制冷设备的冷藏汽车，另一种是仅用隔热材料使车厢保温的保冷车。在长途运输中，机械制冷是最常用的方法，因为从它的重量、所占空间和所需费用来说都是有利的。不采用干冰或液氮的冷藏汽车的原因是操作费用较高，所需制冷剂沿途再补充有一定困难。

长距离的运输，热量平衡取决于渗透过车内壁的热量以及渗透过地板由路面反射的热量。如果车壁气密性良好，则空气渗透的影响很小。在短距离运输和冻结食品的分配时，一般采用小型车辆，市区分配常用车辆规格是 2 ~ 5 吨/辆。这种车辆的热负荷主要来自经常开门造成的空气渗漏，5 吨/辆常用低温共熔液系统。对距离较短的运输来说，如果中途不开门，则可以采用无制冷装置的隔热保冷车，在这种情况下，应根据室外温度、隔热层的隔热效果和运输距离等因素将货物预冷，使温度在运输途中保持在所需的安全范围内。运输冷冻食品的冷藏汽车必须使食品的品温保持在 – 18℃ 以下，所以应采用有制冷设备的冷藏汽车，但国内目前因条件限制，还有相当数量的冷藏食品采用保冷车运输，很难实现维持 – 18℃ 的温度。尤其是在高温季节，对于不再储藏、尽快消费的产品，温度管理目标也可规定在 3 小时内不超过 – 15℃。

2. 铁路冷藏运输

（1）铁路运输的特点

铁路运输的一个主要优势是以相对较低的运价长距离运输大批量货物。因此，它在城市之间拥有巨大的运量和收入。尤其在我国，幅员辽阔，铁路是货物运输的主要方式。现在世界上几乎所有大都市都通铁路，铁路在国际运输中也占有相当大的市场份额。

（2）铁路运输的应用

铁路的地区覆盖面广，适应性强，可全天候不停运营，具有较高的连续性、可靠性和安全性。但是因为受到铁轨、站点等的限制，铁路运输的灵活性不高。铁路一般是按照规定的时间表进行运营，发货的频率要比公路运输低。

（3）铁路冷藏运输

由铁路运输冻结食品时都采用良好隔热的冷藏列车。目前我国使用的冷藏列车主要有机械保温车和冰保温车两种。机械保温车是在车厢上装有小型制冷设备，车厢温度可保持为 – 24℃ ~ – 18℃；冰保温车是在车厢的两端或车顶加冰和盐来保冷的车辆，车厢内的温度冬、春季可保持在 – 8℃，夏季可保持在 – 7℃ ~ – 6℃，沿途每 500 千米设有加冰站，可进行加冰。近年来，我国还研制出了共晶液冷板冷藏列车，设有温度调节装置，控温范围为 – 15℃ ~ 5℃。国外还有采用干冰、液氮等冷却方式的冷藏列车。利用平板车运送拖车和冷藏集装箱的方法，可从发货地点直接运到收货地点，可避免途中多次装卸，不仅降低了成本，而且保证了货物的质量，越来越多地被广泛应用。

3. 水路冷藏运输

（1）水路运输的特点

水路运输是最古老的运输方式。远洋航运是国际货物运输的主要方式。其主要优点是能够运输数量巨大的货物，适合进行长距离、低价值、高密度、便于机械设备搬运的货物运输。例如，谷物、钢铁矿石、煤炭、石油等。水路运输的主要缺点是运营范围和运输速度受到限制。另外，水路运输的可靠性与可接近性较差。除非其起始地和目的地都接近水道，否则必须由铁路和公路补充运输。水运的最大优势是低成本。因此，水路是大宗货物长距离运输的理想选择。

（2）水路运输的应用

水路运输方式中的远洋运输是目前国际贸易的主要运输方式，国际运输80%的货物是通过水路运输方式来完成的。尤其是国际集装箱运输，以其高效、方便的特点在海运中占了重要的地位。

（3）水路冷藏运输

水路冷藏运输的主要工具为冷藏船和冷藏集装箱。冷藏船上都装有制冷设备，船舱隔热保温，常用冷藏货仓来装运放在托盘上的集装箱货物。在许多航线上，常规的冷藏货物运输舱已大部分被冷藏集装箱所取代。冷藏集装箱一律采用机械制冷，隔热保温要求严格，能在一定的时间适度地保护预冷货物而不用制冷。但对较长时间暴露在大气温度下的集装箱则设有快捷式制冷机组，由内燃机驱动，或采用液氮制冷。在等待装货时，可由固定的制冷装置提供冷风，使之在箱内循环，这种供冷方式既可由一台或几台机械制冷机组完成，也可向空气循环系统不断地注入少量液氮，还可以一次性注入液体二氧化碳或液氮。

4. 航空冷藏运输

（1）航空运输的特点

航空运输的最大优点在于运输速度快，对于高价货物，易腐烂、变质货物等是一种必要的运输方式。但货运的高成本使空运并不适用于大众化的产品，通常航空用来运输高价值产品或时间要求比成本更为重要的产品。另外，航空运输由于受天气影响较大，使可靠性降低。

（2）航空运输的应用

航空运输在近年来得到了飞速发展，尤其是在国际运输领域，航空运输的发展速度是最快的。目前，一些重量较轻的样品、包裹、文件一般都是通过航空快递来完成的。

（3）航空冷藏运输

飞机作为现代速度最快的交通工具，是冷藏运输中的理想选择，特别适用于远距离快速运输。随着国民经济的发展和人民生活水平的提高，航空冷藏运输得到快速的发展。随着冷藏运输工具、冷藏技术的发展和普及程度的提高，冷藏集装箱联运组织系统的完善，运输时间大大缩短。在时间和食物鲜度就是金钱的今天，人们对航空冷藏运输的需求量越来越大。例如，高级宾馆的生鲜山珍海味、特种水产养殖的苗种、跨国的花卉、观赏鱼等，经常采用航空冷藏运输的方式。因此，航空冷藏运输无疑是一项很有发展前途的行业。航空运输的发展为虾蟹类和高档水产品的长距离运输提供了条件，这种运输速度快、时间短、食品损伤极少。国内餐厅中的一些高档"生猛海鲜"大多利用航空运输。然而，飞机往往只能运行于机场与机场之间，冷藏货物的进出机场还要有其他的冷藏运输方式来配合。

航空冷藏运输是通过装卸冷藏集装箱进行的。除了使用标准的集装箱之外，小尺寸集装箱和一些专门行业非国际标准的小型冷藏集装箱更适合于航空运输。因为它们既可以减少起重装卸的困难，又可以提高机舱的利用率，给空运的前后衔接都带来便利。

由于飞机上动力电源困难、制冷能力有限，不能向冷藏集装箱提供电源或冷源，因此空运集装箱的冷却方式一般是采用液氮和干冰。在航程不太远、飞行时间不太长的情况下，可以采取对货物适当预冷后，保冷运输。

（二）冷藏运输方式的选择

以上介绍了冷藏运输的四种基本运输方式。在某一个具体的冷藏运输项目中，究竟采用哪一种运输方式，具体来说，一要考虑运输物品的种类；二要考虑运输量；三要考虑运输距离；四要考虑运输费用。

在运输物品种类方面，物品的形状，单件重量容积、危险性、变质性等都成为选择运输方式的制约因素。比如冷冻肉、冷冻禽类，既可采用冷藏汽车运输，也可采用铁路冷藏运输，但液态奶一般只能采用冷藏汽车运输，水产品多采用冷藏船运输。

在运输量方面，一次运输的批量不同，选择的运输方式也不同，一般来说，原材料等大批量的货物运输适合铁路运输或水运。如南方某低温食品生产企业，在四川采购了大量的猪肉，就采用了铁路冷藏运输方式。

货物运输距离的长短直接影响运输方式的选择，一般来说，中短距离的运输比较适合于公路运输。货物运输时间长短与交货时间有关，应该根据交货期来选择合适的运输方式。总体来说，国际冷藏货物大多采用冷藏集装箱或航空冷藏运输。

运输费用的高低是选择运输方式时要重点考虑的内容，但在考虑运输费用时，不能仅从运输费用本身出发，还必须从物流总成本的角度联系物流的其他费用综合考虑。除了运输费用，还有包装费用、保管费用、库存费用、装卸费用以及保险费用等。在选择最为适宜的运输方式的时候，在成本方面应该保证总成本最低。物品价格的高低关系到承担运费的能力，也成为选择运输方式的重要考虑因素。

当然，在具体选择运输方式的时候，往往要受到当时特定的运输环境的制约，因而必须根据运输货物的各种条件，通过综合判断来加以确定。

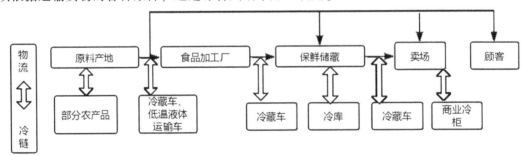

图 2 - 1　冷链物流运输体系

二、冷藏运输的要求及管理

在冷藏运输中，有一部分企业仍然采用第三方冷藏物流公司进行运输的。在采用第三方运输时，最重要、最核心的工作就是承运人的选择。

承运人选择可以分为以下四个步骤：一是问题识别，要考虑的因素有客户要求、现有模式的不足之处以及企业的分销模式的改变；二是承运人分析，要考虑的信息有过去的经验、企业的运输记录、客户意见等；三是选择决策，根据企业的实际要求，可采用各种方式向多家运输企业发出合作意向，进行招标；四是选择后评价，一旦企业做出选择之后，还必须制定评估机制来评价运输方式及承运人的表现，评估技术有成本研究、审计、适时运输和服务性能的记录等。

三、冷藏运输的现状

1. 我国易腐冷藏货物产、供、运、销现状

肉类食品产量与运输量增长迅速；肉类产品结构发生了较大变化，在肉类总产量中，猪肉比重明显下降，牛羊肉和禽肉比重逐步增加。肉类产品调运量呈下降趋势，仍主要以冻结状态进行运输；原有产销格局发生了深刻变化，长途调运量急剧下滑。

水果种植面积与产量增长迅速，特别是水果的种植面积和产量在以高于世界平均水平的速度增长；产品结构有待改善：从各品类的构成情况可以看出，我国水果生产仍以普通果品为主；运输特点：水果的运量增长较快，并以普通果品为主，主要以新鲜状态进行运输。

蔬菜产量与种植面积近年来增长较快；产品结构上，低品质的较多，高品质的较少。蔬菜运量增长较快，并以常见蔬菜为主，主要以新鲜状态进行运输。

近年来，水产品产量与养殖面积增长较快。水产品生产结构与品种结构发生了显著变化：淡水产品比例增加较大；海水产品已由以鱼类为主转变为以其他类为主；淡水产品尽管仍以鱼类为主，但其比例有所下降。

2. 我国的冷藏运输主要依靠公路和铁路运输

自21世纪以来，我国的肉、蛋、奶、水产、果蔬等每年增产10%以上，其中肉、蛋、奶、水产品中绝大多数为易腐食品，这些易腐货物主要靠铁路和公路运输。尽管公路和水路运量逐渐增加，但铁路运输仍以其快捷便利和稳定的特性在冷藏运输中起着重要作用。

公路冷藏运输快捷灵活，装卸环节少，减少了装运中的损耗，可进行"门对门"的服务。我国冷藏车朝着多品种、小批量和标准化的方向发展，节能和注重环保将是冷藏车技术发展的主要方向。

3. 冷藏运输损耗较大

目前，中国冷冻食品主要依靠陆路和铁路运输，但两者均面临冷藏设备不足的问题。软件配套不足也阻碍了冷冻物流业的发展。中国冷冻保温技术仍未建立全国统一的标准，加上冷藏物流供应链管理和操作人员缺乏，使冷冻物流业发展面临多重障碍。由于没有全程冷藏控温运行管理制度，导致各个环节信息阻塞，易腐物品在运输途中发生无谓耽搁，

风险增多。

4. 第三方物流商将成首选

运输易腐货物不同于普通货物，想要有效运作冷藏物流，实现保存货物至最佳质量的目的，必须建立一套完整的冷冻物流链，严格 B2B（点对点）的温度控制包装，货物由一个地方移到另一个地方，不应暴露在空气中，也不应承受温度转变环境。同时，货物放置在一个地方上也要严格控制温度。这些都需有构造精良的冷藏运输装备和专业的运输管理机制，才能有效地完成货物的保鲜质量和运输的经济效益。

通过效益分析，乳制品对温度的控制要求很高，厂商出于产品质量控制的考虑，更愿意自营冷藏物流业务；冷饮、速冻食品厂商大部分希望部分和全部外包物流业务；肉制品厂商为了适应高速发展的行业要求，更愿意全部外包其冷链物流业务。

越来越专业的第三方物流将逐步承担起冷链物流的重任。作为非核心业务，如果生产商自营冷藏物流，高投入的基础设施和设备、网络及庞大的人力成本只服务于自身项目，并不是生产商的明智选择，越来越多的生产商愿意选择能提供完整冷藏链的第三方物流来外包自身冷藏物流业务——现实却很难满足——市场需求必将催生第三方冷藏物流企业的快速发展。

任务二　公路冷链运输

一、汽车冷藏运输的发展历程与现状

（一）汽车冷藏运输的发展历程

1. 冷藏汽车的起步阶段

我国在 20 世纪 50 年代后期，为了向苏联和东欧国家出口冷藏肉类、禽蛋等易腐食品，开始使用保温汽车加冰运输到铁路集运车站，再用铁路冰保车辆运抵目的地国家和地区。50 年代末，我国食品进出口部门开始组织其下属企业采用解放牌汽车底盘改装保温汽车。

20 世纪 60 年代，我国实行计划供应肉类、水产、禽蛋等食品，商业部门为确保向城市居民供应冷藏肉、禽、蛋等易腐食品，也开始在其商业机械厂设点改装冷藏汽车。由于数量和质量上不能满足需求，因此六七十年代先后从罗马尼亚、匈牙利等东欧国家以"补偿贸易"的方式进口数百辆中型保温汽车，从意大利进口大型保温汽车。七八十年代，为满足我国易腐食品出口到日本等地的需要，又从日本、意大利、罗马尼亚等国进口各种吨位冷藏汽车。

2. 冷藏汽车的发展阶段

改革开放后，随着我国经济的发展和人民生活水平的提高，冷藏运输得到了快速发展，冷藏汽车的生产和贸易也得到了快速发展。冷藏汽车的用户也从计划经济时的商业、食品进出口、水产部门发展到大型食品商场和菜场，大型连锁超市，食品、乳制品和冷饮生产企业等，还出现了专门从事公路冷藏运输的现代物流企业。

（二）汽车冷藏运输的现状

1. 冷藏运输结构的变化

改革开放以后，我国公路冷藏运输的结构也从计划模式向市场模式过渡。一是原来主要由商业、食品进出口、水产等系统的冷库车队按主管部门调拨和分配计划进行运输，转为自主经营的冷库车队按市场需求进行运输。随着肉、鱼、禽、蛋类食品供大于求，计划供应取消，中长途调拨运输的比例减少，短途分配性运输比例大增；二是随着我国公路建设的快速发展，公路冷藏运输与铁路、水路相比，其比例不断提高，20 世纪 90 年代已占20%，现今已占近 30%；三是运输的易腐货物也从原来的冷冻肉、禽、水产品占绝大多数，发展到新鲜的肉、禽、水产品占相当比例，还有水果、蔬菜、乳制品、冷饮、保健食品等保鲜食品也需用冷藏、保温、保鲜汽车运输；四是车辆吨位结构发生变化，原来重型车、中型车、轻（微）型车分别占 10%、70%、20%，现在则分别占 10%、40%、50%；五是随着对冷藏运输质量要求的提高，冷藏汽车和保鲜汽车的占有率从 10% 提高到 40%。

2. 政府对公路冷藏运输的支持

在公路货运量不断增加的同时，需要运送的货物种类也在增多，而且各类货物的性质和物理状况千差万别。其中，冷藏保温运输货物占有较大比例。公路冷藏运输的运量占冷藏运输总运量的 35% 左右。一般情况下，长途运输以重中型车、半挂车为主，中距离运输以中轻型车为主，短途运输以微型车为主。自 20 世纪中期以来，我国国民经济保持了较为持续稳定的发展势头，人民生活水平不断提高，饮食结构发生了很大变化，食品深加工量和需要冷藏、冷冻运输的产品品种、数量和要求均在不断提高，为我国冷藏运输业快速发展提供了强大动力。

3. 公路运输是冷货运输方式的首选

公路运输易腐货物的优势较为明显，其特点有方便、快捷、灵活、门到门、风险小、货源组织容易。目前易腐货物运输朝小批量、多品种方向发展，鲜活货物供销关系与供销方式都发生了变化。在市场经济条件下，经销商直接从农户或市场上采购，又直接销售给消费者或另一个经销商。同时，对运输的要求也有了提高，货物经销商手中拿着算盘与计算器，为抢占市场，宁愿出高价雇用汽车运鲜货。人们不再仅满足于吃得上，还要求吃得好、吃得新鲜、吃得放心，因此，"速度快、质量好"成为冷藏货物运输的首选要求，汽车运输成为冷藏货物运输的首选交通工具。

（三）我国冷藏汽车的生产现状

随着我国汽车安全、环保等强制性执行标准不断推出，产品开发成本越来越高，逐步与国际接轨，市场准入门槛很快升高，导致一些小型、兼业的冷藏保温汽车企业被淘汰；而一汽、东风、长安、汉淮、江铃、北京福田、上汽通用五菱、东风柳汽、河北长城等汽车集团和主机厂开始将发展专用车作为拓展载货汽车主产品市场的重要手段，中集（主营集装箱）、重庆力帆（主营摩托车）、河南新飞（主营冰箱空调）等其他行业的大型企业也开始生产专用汽车，冷藏汽车作为厢式专用车的主要种类也受到重视。

目前，我国的冷藏、保温汽车市场与发达国家相比尚处于发展初期阶段。20 世纪 90

图 2 - 2　汽车冷链物流运输

年代，冷藏、保温汽车在我国才开始发展起来，保温车的车厢内衬保温材料，冷藏车则在隔热结构车厢基础上加装专用制冷装置而成。在众多冷藏专用汽车生产企业中，部分领先企业已达到了很高的市场集中度。我国的冷藏、保温车生产企业技术水平参差不齐，真正有市场的、技术水平可以与国际保持平衡的厂家较少。

（四）冷藏汽车的发展趋势

1. 冷藏汽车技术发展方向

朝提高隔热性能方向发展，车厢的隔热性能越好，冷藏汽车的经济效益和社会效益越佳；向新的制冷方式发展，大大减少能耗、噪声和环境污染是冷藏、保温车发展的必然选择；朝新型厢体结构方向发展，人们对商品的需求不但要求使用性能好、维修性好，而且要求商品造型美观。因此，冷藏、保温车必然朝新型厢体结构方向发展，以满足市场需求。

2. 冷藏汽车生产发展方向

朝标准化和系列化方向发展。随着社会对冷藏、保温车需求量的增加，社会拥有量将会增多，为降低成本、提高产量、维修便利，冷藏、保温车必然朝着标准化、系列化方向发展。朝重型化和汽车列车化方向发展。随着高等级公路和高速公路的不断增多，公路通过能力增大，行驶安全性增强，使车辆的行驶速度提高，有利于重型冷藏、保温车和冷藏列车的发展。朝多品种、小批量方向发展。随着对冷藏、保温车用途及使用性能的要求越来越多、越来越高，冷藏、保温车的生产朝着多品种、小批量的方向发展已成为必然趋势。我国冷藏汽车近年来发展速度很快，已成为国家易腐产品的主要运输工具。可以预计，今后几年我国冷藏、保温车市场仍将继续保持一定的增长速度。

二、冷藏汽车的底盘与厢体

冷藏汽车一般由三大部分组成：一是底盘；二是厢体；三是制冷机组。国内冷藏车的生产模式是，由一些专业的冷藏车制造厂自己生产保温厢体，然后采购汽车厂的整车和冷藏设备生产厂家的制冷机组进行装配生产。下面重点介绍一下冷藏车的底盘和厢体的技术特征。

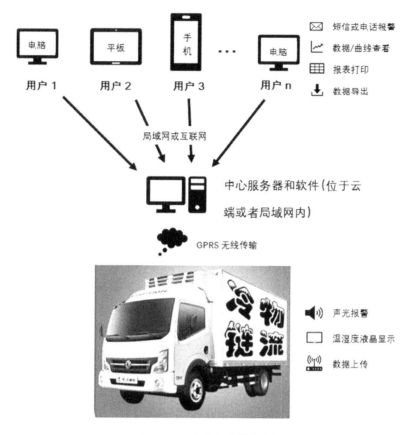

图 2 - 3　冷藏汽车发展图

（一）冷藏汽车的底盘

近几年我国载货汽车底盘品种和技术均有很大的发展，但还不能适应专用汽车发展需求。国外重型厢式汽车（包括冷藏汽车）通常采用专用底盘，其纵梁离地高度和重心较低，发动机功率较大，驾驶室的舒适性好，环保方面一般已达欧五标准，奔驰等重型货车已达欧六标准，与之相比，我国重型货车在动力性、排放和噪声、可操作性、驾驶舒适性等方面还有较大差距。我国轻型、微型货车大都引进日本五十铃、铃木和意大利依维柯等产品技术，但性能不如上述产品，而欧美等发达国家用于分配性运输的冷藏汽车所采用的奔驰、依维柯等汽车底盘的技术性能（特别是可靠性）比国内车辆要好。目前在我国冷藏汽车中，中型货车底盘占很大比例，国外一般很少有 5～6 吨的冷藏汽车，因为中型冷藏车进行调拨性运输时成本较高，用于分配性运输时，又因为通过性不如轻型车，且运载质量较大而不适应。

（二）冷藏汽车的厢体

冷藏、保温车的厢体具有质量轻、强度高、隔热性能好，车厢内温度稳定，耐腐蚀、无污染、抗氧化、易维修等特点，还具有噪声低、能耗低、故障率低、食品保鲜效果好等一系列优点。

1. 厢体结构类型

目前，国内冷藏、保温车的结构大体有两种：板块拼装结构和整体注入发泡结构，可以装侧门，也可加装隔板形成多仓，分别用于冷藏和保温。技术水平与国际先进水平比较接近，各项性能指标和密封性能等已接近发达国家的水平。在厢内布置方面，发达国家的冷藏、保温车的针对性更强。他们针对不同客户的要求，开发出适合各种装载需要的配套车型及厢内布局，如在厢内增加通风装置、悬挂装置、制冷装置、厢内货架、物品固定装置等。就此国产冷藏、保温车与发达国家尚有一定的差距，需要在设计能力、装备制造能力方面下功夫，使我国冷藏、保温车制造工艺技术水平尽快达到世界先进水平。

2. 厢体结构特点

国产厢式运输车的结构与发达国家的厢式车结构大体相同，但在密封性和耐久性方面有一定的差距。首先，在板材的选取上与发达国家有很大差别。国产的主要为聚氨酯复合板、胶合板、金属骨架附蒙皮等；而国外则选用蜂窝夹层板、聚丙烯板、高强度 PVC 板、聚氨酯复合板等，这些板与胶合板相比，具有重量轻、强度高等优点，代表了世界厢式货车的发展方向。其次，在连接方式上，国产车主要依靠螺钉紧固连接和焊接；而发达国家却用型材扣接加高强度胶黏接等。这种连接方式不仅节约了材料，而且耐久性好，值得借鉴。尽管冷藏、保温车厢内布置情况基本相同，但发达国家的厢式车针对性很强，为装载不同的货物配备了不同的装置，使之更适合用户，更方便用户。

三、冷藏汽车的制冷机组

我国现有的冷藏汽车和保鲜汽车基本上均采用机械方式。因液态氮、二氧化碳制冷充注制冷剂的营业场所较少，不像机械制冷机组加燃油（汽油、柴油）那样方便，蓄冷板制冷因装备重量较大，占用较大的空间和载重量，因此都难以取代机械制冷机组。

（一）制冷机组

机械冷藏汽车车内装有蒸汽压缩式制冷机组，采用直接吹风冷却，车内温度实现自动控制，很适合短途、中途、长途或特殊冷藏货物的运输。

1. 大、中型机械冷藏汽车的制冷机组

大、中型机械冷藏汽车可采用半封闭或全封闭式制冷压缩机及风冷冷凝机组。制冷剂选用 R22、R134a 或 R500。冷藏车使用温度可以在较大范围内调节，而且可在驾驶室内进行全部操作控制，并得到温度记录、显示数据或异常警报声光信号。为保证冷冻机的稳定工作，并不受停车、慢速等因素影响，大、中型冷藏汽车设有辅助发动机。制冷系统的操作一般为自动控制。新型冷藏汽车还设有热气融霜装置，并在融霜时自动关闭冷风机，防止因融霜造成车内温度回升。通用性冷藏汽车在外温35℃条件下，运送冻结食品时，可保持车内温度在 −18℃ ~ 15℃，最低达 −20℃；运送冷却食品时，保持车内温度0℃左右。

2. 中、小型机械冷藏汽车的制冷机组

中、小型机械冷藏汽车的压缩机采用汽车发动机驱动，停车时用外接交流电 220V/50Hz 或 380V/50Hz 驱动。大型冷藏汽车的压缩机多采用独立的柴油机动力驱动，或备有机、电两用制冷压缩机组。某些特殊冷藏汽车或拖车，采用独立柴油发电机组 380V/50Hz

供电，回场停车时使用地面交流电供电。

（二）制冷机组的选用

各种大、中、小型冷藏汽车，按照车内温度要求，选用不同容量的制冷机组。通常在外温35℃条件下，10~15吨的冷藏车或挂车，选用8100~8600瓦（运送冷却食品0℃）和4500瓦（运送冷冻食品-18℃）的制冷机组；4~8吨冷藏车，选用3500瓦（0℃）和1750瓦（-18℃）的制冷机组；2~4吨冷藏车，选用3000瓦（0℃）和1750瓦（-18℃）的制冷机组；2吨以下的冷藏车，选用1160瓦以下的制冷机组。

四、冷藏汽车的主要类型

（一）机械制冷冷藏汽车

1. 机械制冷冷藏汽车的结构

这种冷藏汽车带有蒸汽压缩式制冷机组，通常安装在车厢前端，称为车首式制冷机组。大型货车的制冷压缩机配备专门的发动机（多数情况下采用汽油发动机，以便利用与汽车发动机同样的燃油）。小型货车的压缩机与汽车共用一台发动机。压缩机与汽车共用一台发动机时，车体较轻，但压缩机的制冷能力与行车速度有关，车速低时，制冷能力小，通常用40千米/时的速度设计制冷机的制冷能力。为在冷藏汽车停驶状态下驱动制冷机组，有的冷藏汽车还装备一台能利用外部电源的电动机。

空气冷却器通常安装在车厢前端，采用强制通风方式。冷风贴着车厢顶部向后流动，从两侧及车厢后部下到车厢底面，沿底面间隙返回车厢前端。这种通风方式使整个食品货堆都被冷空气包围着，外界传入车厢的热流直接被冷风吸收，不会影响食品的温度。为了形成上述冷风循环，食品要堆放在木板条上，在货垛的顶部与四周需留有一定的间隙，作为冷空气循环通路。运输冷却水果、蔬菜时，果蔬放出呼吸热，除了在货堆周围留有间隙以利于通风外，还要在货堆内部留有间隙，便于冷风把果蔬放出的呼吸热及时带走。运输冻结食品时，冷藏汽车壁面的热流量与外界温度、车速、风力及太阳辐射有关。停车时，主要受到太阳光辐射的影响；行车时，主要受到空气流动的影响，最常用的隔热材料是聚苯乙烯泡沫塑料和聚氨酯泡沫塑料。

2. 机械制冷冷藏汽车的特点

机械制冷冷藏汽车的优点是车内温度比较均匀稳定，车内温度可调，运输成本较低。缺点是结构复杂，易出故障，维修费用高，初投资高，噪声大，大型车的冷却速度慢，时间长，需要融霜。

3. 机械式冷藏挂车

机械式冷藏挂车又称冷藏拖车。它具有如同机械冷藏车的隔热厢体、制冷机组，并有较大承载能力的后轮和一定支撑力的小前轮。冷藏挂车的制冷设备由车下电源供电，通常采用机组式制冷系统，并整体安装。

（二）液氮制冷冷藏汽车

1. 液氮制冷冷藏汽车的结构原理

液氮制冷冷藏汽车主要由液氮储藏罐、喷嘴及温度控制器组成。这种冷藏汽车装好货物后，通过控制器设定车厢内要保持的温度，而感温器则把测得的实际温度传回温度控制器。当实际温度高于设定温度时，则自动打开液氮管道上的电磁阀，液氮从喷嘴喷出降温。当实际温度降到设定温度后，电磁阀自动关闭，液氮由喷嘴喷出后，立即吸热气化，体积膨胀高达600倍，即使货堆密实，没有通风设施，氮气也能进入货堆内。冷的氮气下沉时，在车厢内形成自然对流，使温度更加均匀。为了防止液氮气化时引起车厢内压力过高，车厢上部装有安全排气阀，有的还装有安全排气门。

2. 液氮制冷冷藏汽车的特点

液氮制冷冷藏车的优点是：装置简单，初投资少，降温速度快，外界气温达35℃时，20分钟可使车厢内温度降到－20℃，没有噪声，液氮制冷装置的重量大大低于机械制冷装置的重量。液氮制冷冷藏车的缺点是：液氮成本高，运输途中液氮补充困难，长途运输时必须装备大的液氮容器或多个液氮容器，减少了运输车辆的有效载货量。

（三）干冰制冷冷藏汽车

1. 干冰制冷冷藏汽车的结构原理

车厢中装有隔热的干冰容器，可容纳100千克或200千克干冰。干冰容器下部有空气冷却器，利用通风使冷却后的空气在车厢内循环。吸热升华的气态二氧化碳由排气管排出车外。车厢中不会积蓄二氧化碳气体。

由空气到干冰的传热是以空气冷却器的金属壁为间壁进行的，干冰只在干冰容器下部与空气冷却器接触的一侧进行升华。根据车内温度，恒温器调节通风机的转速，也靠改变风量调节制冷能力。用这种方式可在－25℃～25℃使车厢保持规定温度的±1℃。

2. 干冰制冷冷藏汽车的特点

干冰制冷冷藏汽车具有设备简单、投资费用低、故障率低、维修费用少、无噪声等优点。在运输冻结货物时，由于干冰在－78℃时就可以升华吸热而使车厢降温，车内温度可降到－18℃以下，因而在运输冻结货物和特殊的冷冻结晶时常用此法。干冰制冷冷藏汽车的缺点是：车厢内温度不够均匀，降温速度慢、时间长，干冰的成本高。

（四）蓄冷板制冷冷藏汽车

1. 蓄冷板制冷冷藏汽车的结构原理

蓄冷板制冷冷藏汽车是利用蓄冷板进行降温。蓄冷板中充注有低温共晶溶液，使蓄冷板内共晶溶液冻结的过程就是蓄冷过程。将蓄冷板安装在车厢内，外界进入车厢的热量被共晶溶液吸收，共晶溶液由固态转变为液态。常用的低温共晶溶液有乙二醇、丙二醇的水溶液及氯化钙、氯化铜的水溶液，不同的共晶溶液有不同的共晶点，要根据冷藏车的需要选择合适的共晶溶液。一般而言，共晶点应比车厢规定的温度低2℃～3℃。蓄冷板既可装在车厢顶部，也可安装在车厢侧壁上，蓄冷板距厢顶或侧壁4～5厘米，以便于车厢内的空气自然对流。为了使车厢内温度均匀，有的还安装有风扇。

蓄冷板的蓄冷方法通常有两种：一种是利用集中式制冷装置，即当地现有的供冷藏库用的或具有类似用途的制冷装置；另一种是借助于装在冷藏汽车内部的制冷机组，停车时借助外部电源驱动制冷机组使蓄冷板蓄冷。

2. 蓄冷板制冷冷藏汽车的特点

蓄冷板制冷冷藏汽车的优点是：设备费用比机械式制冷设备费用低，可以利用夜间廉价的电力为蓄冷板蓄冷，降低运输费用，无噪声，故障少。蓄冷板制冷冷藏汽车的缺点是：蓄冷板的块数不能太多，蓄冷能力有限，不适合长途运输冷冻食品，蓄冷板减少了汽车的有效容积和载货量，冷却速度慢。

（五）保温汽车

保温汽车不同于以上四种冷藏汽车，它没有制冷装置，只在壳体上加设隔热层。这种汽车不能用于长途运输冷冻食品，只能用于市内由批发商店或食品厂向零售商店配送冷冻食品。

国产保温车的车体主要用的是金属外壳，中间用聚苯乙烯泡沫塑料板做隔热层。在我国，绝大部分企业主要用保温车将冷冻加工后的食品运往分配性冷库或零售商店。由分配性冷库送往销售网点也主要靠保温汽车。

知识连接：

公路冷链运输所特有的优势决定了其在整个冷链运输市场中的重要地位。公路冷链运输的快速发展会带动整个冷链运输市场的快速发展，进而为中国冷链物流的整体发展和壮大做出巨大的贡献。

任务三 铁路冷藏运输

一、铁路冷藏运输工具

谈到铁路冷藏运输，首先必须要涉及冷藏运输工具。铁路冷藏运输工具主要有铁路冷藏车和铁路冷藏集装箱。

（一）铁路冷藏车

1. 铁路冷藏车的基本要求

铁路冷藏车种类较多，使用的冷源和设备配置各不相同，要保证易腐食品在运输时良好的品质并减少损失，对铁路冷藏车有如下基本要求：

具有良好的隔热车体。车体隔热、气密性能好，可以减少车内与外界的热交换，保证车辆货物空间内所需空气温度的稳定。冷藏车的隔热性能以传热系数 K 表示，K 值越小，单位时间内透过车体围护结构传入车内的热量越小。隔热材料应采用热导率低、防潮性能好、热容量大、体积质量低而又有一定机械强度的新型材料，如 PEF 保温材料等，可使传热系数 K 降到 0.2 瓦/平方米·度以下。

37

配有运行可靠而又简单的制冷和加热设备，并独立供应电力，可以建立车内外的热平衡，防止温度波动，保持易腐食品处于良好品质的温度条件下。

带有可靠的检温仪表，可以正确反映车内的温度状况，便于调节控制，操作自动化。

便于货物的装卸和管理。提高效率，降低成本。

带有装货设备和通风循环设备，可以保证货物合理装载，保证车内温度分布均匀，并在必要时进行换气。

其他包括维修方便，大修期长，并带有备用机组等。冷藏车在车内能保持一定的温度，正是依靠良好的隔热车体、车内的冷源和温度控制设备，让外界传入的热量和货物本身散发的热量都及时地被车内的冷源所吸收，保持车内的热平衡，保证了货物所需的温度条件。

2. 铁路冷藏车的降温制冷方式

冰制冷，每千克冰在0℃融化时能吸收344千焦的热量，利用冰的融化吸热，使易腐货物温度保持在4℃~5℃。冰盐混合降温，这是最通用的降温方法，大多数易腐货物都需要在-10℃~2℃的温度下储运，在冰中掺入一定百分比的盐，就能使车辆内保持此温度。冷盐水系统降温，此法可使车辆内温度保持在-12℃~-10℃，满足储运要求。机械制冷法，这是最有效、最广泛使用的一种方法，此法可使车辆内温度保持在-25℃~6℃范围内的任何温度下。干冰制冷，利用干冰的升华吸热，先使空气与干冰换热，然后借助通风使冷却后的空气在车厢内循环，达到降温目的。此法设备简单、投资费用低、故障率低、维修费用少、无噪声，被广泛应用于铁路冷藏车中。此外，还有液氮和冷冻板（蓄冷板）等作为冷源的降温方式，由于装置简单、初投资少、降温速度快等特点，也逐步应用于铁路冷藏车。

3. 铁路冷藏车的分类

根据降温制冷方式的不同，铁路冷藏车主要可分为加冰冷藏车（俗称"冰冷车"）和机械冷藏车（俗称"机冷车"），后面我们会详细地介绍这两种铁路冷藏车。此外，还有少量的液氮或干冰制冷车、蓄冷板制冷车等。这些冷藏车制冷系统彼此差别很大，选择使用方案时应从食品种类、运行经济性、可靠性和使用寿命等方面综合考虑。根据其适合运送某种货物来分类，可分为三种类型：通用冷藏车，它适用于运送所有易腐货物，包括冻结的、冷却的和非冷却的货物；运送牛奶和奶制品的车辆，这种车辆除冷却装置外还有固定的加热装置；机械冷藏车，专供运送冻结货物之用。

（1）加冰冷藏车

①加冰冷藏车的制冷原理

加冰冷藏车是以冰或冰盐作为冷源，利用冰或冰盐混合物的溶解吸热使车内温度降低，使冷藏车内获得0℃及0℃以下的低温。由于冰的溶解温度为0℃，所以用纯冰作冷源的加冰保温车只能运送储运温度在0℃以上的食品、水果、蔬菜、鲜蛋之类。然而当采用冰盐混合物作冷源时，由于在冰上加盐，盐即吸收水而形成水溶液，并与未融冰形成两相（冰、水）混合物。因为盐水溶液的冰点低于0℃，则使两相混合物中的冰亦在低于0℃以下溶解。实验证明，混合物的溶解温度最低可降到-21.2℃，所以在冰内适当加盐后，将使加冰冷藏车内获得-8℃~-4℃或更低的温度。此时，可以符合鱼、肉、家禽肉等的冷藏运输条件。

②加冰冷藏车的结构

加冰冷藏车具有与一般铁路棚车相似的车体结构，但设有车壁、车顶和地板隔热、防潮结构，装有气密性好的车门。我国铁路典型加冰冷藏车有 B_{11}、B_8、B_{12}、B_{66} 原型。其车壁用厚170毫米、车顶用厚196毫米的聚苯乙烯或聚氨酯泡沫塑料隔热防潮，地板采用玻璃棉及油毡复合结构隔热防潮，还设有较强的承载地板和镀锌铁皮防水及离水格栅等设施。

加冰冷藏车一般在车顶装有6~7只马鞍形储冰箱，2~3只为一组。为增加换热，冰箱侧面、底面设有散热片。每组冰箱设有2个排水器，分左、右布置，以不断清除溶解后的水或盐水溶液，并保持冰箱具有一定高度的盐水水位。

③加冰冷藏车的特点

加冰冷藏车结构简单，冷源价廉易购，新车造价费用低，它在国内外铁路冷藏运输中占有重要地位。但是这类冷藏车车内温度波动较大，适用温度范围又有一定的局限性；又因为在运输过程中要定期加冰、加盐，影响列车运行速度；另外，由于盐水不断溢流、排放，又造成车体结构、车下走行部分，甚至铁路轨道、桥梁等锈蚀腐烂。所以，近年来这类冷藏车已逐步被机械式等新型冷藏车所替代。

（2）机械冷藏车

①机械冷藏车的结构及工作原理

机械冷藏车有两种结构形式：一种是每一节车厢都备有自己的制冷设备，用自备的柴油发电机组来驱动制冷压缩机，冷藏车可以单节与一般货物车厢编列运行；另一种铁路机械冷藏车的车厢内只装有制冷机组，没有柴油发电机，这种机械冷藏车不能单节与一般货物车厢编列运行，只能组成单一机械列运行，由专用车厢中的柴油发电机统一供电，驱动压缩机。

②机械冷藏车的类型

我国铁路冷藏运输中采用的机械冷藏车有两大类：一类是采用氨制冷剂、使用盐水的间接制冷（如 B_{16}、B_{17} 型）；另一类是采用 R_{22} 为制冷剂的直接式制冷（如 B_{18}、B_{19}、B_{20} 型）。

③机械冷藏车的特点

机械冷藏车具有以下几个方面的特点：第一，保温和控温效果好。温度调节范围大，车内温度可在 -30℃到15℃范围内调节，并且具有很强的制冷能力，能使货物迅速降温，在车厢内保持更均匀的温度并维持稳定，因而能更好地保持易腐食品的质量。第二，可达到自动化且可以利用外界或车组电源，实现制冷、加温、通风及融霜的自动化。第三，减少环节、提高效率，在运行途中无须加冰，因而可以缩短运输时间，加速货物送达和车辆周转，机动性和通用性较强。第四，与加冰冷藏车相比，机械冷藏车存在造价高、易损件多、维修复杂、使用技术要求高、需要配备专业乘务人员和维修点等缺点。

④机械冷藏车的应用

机械冷藏车可在外界温度为 -45℃~45℃ 的条件工作，其用途如下：

在 -30℃~17℃ 的条件下，运输冻结产品（水产品、肉和预制菜肴等）；在 -12℃~9℃条件下，运输轻度冻结的产品（黄油、家禽和肉等）；在 -3℃~0℃条件下，运输冷却产品（熏鱼、新鲜火腿和新鲜肉等）；在 3℃~6℃条件下，运输新鲜产品（乳酪、蔬菜、坚果和水果等）；在 10℃~13℃条件下，运输热带和亚热带水果（香蕉和橘子等）。

上述条件分别对应着温度控制器的逐级可调温度，即 -30℃、-20℃、-10℃、-2℃、4℃和11℃。为了在很低的外界温度下保持较高的运输温度，车内还配备车厢电加热装置。车内空气温度围绕调定值的波动范围为±1.5℃。

（二）铁路冷藏集装箱

铁路集装箱可做到"门到门"运输，能减少装卸作业时间、减少不同运输工具间货物的换装，从而可避免货物在换装过程中温升和被污染的可能性。由于这些优越性，冷藏集装箱在国外易腐食品的运输中运用十分普遍。国外冷藏集装箱在进行铁路运输时多采用集中供电成组或成列运输的方式。

图2-4　铁路集装箱运输

二、铁路冷藏运输的现状

（一）铁路冷藏运输市场的需求现状

1. 铁路冷藏运输市场的潜力

随着中国经济的发展和国家"菜篮子工程"的不断深入推进，我国农副产品的生产和销售呈逐年增长的良好态势。由于我国食品加工业尚不发达，鲜货易腐食品多以新鲜的自然状态进入流通领域，加上储运能力不足、流通渠道不畅，每年储运过程中的损失达20%～30%。其中水果、蔬菜的腐烂率最为严重，水果的损失率约30%，蔬菜可达40%～50%甚至更高。由于易腐货物自身的易腐特性，运输、销售过程中常需专门的冷藏运输工具。冷藏运输中的技术性、专业性要求较强，设备运用维修管理较复杂。还存在生产季节性强、运量波动大、时效性强、运输成本较高等特点，而且市场需求变化大，因此经营的风险和难度均比较大。

由于易腐货物供销市场在近些年内发生了较大的变化，对果蔬需求从原来的生存依赖型向品种调剂型发展。此外蔬菜基地的北移，使一些长途运量变为中途运量，以及由于各地肉类供应大部分能自给自足，近年来牲畜疫病发生增多、疫区肉类货物严禁外运、对俄罗斯出口冻肉量锐减等原因，使机冷车的运量明显下降。

另外，由于易腐货物季节性强，运量波动大，对冷藏车的需求有淡旺季之分，如元旦、春节前南菜北运旺季和热季冻肉运输期间，南方易腐货物运量较大的铁路局，呈现出冷藏车短缺、供不应求的现象。而这一季度过后，又出现冷藏车闲置严重，经常压站压线，甚至打入备用等状况。这些因素都不同程度地影响了铁路冷藏运输市场的发展。

2. 冷藏运输市场的竞争加剧

易腐货物经营销售活动的多元化，促使运输需求日趋多样化。随着个体、民营企业比例的增加，市场竞争加剧，人们抢时间、赶市场的意识更强，经济核算也更为细致，对运输质量、运输速度和时效性，以及运输成本等多方面的要求都更加严格，多品种、多档次货物形成的改变，必然会使运输需求朝多样化、层次化方向发展。从经销需求上来看，单一品种货物的大批量集中上市，不利于销售利润的提高，因此小批量、多批次、多品种、多样化灵活的运输需求增加。这使铁路冷藏运输的组织工作变得更加复杂。由于易腐货物运输小批量、多品种、多样化的需求增加，使汽车运输快捷灵活的优势凸显，加上高速公路的迅猛发展，以及公路绿色通道的开通，使公路运输范围不断扩大，目前已从以往几百千米的短途运输，发展到 1000 ~ 2000 千米的中长途运输。但目前我国公路冷藏运输能力还较低，冷藏汽车数量仅为 2 万 ~ 3 万辆，比起美国、日本等发达国家还相差甚远。主要凭借速度优势，用普通汽车运输易腐货物，所以运输成本较低。对于中、低档大宗蔬菜类经营利润较低的货物，公路运输的优势较为明显。

公路由于适应易腐货物运输的需求，挤占了大部分市场份额。南方产的水果、蔬菜以黄河为界，黄河以南的运输，全部由公路垄断，许多长距离、高附加值、赶市场的水果、蔬菜公路运量也很大，据统计，水果、蔬菜等易腐货物的运输约 3/4 被公路挤占，短途运输几乎全被公路包揽。由于易腐货物受季节性、运输质量、时效性影响大，在不同的季节、不同的运输质量和运输期限下，市场价格相差较大，而铁路运价相对固定，形成旺季不能提价增收，淡季价高赶走货源的局面，不利于拓展易腐货物运输市场。

（二）铁路冷藏运输设备现状

目前，正在使用的铁路机械冷藏车主要是成组式的，其中 B_{20} 型为 9 辆 1 组（装货车 8 辆），其余为 5 辆 1 组（装货车 4 辆）。随着易腐货物运输市场的变化，大宗货源量减少，机冷车的运用受到了制约，车辆运用效率大幅下降。冰冷车虽是单节的，较机冷车灵活，但受机身技术条件限制要中途加冰，每加一次冰就需要在加冰所在站停留 12 小时以上，运到期限增加 1 天。这就必然使货物运到速度大大降低，不符合易腐货物的时效性要求。由于 5 辆式机械冷藏车组容量偏大，不适应目前易腐货物小批量、多品种的运输需要。而适合机冷车运输的冻肉、出口易腐货物运量大幅下降，哈密瓜运量被行包专列分流，因此，近年来机械冷藏车闲置情况越来越严重，为节省开支，几百辆冷藏车被封存或列为备用。而冰冷车的车况差，运输质量得不到保证，这两种冷藏车的使用率均不高。

（三）铁路冷藏运输经营管理现状

1. 铁路冷藏运输管理体制的现状

当前，我国铁路冷藏运输的管理体制仍沿用的是计划经济下形成的按专业条块分割的管理模式，冷藏车的造、修、用、管和投资建设等分属不同部门，冷藏运输的运输主体和经营主体不清晰。长期以来，"造、修、用、管"各部门各自为政，占69%的单节式冰冷车处于无调度掌握的放任状态，半数以上的车辆状态不良；再加上经营"收支两条线"，各部门各算各的账，没有建立经济责任制，以致运输效能低，年年亏损。在这种情况下，冷藏运输的好坏、冷藏车运用效率的高低与参与冷藏运输的工作人员无直接的利益关系，因此，加速冷藏车的周转、加速货物送达、提高运输质量成为一句空话。这是造成冷藏运输效率低、运量下降的主要原因。在这种管理体制之下，铁路管理部门对冷藏货物运输缺乏足够重视。冷藏货物具有储运期短、季节性强、运量波动大、技术要求高等特性，因此对运输组织有"优质、快速、适量、均衡"的特殊要求。但由于冷藏货物运量占铁路货运量的比重较小，在运输组织车辆调配等方面存在较大的困难。

2. 铁路冷藏运输服务质量差

由于易腐货物运输的季节性明显、时效性强等特点，对冷藏车车辆调度的及时性有较高要求，但目前冷藏车调度工作尚不能适应市场运输需求。一是铁路货物送达速度低，运输周期长，与公路运输相比，时效差两倍多。二是存在要车手续烦琐、配车难、乱收费、加冰不到位等问题。各级调度系统目前在无车辆跟踪管理技术和专人调度的情况下，无法实现对加冰冷藏车的随时掌握和进行冰冷车的及时调配。三是运输环节多、时效性差，主要表现在承运和索赔手续复杂。此外，易腐货物一直和普通货物一样运到期限以250千米/天计算，而铁路冷藏运输极不适应易腐货物的快运要求，无法满足当今货主抢时间争市场的经营需求。在每年第一、四季度水果、蔬菜运输旺季，也是铁路运输最繁忙的季节，特别是春运高峰期，存在客货运输在能力利用上的矛盾，冷藏车运输十分困难。四是冷藏车与棚敞车运输易腐货物特别是运输蔬菜的运价差价较大，第一、四季度南菜装运期间，托运人宁肯使用棚敞车加土保温办法，也不愿意使用冷藏车。

三、铁路冷藏运输货物

铁路冷藏运输的货物是易腐食品，储运过程中需要特殊的冷藏冷冻保鲜措施，才能很好地保持货物的质量。所谓的食品"冷藏链"就是在食品整个生产加工、储运、销售过程中的各个环节，都能持续保持货物所需的温度、湿度等条件，其中任一环节的条件不符合要求，都会影响货物的新鲜度和营养成分。保质期短使易腐货物对流通环节的时效性要求非常强，速度是确保冷藏运输质量的关键。因此，加强托运人和承运人在铁路冷藏运输各个环节的管理非常重要。

（一）铁路冷藏运输货物的分类

铁路冷藏运输货物一般都是鲜活货物。鲜活货物都是有生命或生命现象及经过冷冻加工的货物，在流通、保管过程中需要有适宜的储运环境、生存条件来维持其生命、生理状态或物态。这既是鲜活货物运输区别于其他货物运输的主要地方，也正是鲜活货物在铁路运输过程中必须采取特殊的防护措施和服务工作的原因所在。

1. 铁路冷藏运输货物的种类

鲜活货物按其自然属性分为易腐货物和活动物两大类。不同品类的鲜活货物有不同的生理特征和理化性质，对运输环境、生存条件的要求也不尽相同。例如，易腐货物需要保持适宜的温度和湿度，才不致腐烂变质；活动物必须满足其生存的基本条件才不致病残死亡。为此，铁路在运输易腐货物时，必须采取相应的制冷、保温、加温、通风、浇水等措施来调控运输环境的温度和湿度，保证货物的质量；运输活动物时，则要采用供给饲料、饮用水及换水、增氧等方法来满足其生存的基本需求，防止活动物掉膘或病残死亡。所以，只有根据不同品类的鲜活货物采取不同的特殊措施，才能保证货物的质量和安全。

鲜活货物中易腐货物所占比例最大。根据易腐货物温度，即热状态的不同，可以划分为三类：一是冻结货物。指的是通过冷冻加工变为冻结状态的易腐货物。根据《铁路鲜活货物运输规则》（以下简称《鲜规》）的规定：冻结货物承运温度（除冰外）要求维持在-10℃以下。二是冷却货物。冷却货物指的是通过预冷处理后，货物的温度达到承运温度范围之内的易腐货物。《鲜规》规定：冷却货物的承运温度要求在0℃～7℃；香蕉和菠萝，要求维持在11℃～15℃。三是未冷却货物。未冷却货物指的是完全处于自然状态的易腐货物，没有经过任何冷冻工艺处理。比如，刚采摘后以初始状态提交运输的果蔬菜。一般而言，根据货物的热状态对易腐货物进行分类，目的在于确定易腐货物的运输条件，比如车种和车型的选用、装载方法的选取以及运输方式、冰盐比率、控温范围和途中服务的确定等，合理制定货物储运价格，提高综合经济效益。一方面，由于鲜活货物种类繁多，新产品和新物种又不断出现，对于这些不常运输和新出现的货物，通常其属性和所适宜的运输条件均不为人所知；另一方面，一些按常规看来不属于鲜活货物的货物，如药品、奶粉及奶制品、血浆、疫苗、罐头、汽水、啤酒、矿泉水、熏制品、香肠、腌制品等，托运人熟悉其性质和运输过程中的特殊要求，往往要求按鲜活货物办理相关手续，具体运输条件由托运人与承运人商定。

2. 分类的原因

铁路运输部门将所有的冷藏货物，按热状态不同分为冻结货物、冷却货物和未冷却货物三类，原因有二：

一是便于正确采用合适的运输方法。以往对易腐货物仅按品名分类，这种分类方法既不全面，也不准确。例如，禽蛋在实际运输中就有冰蛋、冷却蛋和鲜蛋三种。这三种蛋所需要的车种、控制的温度范围和货物的装载方法都是不同的。冰蛋是冻结货物，外温高于-6℃时均需用冷藏车冷藏运输；冷却蛋是冷却货物，只有在外温高于7℃时，才需用冷藏车冷藏运输，而外温低于0℃时，则又需要采用冷藏车保温、防寒或加温运输；鲜蛋是未冷却货物，仅在外温高于20℃时，才必须使用冷藏车保持在5℃～12℃条件下运输，在外温低于0℃时，则需要采用冷藏车进行保温、防寒或加温运输。此外，还有皮蛋、盐蛋等也属于禽蛋，蛋类一律按照易腐货物办理。由此可见，同样是禽蛋，如不了解货物的热状态及其特点，就不能正确办理这类货物的运输。所以，《鲜规》要求托运人在托运易腐货物时，在货物运单"货物名称"栏内填记货物的具体品名，且必须注明品类序号及热状态，并不得使用禽蛋、冻货之类的概括名称。

二是为了更加经济合理地运输易腐货物。易腐货物的热状态不仅决定了货物运输方式，并且对运输成本、质量和费用等的影响也有所差异。运输冻结和冷却货物时，预冷不但能减少运输中的冷消耗，即制冷量或冰盐消耗，提高车辆的净载重，减少所需运送车数量，而且有利于保持易腐货物品质，达到事半功倍的效果。由此可见，从提高经济社会的综合效益的角度出发，增加冻结和冷却货物的运输、减少未冷却货物的运输是合理的。为增加冻结和冷却货物货源，加速冷冻工业的发展，有效促进产地预冷业的发展，《铁路货物运价规则》规定：在温、热季节（根据装车时外温确定），使用机械冷藏车装运需要途中制冷运输的未冷却水果、蔬菜，按货物重量核收冷却费。

（二）铁路冷藏运输货物的特性及运输要求

不同种类的冷藏货物，其特性不尽相同。如冻结水果与冰，虽然都属于冻结货物，但要求保持的运输温度却不一样。冻结水果需要在 −12℃ 以下运输，冰则只需要在 −1℃ 以下运输，另外，冻结水果必须使用机械冷藏车才能满足运输温度在 −12℃ 以下的要求，而冰则只需使用加冰冷藏车即能达到运输温度 −1℃ 以下的要求。因此，如将这两种货物按一批托运，无论是车辆的选用，还是运输温度的保持，都无法兼顾。

四、铁路冷藏货物运输操作与管理

铁路冷藏货物运输操作主要包括冷藏货物的托运、装车与卸车、冷藏车辆运行组织各环节，其中本书只重点讲述托运与装卸环节，因为这两个环节都涉及托运人（货主），而车辆运行组织环节一般只与铁路部门有关，这里不作讲述。

（一）铁路冷藏货物的托运

1. 运输期限的规定

易腐货物容许运输期限的长短，与货物质量、性质、品种、采收季节、成熟度、环境气候、加工处理方法等一系列因素有关，必须依据科学实验和实际经验以及有关的专业知识来确定。对上述专业知识和经验，托运人了解和掌握得比铁路有关人员更好，特别是对某些新产品更是如此。所以，易腐货物的"容许运输期限"应由托运人提报，并在货物运单"托运人记载事项"栏内加以注明。如果易腐货物的容许运输期限小于铁路规定的货物运到期限时，就表明此货物在运达目的地之前，有可能腐烂变质。为了防止社会财富的浪费，使易腐货物质量有更为可靠的保证，铁路部门规定易腐货物的容许运输期限至少须大于货物运到期限 2 日，发站方可承运。对货物运到期限的规定，因运输办理上的不同而有区别。主要区别在于运输期间的计算：一般整车货物的运到期限，按每 250 运价公里或其未满为 1 日计算；按快运办理的整车货物运到期限，按每 500 运价公里或其未满为 1 日计算。因此，发站应区分易腐货物是按快运办理还是按一般运输办理两种情况，相应以按快运计算的运到期限或按一般运输计算的运到期限，与该批货物的容许运输期限相比较，视其是否符合规定来确定该批货物能否承运。

2. 冷藏货物的规定

托运人托运易腐货物时，货物的质量、温度、包装和选用的车辆，均须符合"易腐货物运输条件表"和"易腐货物包装表"的规定。易腐货物的初始质量和包装是优质运输易腐货物的重要前提。如不能满足运输要求或不适于提交运输而予以承运，必然造成货物损失，浪费运输能力。货物的质量和包装由托运人负责。铁路在运输过程中除对合同规定的义务应承担责任外，同时也应负责监督托运人、收货人承担合同规定的义务。为了划分铁路与托运人之间的责任，发站在装车前应按照《鲜规》附件一和附件二的要求对货物进行检查。考虑到人力上的限制，可只对货物进行抽查。抽查的货物件数可以根据具体情况确定。装载货物的防护用品是否符合规定，发站也应认真检查或抽查，具体做法可由发站据实际情况自行决定。但绝不能以人员不足为由放弃检查或抽查。总体精神是要求始发站对易腐货物的承运工作做到认真负责，防患于未然。

近年来，曾因托运人使用麻袋、草袋装运青蒜，发生多起腐烂事故。因为青蒜之类的货物呼吸旺盛，发热量大，质地娇嫩不耐挤压，必须使用有透气孔且耐压的包装。而麻袋、草袋之类的包装，既不透气又无支撑力，不适合货物性质，因此，铁路应严格执行有关规章，加强对托运人的宣传、指导，有效地做好鲜活货物运输工作。

目前，在实际工作中，还不能完全排除某些环节或自然条件的影响。例如，水果、蔬菜在短途搬运中淋雨，冻肉在站内装车时因缺乏冷藏、保温汽车搬运而使货温高于规定的承运温度（－10℃）等，都会使货物不能满足"易腐货物运输条件表"的规定。遇有此类情况，托运人要求不按《鲜规》规定的条件运输时，在托运人确认货物不致腐烂变质的条件下，作为权宜之计，托运人可以与车站另行商定条件，以托运人的责任承运。商定的运输条件应记入运单"托运人记载事项"栏内。

3. 托运要求的办理

使用冷藏车运输易腐货物时，托运人应在货物运单"托运人记载事项"栏内具体注明"途中加冰""途中制冷""途中加温""途中不加冰""途中不制冷""途中不加温""不加冰运输"等字样。

"途中加冰"，是指使用加冰冷藏车时，由沿途的加冰所按作业分工进行加冰。始发站应在货物运单的"经由"栏内按加冰所分工依次填记应该加冰的各加冰所站名。排发"加冰预报"的站名应与要求加冰的站名一致。应该注意的是，途中加冰所的站名既不可以漏填，也不可以多填或错填，以免途中遗漏加冰作业，造成货物腐烂变质或滞延货物运送。如托运人要求越过某些加冰所，应在货物运单"托运人记载事项"栏内注明，由此引起的后果由托运人承担责任。

"途中制冷"，是指使用机械冷藏车时，要求在运输途中按《鲜规》附件一规定的运输温度控制车内温度。

"途中加温"，是指在寒冷季节运输怕冷、怕冻的易腐货物时，为使货物不因外界气温过低而造成冷害、冻害所采取的技术措施。目前，铁路运输仅采用开启机械冷藏车的电热器使车内温度升至规定范围的加温方法。

"途中不加冰"，是指加冰冷藏车在装车地进行始发加冰后，沿途各加冰所不再加冰的运输方法。主要是在始发站外温较高而沿途各站气温逐渐下降的地带采用这种运输方法。

"途中不制冷"，是指使用机械冷藏车时，沿途不用开启制冷系统制冷降温，这实际上是将机械冷藏车当作无冷源保温车（隔热车）进行保温运输。

"途中不加温"，是指用冷藏车装运易腐货物时，沿途不用开启机械冷藏车的电热器，这也是把冷藏车当隔热车使用。

"不加冰运输"，是指将加冰冷藏车用于装运易腐货物时，无论在始发站还是在途中加冰所站都不加冰的运输方法。这也是一种保温运输方法。

（二）铁路冷藏货物的装车与卸车

1. 车辆的预冷

用冷藏车冷藏运输易腐货物时，在装车前必须预冷车辆，待车内温度降低后，才能装车。冷藏车的预冷，是指在装车前将车内温度冷却到规定的温度。使用冷藏车冷藏运输易腐货物，对车辆进行预冷，是保证易腐货物质量的一项重要的技术作业。装车前如有足够的时间对冷藏车进行预冷，使车内温度达到所装货物的适温范围则最为理想。这样就可以大大减少运输途中的冷消耗，有利于货物降温和保持合适的运输温度，有利于提高冻结或冷却货物的质量。这在热季显得更为重要。考虑到目前我国铁路冷藏运输的技术水平及运输组织工作的实际情况，铁路运输部门对加冰冷藏车和机械冷藏车的预冷作了不同的规定。加冰冷藏车装运冻结货物，车内应预冷到6℃以下，达不到时，可预冷6小时；装运冷却或未冷却货物，车内应预冷到12℃以下，达不到时，可预冷3小时。机械冷藏车车内预冷温度：冻结货物为-3℃~0℃；香蕉为12℃~15℃；菠萝、柑橘为9℃~12℃；其他易腐货物为0℃~3℃。

由于外温高低、车种车型不同，以及所运易腐货物种类的差异，冷藏车的预冷温度和时间差别很大。因而始发站对使用冷藏车装运易腐货物的有关技术作业过程，应进行完善的计划和安排，合理确定洗车、加冰、预冷、装车等多项作业的时间标准，做好上下班间的交接工作，不应强求所有作业都在本班内完成，避免盲目求快而使操作不合要求。

2. 冷藏货物的装载

装车时间。发站和托运人、收货人应加强装（卸）车的组织工作，缩短装（卸）车时间。加冰冷藏车每辆装（卸）车作业时间（不包括洗车和预冷时间）不得超过3小时。机械冷藏车：装货为8辆以上的，每组装（卸）车时间不得超过12小时；装车为4辆以上的，每组不得超过6小时。其中每一车的装（卸）车时间不得超过3小时，由于托运人（收货人）的责任超过规定的装（卸）车时间，应核收货车使用费。

装车要求。经过预冷的冷藏车装车时，应采取措施保持车内温度。货物装车完毕，机械冷藏车乘务员应检查车门关闭是否严密，及时记录车内温度，并开机调温。使用加冰冷藏车冷藏运输易腐货物时，装车单位必须填写"加冰冷藏车作业单"；使用机械冷藏车时，填写"机械冷藏车作业单"。

3. 冷藏货物的卸车

卸车和交付。冷藏货物的卸车和交付是运输过程的终结环节。必须认真做好这一工作，以免因卸车作业失误而尽失前功。

运输质量的好坏不但在卸车时方可认定，而且卸车和交付作业本身也会直接影响货物的最终质量，如卸车时由于场地不符合卫生要求而使货物发生污染，卸车作业不当损坏货物或包装，缺少防护措施导致对低温敏感货物的冷害或冻害，或使冻结货物软化等，都是在卸车时容易发生的问题。《鲜规》在如何防止这些问题发生方面做了明确的规定。其基本要求是：作业迅速，场地卫生，防护妥当，搬出及时。

为了具体掌握到达卸车实况，便于划清责任和有针对性地改进工作，车站对本站负责的冷藏车卸车作业必须派货运员监卸，对收货人负责卸车的也应派人检查，确认货物质量，并对照运单、货票和冷藏车作业单填好"到站作业记录"的各项内容，重点是货物质量的正确判定和交接温度的确认。对冻结货物卸车温度的检测，可在卸完车门部位的货物时（刚从车门部位卸下的货物温度一般偏高，没有代表性，不宜用作测温货件），在车内抽查 2~3 件货物（操作方法与装车时相同），以所测货件的平均温度值作为交接温度记入作业单有关栏目内。

对机械冷藏车所装货物质量的检测以及货物温度的测定，车站应会同机械冷藏车机械长及收货人共同进行。收货人要求组织直接卸车时，应由收货人自卸，并要求组织不中断卸车作业，缩短车辆待卸时间，严禁以车代库。

车辆清洁。车辆的清扫、洗刷和消毒，既是保持卫生状态良好，防止货物受到污染的必要措施，也是保护车体结构和车内设备不受损坏的重要手段。近年来，不少单位对这项工作做得不认真，对装过易腐货物的冷藏车特别是对加冰冷藏车，卸后的清扫工作十分草率，甚至根本未进行清扫。有的车内残留不少货物碎屑，如碎肉渣、猪内脏、烂鱼虾、烂菜、烂水果等，致使车内生霉、长蛆、发恶臭，产生严重的污染源和滋长大量的病原菌。有的加冰冷藏车，地板上的防水层被微生物侵蚀分解糜烂，使防水层遭受破坏而失去功能，引起污水渗入车底隔热层内，进一步使车体隔热性能恶化。

任务四　航运冷链运输

一、冷藏船

（一）冷藏船的定义

利用低温运输易腐货物的船只称为冷藏船。冷藏船主要用于渔业，尤其是远洋渔业。远洋渔业的作业时间很长，有时长达半年以上，必须用冷藏船将捕获物及时冷冻加工和冷藏。此外，由海路运输易腐食品必须用冷藏船。冷藏船运输是所有运输方式中成本最低的冷藏运输方式，但是在过去，由于冷藏船运输的速度最慢，而且受气候影响，运输时间长，装卸很麻烦，因而使用受到限制。现在，随着冷藏船技术性能的提高，船速的加快，运输批量的加大，装卸的集装箱化，冷藏船运输量逐年增加，成为国际易腐食品贸易中主要的运输工具。

（二）冷藏船的类型

1. 渔业冷藏船

渔业冷藏船服务于渔业生产，用于接收捕获的鱼货，进行冻结和运送到港口冷库。这种船分拖网渔船和渔业运输船两种，其中，拖网渔船适合于捕捞、加工和运输鱼类，它配备冷却、冻结装置，船上可进行冷冻前的预处理加工，也可进行鱼类的冻结加工及储藏；而渔业运输船，从捕捞船上收购鱼类进行冻结加工和运输，或者只专门运输冷加工好的水产品和其他易腐食品。

2. 运输冷藏船

运输冷藏船包括集装箱船，主要用于运输易腐食品和货物，所以又称为商业冷藏船。它的隔热保温要求很严格，温度波动不超过±0.5℃。冷藏船按发动机形式可分为内燃机船和蒸汽机船，目前趋向于采用内燃机作为驱动动力，其排水量海船为2000~20000吨，而内河船为400~1000吨。冷藏船上货物堆放在船体货舱（水下部分）和隔仓（水上部分）中，水下舱四周接触海水，而水上舱必须遮蔽，以减少太阳照射所传入的热量。当货舱高度约3.5米和隔仓高度约2.5米时，其所具有的总容积为1000~6500立方米。目前，冷藏船的货物容积有增大的趋向。

(三) 冷藏船的制冷系统

1. 制冷方式

冷藏船下一般都装有制冷装置，船舱隔热保温，多采用氨或氟利昂制冷系统；制冷剂主要是NH_3、R_{22}和R_{502}。冷却方式主要是冷风冷却，也可以向循环空气系统不断注入少量液氮，还可以用一次注入液体二氧化碳或液氮等方式进行冷却。冷却系统应根据冷藏船的用途来选择，运输水果和冷却肉的则采用空气冷却装置；运输冻结食品的则采用盐水系统，盐水管为排管，是用无缝钢管以电焊或气焊焊接而成。

2. 制冷系统

制冷机房设置在隔仓间或在主机间，氨制冷机多半设置在隔仓间，这里通风良好，当发生事故时，人们逃生方便。氟利昂制冷机组设置在主机间，为了防止氨系统发生事故时，氨气向其他房间散发，氨制冷系统应设置在单独的房间内，制冷间的降温通过不同温度的盐水系统来完成。船上的机房较狭小，所以制冷装置要尽可能地紧凑，但又要为维修留下空间。考虑到生产的经济性和在船上安装的快速性问题，为了适应船上的快速安装要求，已越来越多地采用系列化组装部件，其中包括若干特殊结构。环境温度的变化容易引起渗入冷却货舱内的热量的变化，因此必须控制制冷装置的负荷波动，所以，船用制冷装置上一般装有自动能量调节器，以保持货舱温度恒定不变。在运输过程中，为了确保制冷装置连续工作，必须装备备用机器和机组。

(1) 渔业冷藏船的制冷系统

渔业冷藏船上配备隧道式冻结装置和其他速冻设备，比如平板冻结装置、液体和流态冻结装置等。渔业冷藏船的制冷压缩机大多采用高速多缸、有能量调节功能的短行程的压缩机。目前，螺杆制冷压缩机被广泛应用，由于具有寿命长、运行可靠、制冷量大且可以无级能量调节等特征，适用于冷藏船运输。

冷藏仓容量需要满足冻结和储藏1~2个月的渔获量，冷藏温度需要根据易腐货物的种类调节至最佳温度。比如，冻结水产品时，要求控制在-18℃以下，并有低温化的趋势。对于某些水产品，一些国家采用-25℃冷藏温度甚至更低温度，如金枪鱼要求控制在-60℃~-50℃范围内。如果冷藏舱超过2000立方米，则需要配置两套制冷设备系统，其中一套备用。

冷藏船、冷藏舱应该隔热保温，隔热结构应考虑到金属外壳同支架肋骨和船梁等形成的"冷桥"，一般多采用软木板或碎块软木板为隔热材料，船舷的标准隔热层是由几层涂热沥青的软木板，总厚度为 200～240 毫米，由两层 20 毫米木板组成的铺板固定于支柱上，铺板间放有两层羊皮板或油毛毡，支柱用螺栓固定于船身肋骨上。考虑到实际环境温度变化较大，有时气温高达 40℃ 以上，有时又低至 −40℃，在设计计算隔热层时，隔热层的传热系数 K < 0.5 瓦/平方米·度。

（2）运输冷藏船的制冷系统

运输冷藏船的冷藏容积在 3500 立方米时，制冷机组的制冷量为 470 千瓦，而对于同容积的渔业船来说，如果带有冻结装置，则要求制冷量更大，如冻结量为每昼夜 50 小时，则制冷量高达 1200 千瓦，冷藏温度越低时，所需的制冷量越大。以我国 198 吨拖网渔船制冷系统为例进行介绍。该船为近海捕捞拖网渔船，设有 15 立方米（约 66 吨）鱼舱，舱温为 ±2℃。采用直接盘管冷却和碎冰冷却，用于鱼品保鲜设计的渔船用于拖网作业，每船每天起网 3 次，每网产量 20 吨，日产 60 吨，平均每航次作业 11 天。制冷装置采用双缸活塞式制冷压缩机，标准制冷情况为 32500 瓦（R134a），制冷机及辅助设备均装在主机舱内，采用集中控制和远距离温度测量，制冷装置在给定温度下可自动启动、运行、停车。另外，渔船出海时带冰 28 吨，以备制冷装置发生故障时应急之用。制冷系统由压缩机、分油器、冷凝器、储液器、过滤器、干燥器、供液电磁阀、膨胀阀、蒸发盘管、气液分离器组成。压缩机配用 22 千瓦的电动机。

随着冷藏集装箱的不断发展以及应用的日益普遍，在我国，冷藏集装箱已成为水路运输的主要方式，逐渐替代运输船冷藏货舱，实现易腐货物的运输。不难预测，冷藏集装箱运输船将成为水上运输的主要工具。

图 2 − 5　不同类型的运输

二、冷藏集装箱

冷藏集装箱出现于 20 世纪 90 年代后期。近年来，冷藏集装箱的发展速度很快，超过了其他冷藏运输工具的发展速度，成为易腐食品运输的主要工具。

(一) 冷藏集装箱的概述

1. 集装箱的定义

集装箱是一种标准化的运输工具，根据国际标准化组织的定义，它应具备下列条件：具有足够的强度，可长期反复使用；适用于一种或多种运输方式运送，途中转运时，箱内货物不需换装；具有快速装卸和搬运的装置，特别便于从一种运输方式转移到另一种运输方式；便于货物装满和卸空；具有 1 立方米及 1 立方米以上的容积。

2. 冷藏集装箱的定义

所谓冷藏集装箱就是具有一定隔热性能，能保持一定低温的集装箱。冷藏集装箱必须十分坚固，能经受恶劣的运输条件，其制冷装置还必须满足以下要求：加热、冷却和除霜实现全自动；既可独立驱动，又可接外部电源；根据装载食品的要求，可以在一定的范围内调节温度，温度偏差小；耐冲击强度高，抗震动性能好；换气系统可为每平方米冷藏集装箱容积提供 50 立方米/时左右的新鲜空气；空气相对湿度为 85% ~ 95%，以防干燥。就制冷系统而言，冷藏集装箱相当于小型冷藏库的一个单间或组装式冷藏库，多为风冷冷凝机组，采用直接吹风冷却，箱体内温度调节范围较大，一般可保持 $-18℃ ~ 12℃$。

3. 冷藏集装箱的特点

（1）冷藏集装箱运输的优点

装卸效率高，人工费用低：采用冷藏集装箱，简化了装卸作业，缩短了装卸时间，提高了装卸负荷，因此人工和费用都减少了，即降低了运输成本。调度灵便，周转速度快，运输能力大，对小批量冷货也适合；大大减少甚至避免了运输货损和货差。冷藏集装箱运输在更换运输工具时，不需要重新装卸食品，简化了理货手续，为消灭货损、货差创造了十分有利的条件。提高货物质量：箱体内温度可以在一定的范围内调节，箱体上还设有换气孔，因此能适应各种易腐食品的冷藏运输要求，保证易腐食品的冷藏链不中断，而且温差可控制在 $±1℃$ 之内，避免了温度波动对食品质量的影响，实现从"门到门"的特殊运输方式。冷藏集装箱可利用大型拖车直接开到果蔬产地，产品收获后直接装入箱内降温，使果蔬在短期内即处于最佳储运条件下，保持新鲜状态，直接运往目的地，这种优越性是其他运输工具无可比拟的。

（2）陆运集装箱的独特优点

①灵活性强

与铁路冷藏车相比，在产品数量、品种和温度上的灵活性大大增加。铁路冷藏车，大列挂 20 节冷藏车厢，小列挂 10 节冷藏车厢，不管货物多少，只能有两种选择；而集装箱的数量可随意增减；铁路冷藏车的温度调节范围小，车内温度变化难以稳定地控制在小范围内。

②造价低、损耗小

陆运集装箱的箱体结构轻巧、造价低，又能最大限度地保持食品质量，减少运输途中的损失。如运输新鲜蔬菜时，损耗率可从棚敞车的 30% ~ 40% 降低到 1% 左右。

③可以连续运行

由于柴油电机的开停也受集装箱内温度的控制，避免了柴油机空转耗油，使集装箱可以连续运行，中途不用加油。

（二）冷藏集装箱的种类

冷藏运输中所使用的集装箱种类比较多，按不同的分类方法，有不同的类型。

目前，根据制冷方式，冷藏集装箱基本可分为以下几种类型：一是保温集装箱：此种集装箱箱体具有良好的隔热性能，但不带任何制冷装置，也不能临时进行添挂。二是外置式保温集装箱：这种集装箱箱内无任何制冷装置，隔热性能很强，集装箱的一端有软管连接器，可与船上或陆上供冷站的制冷装置连接，使冷气在集装箱内循环，达到制冷效果，一般能保持 −25℃的冷藏温度。该集装箱集中供冷，箱体容积利用率高，自重轻，使用时机械故障少。但是它必须由设有专门制冷装置的船舶装运，使用时箱内的温度不能单独调节。三是内藏式冷藏集装箱：这种集装箱是一种配带制冷装置的保温箱，可自己供冷，制冷机组安装在箱体的一端，冷风通过风机从一端送入箱内。四是液氮和干冰冷藏集装箱：此种集装箱利用液氮或干冰制冷，以维持箱体内的低温。

根据运输方式，可分为海运和陆运两种，二者的外形尺寸没有很大的差别，但陆上运输的特殊要求又使二者存在一些差异。一是海运集装箱：海运集装箱的制冷机组用电是由船上统一供给的，不需要自备发电机组，因此机组构造比较简单、体积较小、造价也较低。但海运集装箱卸船后，因失去电源就得依靠码头上供电才能继续制冷，如转入铁路或公路运输时，就必须增设发电机组，国际上一般的做法是采用插入式发电机组。二是陆运集装箱：陆运集装箱是 20 世纪 80 年代初在欧洲发展起来的，主要用于铁路、公路和内河航运船上，因此必须自备柴油或汽油发电机组，才能保证在运输途中制冷机组的用电。有的陆运集装箱采用制冷机组与冷藏汽车发电机组合一的机组，其优点是体积小、质量轻、价格低；缺点是柴油机必须始终保持运转，耗油量较大。

根据集装箱的温度可分为：一是冷冻集装箱：冷冻集装箱一般在箱的前端设有内藏式冷冻装置，在冷冻机工作时，冷风从箱内后端的通风管吹出，通过箱壁上凸条间的空隙和箱底的通风导轨，经前端壁上的冷风吸入口，返回冷冻机进行循环。二是保温集装箱：保温集装箱主要用于装载水果、蔬菜等鲜货，一般是用干冰等冷却剂，防止箱内温度过度上升，通常的保温时间为 72 小时左右。

（三）冷藏集装箱的应用及其现状

1. 耗用冷剂式冷藏集装箱的应用

此类集装箱主要包括冷冻板冷藏集装箱、干冰冷藏集装箱和液氮冷藏集装箱。冷冻板冷藏集装箱是指采用冷冻板，利用低温共晶液进行储冷和供冷的集装箱；干冰冷藏集装箱和液氮冷藏集装箱，是利用干冰或液氮在大气压力下汽化温度低的特点，用干冰或液氮在汽化时所吸收的潜热和升温显热，达到制冷效果，采用干冰或液氮制冷所用设备简单，无运动部件，降温制冷过程中无须动力电源供应。耗用冷剂式冷藏集装箱的特点是，在运输过程中，无须外接电源或燃料供应等，无任何运动部件，维修保养要求低。主要缺点是：无法实现连续制冷；储冷剂放冷或消耗后必须重新充冷或补充；较难实现精确温度控制；制冷设备占用空间较大。

2. 机械式冷藏集装箱的应用

根据《集装箱的技术要求和试验方法》的分类，机械式冷藏集装箱是指"设有制冷装置（如制冷压缩机组、吸收式制冷机组等）的保温集装箱"。制冷/加热集装箱是指"设有制冷装置（机械式制冷或耗用制冷剂制冷）和加热装置的保温集装箱"，在实际应用中，通常把这两类保温集装箱通称为"机械式冷藏集装箱"。机械式冷藏集装箱不仅有制冷装置，而且同时具有加热装置，可以根据需要采用制冷或加热手段，使冷藏集装箱的箱内温度控制在所设定的温度范围内。一般机械式冷藏集装箱箱内控制温度范围为 −18℃～38℃。机械式冷藏集装箱以压缩式制冷为主。当机械式冷藏集装箱在船上运输或集装箱堆场时，由船上或陆上电网供电；而当机械式冷藏集装箱在陆上集装箱专用拖车运输时，一般由车载柴油发电机供电。机械式冷藏集装箱是当前技术最为成熟，应用最为广泛的一种冷藏运输工具。

3. 隔热冷藏集装箱的应用

隔热冷藏集装箱是指不设任何固定的、临时附加的制冷或加热设备的保温集装箱。隔热冷藏集装箱是一个具有良好隔热性能的集装箱。为实现其保温功能，必须要有外接制冷或加热设备，向箱内输送冷风或热风以达到保温目的。隔热冷藏集装箱的特点是箱体本身结构简单，箱体货物有效装载容积率高，造价便宜，适合大批量、同品种冷冻或冷藏货物在固定航线上运输。缺点是缺少灵活性，对整个运输线路上的相关配套设施要求高。当集装箱处于船舶运输途中时，采用船舶集中式制冷系统向冷藏箱供冷，但货舱中必须有隔热冷藏集装箱专用设施，且冷藏箱只能装载在船舶货舱内。由于船舶制冷装置不可能提供太多种送风温度，且各冷藏箱的回风经汇合后返回到集中式制冷装置处，即各箱的回风存在混合问题，因此隔热冷藏集装箱较适合运送同品种的冷藏货物（只有当冷藏箱的数量足够多时，集中式制冷装置才能显示其经济性）。因此，隔热冷藏集装箱只有在用于运送大批量、同品种的冷藏货物时，其经济性才能得到充分体现。当隔热冷藏集装箱处于集装箱堆场时，可采用集装箱堆场的集中式制冷系统向冷藏箱供冷，以维持冷藏箱的正常工作。因此，保证隔热冷藏集装箱正常工作的必要条件是：集装箱所途经的堆场，必须要有能维持冷藏箱正常工作的集中式供冷装置和设施。当隔热冷藏集装箱处于车辆运输途中时，一般采用壁挂式制冷装置向冷藏箱供冷，以保证隔热冷藏集装箱的正常工作。

4. 气调冷藏集装箱的应用

气调冷藏集装箱具有一般机械式冷藏集装箱的所有制冷或加热功能，同时气调冷藏集装箱装有一种调气设备，可以产生和维持一种特殊的空气成分，以减弱新鲜果蔬的呼吸量和新陈代谢强度，从而减缓果蔬的成熟进程，达到保鲜的目的。气调保鲜的关键是调节和控制货物储存环境中的各种气体的含量。目前最常见的是利用充氮降氧方法来降低环境中的氧气含量，控制乙烯含量，减缓果蔬成熟。气调冷藏集装箱的气密性要求较高，一般要求漏气率不超过 2 立方米/时。气调冷藏集装箱的箱内由载货仓后壁分隔成载货仓和机器仓，载货仓壁除具有保温层外还具有气密层。载货仓内安装几种监测器；机器仓内安装气调机、制冷机、加湿器、柴油发电机、外接电源接口及电控箱。气调机的特点是，构件少，降低制造成本，微机自动调控载货仓内的温度、湿度及氧气、二氧化碳等含量，达到保鲜技术条件，适用于水果、蔬菜、鲜花等保鲜储运。采用气调冷藏集装箱运输具有保鲜效果好、储藏损失少、保鲜期长和对果蔬无任何污染的优点，但由于采用气调设备后，技术要求高、冷藏箱价格高，并且气调在大批量货物的储存和运输中更有优势，因此目前使用率还不高。

（四）冷藏集装箱运输管理

1. 冷藏集装箱运输前的检查与测试

（1）冷藏集装箱运输前的检查

冷藏集装箱在装箱使用前，首先应对机组进行外观检查。外观检查主要包括：检查机组外观有无损伤；检查机组控制箱内的电气连接是否牢固；检查电源线及插头等；检查制冷系统有无泄漏，检查所有连接处有无漏油迹象；检查冷凝器和蒸发器盘管，是否需要进行清洁，同时检查冷凝器风机网罩是否有损坏，如有损坏应及时修理或更换，否则会影响冷凝器散热效果；检查机组、压缩机和风机电动机的安装螺栓，如有需要，进行紧固；清洁融霜排水系统。

（2）预检测试（PTI）

这是冷藏集装箱使用前对整个系统运行情况的一种测试。目前，在先进的冷藏集装箱中，机组控制器带有特殊的预检测试功能，可自动检测制冷量、加热量、温度控制以及风机、传感器功能等。测试内容包括测量部件耗功，并将测试结果与正确值比较，预检测试只可在空箱状态下进行，并且在测试过程中箱门须关闭，整个测试过程需要 2～2.5 小时。

2. 冷藏集装箱的货物堆装与气流组织

冷藏集装箱内部的货物堆装方式，对冷藏集装箱内部气流组织的影响较大。由于气流总是向流动阻力最小处流动，因此，要保证冷藏集装箱内部良好的气流组织分布，必须做到：在任何情况下冷藏集装箱内部的货物装载高度都不能超过最高货物装载线，以确保冷藏集装箱内部有足够的回风通道，使气流能顺利地返回到制冷装置。在任何情况下都不能有直接裸露的 T 形风轨，必须使冷藏集装箱整个底部处于被货物或其他遮盖物覆盖的状态。在货物装载量不足时，在未被货物包装箱覆盖区域，必须用硬板纸等将底部全部覆盖住，使送入冷藏集装箱底部 T 形风轨的冷风只能从货物装载区向上流动，并从货物内部或表面吹过，带走热量，形成良好的箱内流量循环。

由于果蔬等货物在运送过程中存在呼吸现象，一般多用有透气孔的包装箱装载，因此，在装载果蔬类冷藏货物时，应注意使上下箱的透气孔对齐，从而使冷却空气能从对齐的透气孔穿过，带走货物所释放的热量。对于在运送过程中不产生热量的冷冻货，一般用密封的包装箱包装，由底部 T 形风轨送入的冷风，仅仅从冷冻货的外部吹过，带走通过箱壁传入的热量，保证货物处于低温状态。

冷藏集装箱在货物装箱前无须进行预冷，除非当从有密封门的冷库中装货时才有必要进行预冷，否则不但造成不必要的能量浪费，而且由于在货物装载过程中，大量外界热湿空气进入冷藏箱内，产生凝水，对货物造成损害。

3. 冷藏集装箱货物装箱

（1）装箱方式

一是无间隙积木式堆装：货物应像堆积木那样堆装成一个整体，货物与箱壁之间不留任何空隙。如果装入的货物无法占满整个冷箱底面，应使用厚纸板或类似材料覆盖剩余面积，这样可防止空气循环"短路"，致使货物冷却不足。箱内堆装的货物应低于红色装载线和不超出 T 形槽的垂直面，以保证冷空气良好循环，不能用塑料薄膜等材料覆盖货物。二是货盘堆装：除应遵守积木堆装方式要求外，还应做到货盘上堆装箱子的四个角要上下对齐，以便重量均匀分布，箱子顶部和底部的透气孔应上下对齐，使冷空气循环畅通。

（2）不同冷藏货物的装箱要求

根据保鲜、冷冻货物以及一般冷藏货物等特性的不同，其堆装方式有所差异。对于冷冻货物、一般冷藏货物以及危险品堆装，因为它们自身无法散发热量，并且装箱之前已预冷到特定温度，所以它们的堆装方法很简单，易于操作。只要求货物紧密堆装成一个整体，在货物外包装之间、货物与箱壁之间不留空隙即可。然而，货物必须低于红色装载线，使冷空气可以均匀地穿过货物，确保货物达到特定温度。在装箱时，由于保鲜货物在呼吸过程中会产生二氧化碳、水汽、乙烯及一些微量气体和热量，所以它们在堆装过程中需要保证冷空气能在包装材料和整个货物之间循环流动，带走产生的气体和热量，补充新鲜空气。

①货物预冷

将货物预冷到运输要求的温度。由于冷箱的制冷能力有限，只能用于维持货物温度，当货物温度过高时，制冷系统超负荷工作会导致出现故障，影响货物安全。

②冷箱预冷

一般而言，不应该对冷箱进行预冷处理，因为预冷过的冷箱开门后，外界热空气进入，冷箱遇冷产生水汽凝结，可能损坏货物包装和标签。在蒸发器表面凝结的水滴直接影响制冷量。当冷库温度和冷箱内的温度保持一致，并且使用"冷风通道"装载货物时，才能对冷箱进行预冷操作。当储运对温度比较敏感的货物时，应当对冷箱进行预冷处理，过程中注意紧闭箱门。如果没有对冷箱进行预冷处理，可能会导致货物温度发生变化，从而影响货物质量。

③预检测试（PTI）

冷箱在交付使用之前，需要对箱体和制冷系统等进行全面检查测试，确保冷箱清洁无损、制冷系统处于最佳状态，为检查合格的冷箱贴上"检查合格"标签。

（3）装箱前的准备工作

对于不同的易腐货物，装箱时需要确认如下工作：设定最佳温度；设定新鲜空气换气量；设定相对湿度；运输总时间；货物体积；包装材料和包装尺寸；文件和单证等。货物装箱前的注意事项：设定正确的温度；设定正确的新鲜空气换气量；设定正确的相对湿度；装箱时制冷系统应停止工作；箱内堆装的货物不得高于红色装载线，不得超出 T 型槽的垂直面；箱内堆装的货物须应牢固、稳妥；箱内堆装货物的总重量应低于冷藏箱最大允许载重量；冷藏箱装货后的总重量（包括附属设备的重量）在运输过程中不应超过所有途经国家或地区的限重。

各种运输方式之间的交接可能出现短途运输或制冷系统故障，造成停止制冷，对冷冻和冷藏保鲜货物短时间地停止制冷状态是允许的。许多产品出现几小时的停止制冷是可以接受的，但并非所有货物都如此。对任何冷藏货物均不允许出现长时间地停止制冷，对特种货物和温度敏感货物应保持制冷系统连续工作，避免任何温度波动造成货物质量下降。冷藏货物运输的技术要求高、风险大，对任何冷藏货物的运输均应做好详细的计划，并认真做好每一环节的工作，才能保质保量地将冷藏货物安全运抵目的地，为货主提供优质服务。

4. 冷藏集装箱的换气

当冷藏集装箱用于运输果蔬等易腐食品时，由于果蔬的呼吸作用而产生有害的气体，气体的数量和类型视果蔬品种而定。这些气体若不排出，会导致生理紊乱或加快腐坏（气调冷藏箱除外）。为保证箱内空气质量，冷藏集装箱一般都装有新鲜空气换气风门格栅装置，换气的主要作用是排出冷藏集装箱中货物呼吸作用产生的有害气体。

排气的过程是将冷藏集装箱内货物区的一定量空气排到外部，并从冷藏集装箱外吸入等量空气。换气的工作原理是利用冷藏集装箱制冷装置蒸发器风机所产生的风机前后压差，进行自动换气，即从位于风机吸入端的低压部位吸入外界新鲜空气，而从压力侧排出箱内空气。需交换的空气量由经校准的换气风门格栅的打开程度而定。换气风门不应在冷藏温度 −12℃ 以下的状况下使用，否则进入的空气中带有湿气，则可能会导致结冰，尤其影响与空气输送出口直接相邻的产品，冰块会损伤货物并有可能中断空气流动。

冷藏集装箱的换气量可以根据需要进行调节，不同类型冷藏集装箱的新鲜空气交换设置均有明文规定的指导方法。新鲜空气交换取决于所运输产品状况以及储存温度，在一定程度上，还取决于包装种类和冷藏集装箱内的堆装方式，新鲜空气交换的数量是以立方米/时表示，通常 40 英尺的冷藏集装箱换气风门的换气量，可在 0～300 立方米/时之间，根据需要进行调节。由于换气会增加冷藏集装箱的热负荷，因此在保证货物运送质量的前提下，应尽量减小换气风门开度，减少换气量。按照国际惯例，一般换气量由货物托运人来决定。

5. 冷藏集装箱的散热

冷藏集装箱的散热量。每个冷藏集装箱的散热量会受许多因素影响，例如工作模式、箱内外温度、货物种类等。通常，冷藏集装箱的最大散热量都可以从生产厂家的技术说明中得出，其计算公式如下：

冷藏集装箱的散热量 = 制冷量 + 压缩机耗功

冷藏集装箱在货舱时的散热。当冷藏集装箱装载在船舶甲板上时，散热不会有任何问题。随着单船冷藏集装箱装载量的不断增加，必然有一定数量的冷藏集装箱装载在甲板下方的船舶货舱中，为保持冷藏集装箱的正常工作，其散热必须及时排出货舱。

目前，常用的货舱散热方式如下：

（1）直接风冷式

采用直接风冷就是直接将周围环境空气用风机进行通风冷却。

（2）水冷式冷凝器

对于同时配有风冷式冷凝器和水冷式冷凝器制冷装置的冷藏集装箱，当冷藏集装箱装载在货舱中时，可启用水冷式冷凝器解决冷藏集装箱的散热问题。但必须注意的是，由于冷藏集装箱的压缩机等散热部件依然在放热，因此在货舱中还需要有一定量的通风散热。为减少对制冷装置冷凝器的腐蚀，制冷装置一般都采用淡水作为冷凝器的冷却水，而淡水本身又由海水进行冷却。

（3）蒸发冷却式

蒸发冷却式的工作原理就是将细小的水雾喷入空气气流中，使水快速蒸发，以吸收汽化散热而使环境温度下降。采用这种方式散热的优点是可大大减小通风量，利用较小的风量可获得较好的冷却效果。由于冷藏集装箱能在潮湿环境中工作，因此采用蒸发冷却式散热对冷藏集装箱而言无任何危害。但采用蒸发冷却式对淡水的耗量较大，船上要有充足的淡水来源。与直接风冷式相比，采用蒸发冷却式，通风冷却所需的空气量可减少一半，即每只冷藏集装箱所需风量是 30 立方米/分钟。而由于船舶在海上航行时日夜温差较大，因此，通常只有在白天高温时段才需要采用蒸发冷却式；而在夜晚等外界气温较低时，仅采用直接风冷式就可满足货舱的散热问题。

6. 冷藏集装箱的供电

（1）冷藏集装箱的耗功

冷藏集装箱的能耗取决于其工作状态，即冷藏集装箱的外部环境温度和冷藏集装箱内部的货物冷藏温度。通常冷藏温度越高，能耗越大。

通常冷藏集装箱在保温情况下的耗功，比降温情况时要小很多。在冷冻情况下，压缩机处于开/停运行模式；而在冷藏情况下，压缩机和风机均处于连续工作模式，因此，冷藏集装箱在冷冻情况下的耗功比冷藏情况下要小，40 英尺冷藏集装箱在冷冻情况下，耗功一般在 4 千瓦左右；而在冷藏情况下，耗功一般在 7 千瓦左右。当然，随着技术的不断进步，每标箱的能耗也在不断下降。

（2）冷藏集装箱的供电

冷藏集装箱必须依赖外部动力（电源）驱动制冷装置工作，以保证冷藏集装箱的正常工作。冷藏集装箱为适应其全球化的工作，通常其工作电源为 3 相，220～440V 及 50/60Hz 均可使用。

当冷藏集装箱处于不同运输模式或位置时，其供电方式会有所不同。通常可分为两种方式：一是电源直接供电。当冷藏集装箱在船舶运输时，冷藏集装箱的供电通常由船舶的供电系统所提供，船舶供电系统可以由船舶辅助发电机发电，也可以采用轴带发电机供电，或由专门安置在船舶甲板上的一个 20 英尺集装箱发电机供电。二是小型柴油发电机组供电。当冷藏集装箱在公路运输时，冷藏集装箱的供电通常由小型柴油发电机组提供。柴油发电机组既可直接挂装在冷藏集装箱端部，也可挂装在车底盘下方。传统的端部挂装式柴油发电机组，一方面，由于机组本身的重量会引起纵向的受力不平衡；另一方面，机组的挂卸需要专业叉车。

另外，由于机组挂靠在冷藏集装箱的端部，柴油发电机组的工作对冷藏集装箱的工作会带来一定的影响。为了克服端部挂装式柴油发电机组带来的问题，从 20 世纪 80 年代中叶起，车载挂装式发电机组逐步投入使用。车载挂装式发电机组克服了端部挂装式柴油发电机组的缺点，但通常对路况要求较高。端部挂装式柴油发电机组的功率一般在 15 千瓦左右。

本章练习

一、单项选择题

1. 冷藏运输方式的选择（　　）。

A. 考虑运输物品的种类

B. 考虑运输量

C. 考虑运输距离

D. 考虑运输费用

2. 冷链运输的首选方式是（　　）。

A. 公路运输

B. 铁路运输

C. 水路运输

D. 航空运输

3. 铁路冷藏车的降温制冷温度（　　）。

A. 0℃

B. 4℃～5℃

C. －10℃～2℃

D. －5～5℃

4. 最古老的运输方式是（　　）。

A. 公路运输

B. 铁路运输

C. 水路运输

D. 航空运输

二、多项选择题

1. 冷链运输的方式（　　）。

A. 公路运输

B. 铁路运输

C. 水路运输

D. 航空运输

2. 冷藏汽车的主要类型（　　）。

A. 机械制冷冷藏汽车

B. 液氮制冷冷藏汽车

C. 干冰制冷冷藏汽车

D. 蓄冷板制冷冷藏汽车

3. 公路运输的特点（　　）。

A. 机动、灵活

B. 速度快

C. 损伤性小

D. 可靠性高

4. 铁路运输的特点(　　)。

A. 连续性强

B. 全天连续

C. 覆盖面广

D. 可靠性高

三、简答题

1. 冷藏汽车有哪些类型?

2. 为什么要对铁路运输货物进行分类?

3. 使用冷藏集装箱有哪些好处?

4. 冷链运输有哪些方式?

项目三　仓库规划与布局

任务导入

　　通过本章的学习了解仓库规划的流程及主要内容；了解影响仓库选址的因素；掌握仓库的结构与内部布局；熟悉仓库储位管理策略以及储位的编号，了解常见的仓储设备，掌握货架、托盘、叉车的选择配置，掌握仓储设备的使用、保养及维修；熟悉仓储企业平面布局方案设计；懂得计算托盘存储的最大数量。

学习大纲

1. 介绍了仓库的规划设计
2. 掌握仓库的选址
3. 明白仓库的结构与布局
4. 了解仓库内部规划与布局
5. 了解仓库储位管理

任务一　仓库规划设计

一、仓库规划的一般要求

仓库规划一般要遵循以下原则。

（一）适应性原则

　　首先，仓库规划必须要与国家以及省市的经济发展方针、政策相适应，与工业整体布局结构相适应，与国民经济和社会发展相适应。其次，仓库规划要与企业的需求相适应。仓库是企业出于完善自己的物流系统、协调服务与成本关系的目的而进行建设的，必须要能够完全满足企业的需求。

（二）协调性原则

　　仓库规划要与地方的整个物流网络体系相协调，否则将会造成资源的浪费和设施的重复建设。另外，仓库规划要注意仓库的设施设备与当地的经济发展水平、生产力发展水平和技术发展水平相协调。

（三）经济性原则

仓库规划中要充分考虑到经济因素的影响，尤其是成本问题。仓库的成本主要包括库场的建设费用、设施和设备的购置费用、人员工资和运营中的各项费用等。在遵循经济性原则时，要以总成本最低作为中心指标。

（四）战略性原则

仓库规划要具备战略眼光。一要考虑全局；二要考虑长远。局部要服从全局，眼前利益服从长远利益。

（五）可行性原则

仓库规划要充分考虑到建设的可行性，在兼顾以上四条原则的同时考虑规划最终的可操作性。仓库规划一定要建立在现有的生产发展水平基础上，要考虑到实际的需要，使规划能够最终实现既定目标。

图 3 – 1　仓库环境

二、仓库的规划设计

（一）仓库物流设备与设施选择

1. 单元容器的选择

在设计容器时，应尽量选用厂内外通用的标准容器，不仅适于现代仓库的内部使用，也适于外部运输使用；容器的大小应和运输工具相匹配，以减少运输空间的浪费，便于叉车和堆垛机的叉取和存放。在条件和设施允许的情况下，增加单位装载量，达到降低作业成本和提高作业效率的目的。容器设施包括纸箱、托盘、铁箱、储罐和塑料箱等。

2. 仓储设施与设备的选择

在现代仓库的系统规划中，主要是规划设计整个物流系统的功能、数量和形式。而在现代仓库的内部设计阶段，则主要是设计各项设备的详细规格型号和设施配置。例如：储存容器、储存设备、搬运设备、订单拣取设备、流通加工设备和物流配套设施的种类、数量、规格型号及选用条件等。

（二）环境设施设计

现代仓库在企业文化、企业形象、企业标志和整体规划方面都要呈现出高效、清洁、柔和、整齐的独特风格。

（三）颜色与采光

现代仓库应特别加强色彩管理和科学采光，有条件的地方，应尽量采用自然光线照明，这样，一方面经济合理，另一方面有利于健康。但应避免太阳光直接照射库房而使库房内温度过高，从而使有些货物容易变质。

（四）安全设施与劳动保护

在物流作业中，由于操作不当或忽视安全规程造成人员伤亡和货物损坏的事件很多。因此，应利用经济、技术、组织等手段，加强安全作业管理，设置相关安全标志及防控设施。配合工业安全规程，用颜色标志出不同性质的设施。现代仓库内运动的车辆、移动的机具应采用醒目的黄色标志，提醒人们注意安全。

（五）温、湿度控制

温度和湿度是影响货物变化的主要自然因素。库存货物品质发生变化，大部分与大气的温度和湿度有关。温、湿度控制的目的在于保持库内与库外之间的空气循环流通，以调节温度、湿度、氧气和二氧化碳的含量，从而确保工作人员有良好的作业环境，满足货物对温、湿度的要求。在规划设计现代仓库时，应根据库房高度、人员和车辆路线以及库房面积等因素来决定通风换气的方式。一般来说，因仓储区面积较大，故多采用自然通风的方式进行通风，此方式较为经济；必要时还可采用机械通风来强迫库内外空气循环，以达到库内外空气流通的目的。

（六）仓库内部设施与构造设计

在新建或改建现代仓库时，除了对库房、消防、照明、通风与采暖、动力与供电等系统有专门的要求外，物流设备类型和作业内容不同对建筑物的具体要求也不同。

（七）仓库的长、宽、高组合

仓库不仅规模各异，形状也各不相同。任何一个给定规模的仓库在建设中都会有不同的长、宽、高组合。仓库规模（仓库建筑的总容积）确定后，就要对仓库结构进行优化。

1. 顶棚高度

顶棚高度取决于建筑成本、物料搬运成本和货物堆码特性。

2. 长度与宽度

仓库建筑物的长和宽，取决于在库内移动产品的物料搬运成本和仓库的建筑及维护成本之间的对比关系。

3. 立柱跨度

立柱跨度（立柱间的距离）的选择是否合理，对现代仓库的作业成本、作业效率和保管储存能力都有重要影响。对建筑成本有利的立柱跨度对现代仓库的储存设备来说，不一定是最佳的立柱跨度。合理设计立柱跨度可以显著地增加现代仓库的保管效益和仓储效益。为此，在决定立柱跨度时，应充分考虑建筑物的构造与经济性、存储设备的类型和托盘货箱的规格尺寸等因素，以求得最适宜的立柱跨度。

（八）仓库内通道

通道的规划由搬运方法、车辆出入频度和作业路线等因素决定。由于建筑物内部通道的设置与建筑物设施的功能、效率、空间利用率等因素有关，所以应根据进出库货物的品种和数量，以及所选定的设备的作业特点，决定通道的宽度和通道的条数。库房内的通道，可分为运输通道（主通道）、作业通道（副通道）和检查通道。

（九）地面负荷

地面负荷强度是由所保管货物的种类、比重、货物码垛高度和使用的装卸搬运机械等决定的。

三、仓库建筑及其水电设施配置

（一）仓库建筑

仓库建筑主要包括梁柱结构（包括钢筋混凝土结构、钢架结构等）、屋顶结构、屋面形式、外墙、门窗、仓库大门、内壁、地坪构造、配色和采光设计等。

（二）水电设施配置

水电设施配置主要包括电力配置图、给排水配置图、压缩空气配置图、设施配置图、照明配置图等。除此之外，对于与物流作业无直接关系的作业，如清洁、维修、参观或其他作业等，也应该逐一进行配套设计，并绘制规划图。

四、仓库网点规划

（一）仓库网点

仓库网点就是负责某一地区、组织或企业的物资中转供应的所有仓库。仓库网点规划即这些仓库在一定体制下按照特定的组织形式在特定地域范围内的分布与组合。

仓库网点规划实质上是一个地区、组织或企业的储备分布问题，配置是否合理不仅直接影响该地区、组织或企业资源供应的及时性和经济性，还会在一定程度上影响相关区域、组织或企业的库存水平及库存结构的比例关系。

在企业自有仓库的网点规划设计过程中，由于企业规模不同，有时这一决策相对简单，有时却异常复杂；只供应单一市场的中小企业通常只需一个仓库，而产品市场遍及全国各地的大规模企业要经过仔细分析和慎重考虑才能做出正确选择。在营业型仓库的网点规划设计中，这个问题所涉及的因素则更加复杂，因为这样一个仓库建成之后通常会改变其所在地区以往的直达和中转物资的比例。

仓库网点规划实际上是多仓库选址问题，应考虑下列一些问题：应该建多少个仓库？仓库应该建在什么地方？仓库的规模应多大？每个仓库所服务的客户是哪些？每个仓库的供应渠道是什么？每个仓库中应该存放什么货品？送货的方式应如何选择？

（二）仓库数量决策

仓库数量的多少主要受成本、客户要求的服务水平、运输服务水平、中转供货的比例、单个仓库的规模、计算机网络的运用等因素的影响。

仓库数量对物流系统的各项成本有着重要影响。一般来说，随着仓库数量的增加，运输成本和失销成本会降低，而存货成本和仓储成本将增加。

首先，由于仓库数量的增加，企业可以进行大批量运输，所以运输成本会下降。此外，在销售物流方面，仓库数量的增加使仓库更靠近客户和市场，减少了物资的运输里程。这不仅会降低运输成本，而且由于能及时满足客户需求，提高了客户服务水平，减少了失销机会，从而降低了失销成本。

其次，由于仓库数量的增加，总的存储空间也会相应地扩大，因此仓储成本会上升。由于在仓库的设计中，需要一定比例的空间用于维护、办公、摆放存储设备等，而且通道也会占用一定空间，因此，小仓库比大仓库的利用率要低得多。

最后，当仓库数量增加时，总存货量就会增加，这意味着需要更多的存储空间，相应的存货成本就会增加。

（三）仓库规模设计

仓库规模是指仓库能够容纳货物的最大数量或总体积。直接影响仓库规模的因素是仓库的商品储存量。仓库规模设计是根据库区场地条件、仓库的业务性质和规模、储存物品的特性，以及仓储技术条件等因素，对仓库的主要建筑物、辅助建筑物、构筑物、货场、站台等固定设施和库内运输路线所进行的总体安排和配置，以最大限度地提高仓库储存能力和作业能力，降低各项仓储作业费用，更有效地发挥仓库在物流过程中的作用。

（四）仓库平面布置

仓库平面布置要求按照"布局整齐、紧凑适用、节省用地、方便生产、便于管理"的原则来进行。

仓库的布置要按照储存商品的类别和安全性质分组布置，每组间要考虑仓储经营的特点、吞吐量大小以及作业的合理流程。在库区中央，出入方便的地方，可布置吞吐量大、无危险性的货物存储库房，其他库房可布置在两翼或后部。有火灾危险或有污染性的货物仓库应布置在下风侧面。库房间距应符合《建筑设计防火规范》的有关规定。根据仓库的总体设计，科学、合理地对两区（库区、生活区）、四场（业务场所、辅助业务场所、生活区办公场所、生活场所）和其他设施进行具体布置，是充分发挥仓库各部分的功能、促进仓库安全管理和业务发展的客观要求。

库房面积取决于储存商品的总量、种类以及构成。对于单间的无大型设备的仓库，取 $500 \sim 700 m^2$ 为宜；而对于机械化程度高的大型仓库，其面积可达 $1\,000 \sim 2\,000$ m^2。库房的长度应大于装卸线长度；库房的宽度可取长度的 $1/8 \sim 1/3$，小型仓库的宽度一般在 $10 \sim 13$ m，中型仓库为 $20 \sim 25$m。库房高度视库内使用设备以及货物堆存高度而定，单层仓库一般为 5 m，多层仓库的底层为 $4 \sim 5$m，上层为 $3.5 \sim 4$m，一些采用起重机的库房，其高度可达 8 m 以上。

（五）仓库平面面积

仓库平面面积主要由储存货物数量确定，但还受到其他因素制约，例如地面结构的承重能力的大小便影响到单位面积堆存量，货物的包装强度影响着堆存高度，库房内装卸搬运货物的机械化程度对库房面积的确定也产生影响。

（六）堆场规模设计

散货单位面积堆存定额较难确定，究其原因，主要是影响散货堆场面积的因素较多，使该值变化较大。因此，散货堆场的面积应采取特殊办法确定。常用的有图表确定法和容积计算法。限于篇幅，本书不再具体介绍这两种方法，可以阅读相关书籍进行了解。

五、仓库总平面区域规划

现代仓库的总体平面规划，就是根据现代仓库总体设计要求，科学地解决生产和生活两大区域的布局问题，如主要业务场所、辅助业务场所、办公场所、生活设施等，在规定的范围内进行统筹规划、合理安排，最大限度地提高仓库的储存和作业能力，并降低各项仓储作业费用。

仓库一般可以划分为生产作业区、辅助作业区和行政生活区三大部分。现代仓库为适应商品快速周转的需要，在总体规划布置时应注意适当增大生产作业区中收发货作业区面积和检验区面积。

（一）生产作业区

生产作业区是现代仓库的主体部分，是商品仓储的主要活动场所。主要包括储货区、道路、铁路专用线、码头、装卸平台等。

储货区是储存保管、收发整理商品的场所，是生产作业区的主体区域。储货区主要由保管区和非保管区两大部分组成。保管区是主要用于储存商品的区域，非保管区主要包括各种装卸设备通道、待检区、收发作业、集结区等。现代仓库已由传统的储备型仓库转变为以收发作业为主的流通型仓库，其各组成部分的合理构成比例通常为：合格品储存区面积占总面积的 $40\% \sim 50\%$；通道占总面积的 $8\% \sim 12\%$；待检区及出入库收发作业区占总面积的 $20\% \sim 30\%$；集结区占总面积的 $10\% \sim 15\%$；待处理区和不合格品隔离区占总面积的 5% ~ 10% 。

库区铁路专用线应与国家铁路、码头、原料基地相连接，以便机车直接进入库区。库内的铁路线最好是贯通式，一般应顺着库长方向铺设，并使岔线的直线长度达到最大限度。其股数应根据货场和库房宽度及货运量来决定。

仓库道路的布局，是根据商品流向的要求，结合地形、面积、各个库房建筑物、货场的位置，再决定道路的走向和形式。汽车道主要用于起重搬运机械调动及防火安全，同时也要考虑保证仓库和行政区、生活区之间的畅通。仓库道路分为主干道、次干道、人行道和消防道等。

在河网地区建仓库，应尽量利用水路运输的有利条件。首先，应对河道的水文资料进行调查，以便确定码头的位置、建筑式样，以及吊装设备。码头位置应选在河床平稳、水流平直、水域堤岸较宽、水足够深的地方，以便于船舶安全靠离码头，进行装卸作业。

（二）辅助作业区

辅助作业区是为仓储业务提供各项服务的设备维修车间、车库、工具设备库、油库、变电室等。值得注意的是，油库的设置应远离维修车间、宿舍等易出现明火的场所，周围须设置相应的消防设施。

（三）行政生活区

行政生活区是行政管理机构办公和职工生活的区域，具体包括办公楼、警卫室、化验室、宿舍和食堂等。为便于业务接洽和管理，行政管理机构一般布置在仓库的主要出入口，并与生产作业区用隔墙分开。这样既方便了工作人员与作业区的联系，又避免了非作业人员对仓库生产作业的影响和干扰。此外，仓库的消防水道，应以环行系统布置于仓库全部区域，在消防系统管道上需装有室内外消火栓。消火栓应沿道路设置，并靠近十字路口，一般其间隔不超过 100 m，距离墙壁不少于 5 m。根据当地气候，消火栓可建成地下式或地上式。

（四）库房内部规划

按照仓储作业的功能特点以及 ISO 9000 国际质量体系认证的要求，库房储存区域可划分为待检区、待处理区、不合格品隔离区、合格品储存区等。

1. 待检区

待检区用于暂存处于检验过程中的商品。这些商品一般采用黄色的标志以区别于其他状态的商品。

2. 待处理区

待处理区用于暂存不具备验收条件或质量暂时不能确认的商品。这些商品一般采用白色的标志以区别于其他状态的商品。

3. 不合格品隔离区

不合格品隔离区用于暂存质量不合格的商品。处于不合格隔离状态的商品一般采用红色的标志以区别于其他状态的商品。

4. 合格品储存区

合格品储存区用于储存合格的商品。处于合格状态的商品一般采用绿色的标志以区别于其他状态的商品。

为方便业务处理和保证库内货物的安全，待检区、待处理区和不合格品隔离区应设在仓库的入口处。仓库内除设置上述基本区域外，还应根据仓储业务的需要，设置卸货作业区、流通加工区和出库备货区等。

六、仓库主要设施的设计

（一）地面

地面的构造主要是地面的耐压强度，地面的承载力必须根据承载货物的种类或堆码高度具体研究。通常，一般平房普通仓库 $1m^2$ 地面承载力为 $2.5 \sim 3\ t$，多层仓库层数加高，地面负荷能力设计应相应减少。地面的负荷能力是由保管货物的重量、所使用的装卸机械的总重量、楼板骨架的跨度等所决定的。流通仓库的地面承载力，还要保证重型叉车作业的足够受力。

（二）仓库出入口和通道

仓库出入口的位置和数量是由"建筑的开间长度、进深长度""库内货物堆码形式""建筑物主体结构""出入库次数""出入库作业流程"以及"仓库职能"等因素所决定的。出入库口尺寸的大小是由卡车是否出入库内，所用叉车的种类、尺寸、台数、出入库次数，保管货物尺寸大小所决定的。库内的通道是保证库内作业畅顺的基本条件，通道应延伸至每个货位，使每个货位都可以直接进行作业，通道需要路面平整和平直，减少转弯和交叉。

（三）立柱间隔

库房内的立柱是出入库作业的障碍，会导致保管效率低下，因而立柱应尽可能减小。但当平房仓库梁的长度超过 25 m 时，建立无柱仓库有困难，则可设中间的梁间柱，使仓库成为有柱结构。不过在开间方向上的壁柱，可以每隔 5 ~ 10 m 设一根，由于这个距离仅和门的宽度有关，库内又不显露出柱子，因此和梁间柱相比，在设柱方面比较简单。但是在开间方向上的柱间距必须和隔墙、防火墙的位置，天花板的宽度或是库内开间的方向上设置的卡车停车站台长度等相匹配。

（四）天花板的高度

由于实现了仓库的机械化、自动化，因此现在对仓库天花板的高度也提出了很高的要求，以不影响存储、搬运、拣取等作业为原则，同时考虑仓库层数及结构设计承载。如使用叉车的时候，标准提升高度是 3 m，而使用多端式高门架的时候要达到 6 m。另外，从托盘装载货物的高度看，包括托盘的厚度在内，密度大且不稳定的货物，通常以 1.2 m 为标准；密度小而稳定的货物，通常以 1.6 m 为标准。以其倍数（层数）来看，1.2 m/层 × 4 层 = 4.8 m，1.6 m/层 × 3 层 = 4.8 m，因此，仓库的天花板高度最低应该是 5 ~ 6 m。

任务二 仓库的选址

一、仓库选址概述

（一）仓库选址概念

仓库选址是指在一个具有若干供应点及若干需求点的经济区域内选一个地址设置仓库的规划过程。选址会大大影响企业的成本，包括固定成本和可变成本，因此仓库的选址一方面要考虑仓库本身建设和运行的综合成本，另一方面要考虑今后的运送速度。

（二）仓库选址的原则

仓库选址主要依据以下几个原则。

1. 适应性原则

仓库的选址须与国家及省、市的经济发展方针、政策相适应，与国家物流资源分布和需求分布相适应，与国民经济和社会发展相适应。

2. 协调性原则

仓库的选址应将国家的物流网络作为一个大系统来考虑，使仓库的设施设备在地域分布、物流作业生产力、技术水平等方面互相协调。

3. 经济性原则

仓库发展过程中，有关选址的费用，主要包括建设费用及物流费用（经营费用）两部分。仓库的选址定在市区、近郊区或远郊区，其未来物流活动辅助设施的建设规模及建设费用，以及运费等物流费用是不同的，选址时应以总费用最低作为仓库选址的经济性原则。

4. 战略性原则

仓库的选址，应具有战略眼光，一要考虑全局，二要考虑长远。局部要服从全局，眼前利益要服从长远利益，既要考虑目前的实际需要，又要考虑日后发展的趋势。

二、仓库选址的考虑因素

仓库选址主要应考虑自然环境因素、经营环境因素、基础设施状况、其他因素等四个方面。

（一）自然环境因素

1. 气象条件
气象条件主要考虑年降水量、空气温湿度、风力、无霜期长短、冻土厚度等。
2. 地质条件
地质条件主要考虑土壤的承载能力，仓库是大宗物资的集结地，物资会对地面形成较大的压力，如果地下存在着淤泥层、流沙层、松土层等不良地质环境，则不适宜建设仓库。

3. 水文条件

要认真搜集选址地区近年来的水文资料，需远离容易泛滥的大河流域和上溢的地下水区域，地下水位不能过高，故河道及干河滩也不可选。

4. 地形条件

仓库宜建在地势高、地形平坦的地方，尽量避开山区及陡坡地区，最好选长方地形。

（二）经营环境因素

1. 政策环境背景

选择建设仓库的地方是否有优惠的物流产业政策，以对物流产业进行扶持，这将对物流产业的效益产生直接影响，当地劳动力素质的高低也是需要考虑的因素之一。

2. 物资特性

经营不同类型物资的仓库应该分布在不同地域，如生产型仓库的选址应与产业结构、产品结构、工业布局等紧密结合来进行考虑。

3. 物流费用

仓库应该尽量建在接近物流服务需求地，如大型工业、商业区，以便缩短运输距离，降低物流费用。

4. 物流服务水平

物流服务水平是影响物流产业效益的重要指标之一，所以在选择仓库地址时，要考虑是否能及时送达，应保证客户无论在任何时候向仓库提出需求，都能获得满意的服务。

（三）基础设施状况

1. 交通条件

仓库所处位置必须交通便利，最好靠近交通枢纽，如港口、车站、交通主干道（国道、省道）、铁路编组站、机场等，至少应该有两种运输方式衔接。

2. 公共设施状况

要求城市道路畅通，通信发达，有充足的水、电、气、热的供应能力，有污水和垃圾处理能力。

（四）其他因素

1. 国土资源利用

仓库的建设应充分利用土地，节约用地，充分考虑到地域的影响，还要兼顾区域与城市的发展规划。

2. 环境保护要求

要保护自然与人文环境，尽可能减少对城市生活的干扰，不影响城市交通，不破坏城市生态环境。

3. 地区周边状况

一是仓库周边不能有火源，不能靠近住宅区；二是仓库所在地的周边地区的经济发展情况，是否对物流产业有促进作用。

图3-2 仓库规划

三、仓库选址的步骤

仓库的选址可分为两个步骤进行：第一步为分析阶段，具体有需求分析、费用分析、约束条件分析；第二步为筛选及评价阶段，根据所分析的情况，选定具体地点，并对所选地点进行评价。具体方法如下。

（一）分析阶段

分析阶段包含需求分析、费用分析、约束条件分析等内容。

1. 需求分析

根据物流产业的发展战略和产业布局，针对某一地区的顾客及潜在顾客分析供应商的分布情况，具体包括：工厂到仓库的运输量、向顾客配送的货物数量（客户需求）、仓库预计最大容量、运输路线的最大业务量。

2. 费用分析

费用主要有工厂到仓库之间的运输费、仓库到顾客处的配送费、与设施和土地有关的费用及人工费等，如所需车辆数、作业人员数、装卸方式、装卸机械费等，运输费随着距离的变化而变动，而设施费用、土地费是固定的，人工费是根据业务量的大小确定的。以上费用必须综合考虑，进行成本分析。

3. 约束条件分析

约束条件分析主要有几个方面：一是地理位置是否合适，应靠近铁路货运站、港口、公路主干道，道路通畅情况，是否符合城市或地区的规划；二是是否符合政府的产业布局，有没有法律制度约束；三是地价情况。

（二）评价阶段

分析活动结束后，得出综合报告，根据分析结果在本地区内初选几个仓库地址，然后在初选的几个地址中进行评价，确定一个或多个可行的地址，编写选址报告，报送主管领导审批。选址评价方法如下：

1. 市场定位策略

市场定位策略是指将仓库选在离最终用户最近的地方。仓库的地理定位接近主要的客户，会增长供应商的供货距离，但缩短了向客户进行第二程运输的距离，这样可以提高客户服务水平。

市场定位策略最常用于食品分销仓库的建设，这些仓库通常接近所要服务的各超级市场的中心，使多品种、小批量库存补充的经济性得以实现。制造业的生产物流系统中把零部件或常用工具存放在生产线旁也是"市场定位策略"的应用，它可以保证"适时供应"。

影响这种仓库位置的因素主要包括运输成本、订货周期、产品敏感性、订货规模、当地运输的可获得性及预期的客户服务水平。

2. 制造定位策略

制造定位策略是指将仓库选在接近产地的地方，通常用来集运制造商的产成品。产成品被从工厂移送到这样的仓库，再从仓库里将全部种类的物资运给客户。这些仓库的基本功能是支持制造商采用集运费率运输产成品。

对于产品种类多的企业，产成品运输的经济性来源于大规模整车和集装箱运输；同时，如果一个制造商能够利用这种仓库以单一订货单的运输费率为客户提供服务，还能产生竞争差别优势。

影响这种仓库位置的因素主要包括原材料的保存时间、产成品组合中的品种数、客户订购的产品种类和运输合并率。

3. 中间定位策略

中间定位策略是指把仓库选在最终用户和制造商之间的中点位置。中间定位仓库的客户服务水平通常高于制造定位的仓库，但低于市场定位的仓库。企业如果必须提供较高的服务水平和提供由几个供应商制造的产品，就需要采用这种策略，为客户提供库存补充和集运服务。

仓库选址所要考虑的因素在某些情况下是非常简单的，在有些情况下却异常复杂，尤其是在关系国计民生的战略储备仓库的选址中，这种复杂性就更加突出。

四、仓库选址的方法

（一）单一仓库的选址方法

仓库是物流过程的一个站点，理论上讲，它应该是物资集中和分发过程中费用发生最少的理想地点。可以用数学方法建立一个分析模型，找出仓库的理想位置，这就是单一仓库选址的重心法，该方法又称为静态连续选址模型方法。因为应用时只考虑运输费率和该点的物资运输量，所以这种方法很简单，也很实用。

重心法实际上将物流系统的资源点与需求点看成分布在某一平面范围内的物体系统，各资源点与需求点的物流量可分别看成物体的重量，物体系统的重心将作为物流中心的最佳位置。仓库是物流过程的一个站点，理论上讲，它应该是物资集中和分发过程中费用发生最少的理想地点。

重心法首先要在坐标系中标出各个地点的位置，目的在于确定各点的相对距离，坐标系可以随便建立。在国际选址中，经常采用经度和纬度建立坐标。然后，根据各点在坐标系中的横纵坐标值求出成本运输最低的位置坐标（C_x，C_y）。重心法使用的公式为：

$$C_x = \sum D_{ix}Q_i \Big/ \sum Q_i \qquad (3-1)$$

$$C_y = \sum D_iQ_i / \Sigma Q_i \qquad (3-2)$$

公式中，C_x——中心的 x 坐标；

C_y——中心的 y 坐标；

D_{ix}——第 i 个地点的 x 坐标；

D_{iy}——第 i 个地点的 y 坐标；

Q_i——运到第 i 个地点或从第 i 个地点运出的货物量。

运用此公式即可求出最佳厂址。

（二）成本—利润—产量定址分析

成本—利润—产量定址分析也称量本利分析，它有利于对可供选择的地点在经济上进行对比，一般常用图表法求解。它的分析过程包括以下步骤：第一步：确定每一备选地址的固定成本和可变成本。第二步：在同一张图表上绘出各地点的总成本线。第三步：确定在某一预定的产量水平上，哪一地点的成本最少。需要以下几点假设：一是可变成本与一定范围内的产出成正比。二是所需的产出水平能近似估计。三是只包括一种产品。四是产出在一定范围时，固定成本不变，地点的利润最高。

在成本分析中，要计算每一地点的总成本 TC，要利用以下公式：

$$TC = C_F + C_vQ \qquad (3-3)$$

公式中，C_F——固定成本；

C_v——单位的可变成本；

Q——产出产品的数量或体积。

（三）线性规划——运输法

线性规划——运输法是一种使用广泛的物流战略计划工具。线性规划在考虑特定约束条件下，从可选范围中找出最佳方案。对于物流问题，最为广泛使用的线性规划形式是网络优化。运输法作为网络最优化方法，其目标是在给定的供给、需求和能力的约束条件下，使生产、输入、输出运输的可变成本最小化。对于复合设施的选址问题，如对于一个公司设有多个工厂、多个分销中心的选址问题，可以用线性规划——运输法求解，使得所有设施的总费用最小。

线性规划——运输法的数学模型如下。

目标函数：

$$Z_{\min} = \sum_{i=1}^{m} \sum_{j=1}^{m} C_{ij}x_{ij} \qquad (3-4)$$

约束条件：

$$\Delta s.t. \begin{cases} \sum_{j=1}^{n} x_{ij} = a_i (i = 1,2,3,\cdots,m) \\ \sum_{i=1}^{m} x_{ij} = b_j (j = 1,2,3,\cdots,n) \\ x_{ij} \geq 0 (i = 1,2,3,\cdots,m; j = 1,2,3,\cdots,n) \end{cases} \quad (3-5)$$

公式中，m——工厂数量；

n——销售点数量；

C_{ij}——产品单位运输费用；

x_{ij}——从工厂 i 运到销售点 j 的数量；

b_j——销售点 j 的需求量；

a_i——工厂 i 的供应量。

对于运输问题可以用线性规划——运输法进行求解，因为运输问题具有结构上的特殊性，应用表上作业法进行求解更方便。

（四）仓库总体平面规划的原则

符合城市用地整体规划的要求，满足仓库物资运输要求，以及未来业务发展规划的要求，以求得平衡与可持续发展。平面布置应严格遵守本区域的总体规划布局，在项目红线征地边界内，结合规划道路，充分利用土地资源，同时协调好本工程总体布局与市政基础设施、地区规划布局之间的关系。

合理组织场内交通，保证区域内车辆运输快捷、安全、高效。平面布置按功能合理分区，符合分区域隔离及便于储存、监管、查验的要求；符合分期建设、留有余地、可扩展性、滚动开发的要求。

主要仓库设计结构轻盈、美观，符合工艺流畅、装卸快、运输安全的要求。遵循国家对环境保护的有关规范、规定和要求，最大限度地减少对周围环境的影响和污染，区域内环境设计满足吸尘、防尘、降噪和美化的要求。

为使仓库高效地运转，仓储中心的车辆运行方向、装卸作业方向必须单一，运距最短，而且装卸环节最少，人车分离，仓库的空间利用最大化原则。用系统化的思想，把整个仓库的各功能块视为系统的一部分，把各作业环节视为供应链的内容之一。仓库建设高效率和低成本的原则，为储存规模的进一步扩大留下余地，为自动分拣系统的实现留下余地。

任务三 仓库设施布局

一、仓库布局概述

（一）仓库布局

仓库布局是指将一个仓库的各个组成部门，如库房、货棚、货场、辅助建筑物（铁路专用线、库内道路、附属固定设备）等，在规定范围内，进行平面和立体的统筹规划、合理安排，最大限度地提高仓库的储存和作业能力，并降低各项费用。

（二）仓库布局原则

尽可能采用单层设备，这样造价低，资产的平均利用率也高。使货物在出入库时单向和直线运动，避免逆向操作和大幅度变相的低效率运作。在物料搬运设备大小、类型、转弯半径的限制下，尽量减少通道所占用的空间。

尽量利用仓库的高度，可以多使用高层货架或使用托盘来多层堆放以提高储存量，增加利用空间。要适应现代仓储的需求，尽量配置高效的物料搬运设备及操作流程，以提高生产效率。实施有效的存储计划，确保储存空间有效利用。

（三）仓库总体布局的要求

要适应仓储企业的生产流程，有利于实现仓储作业的优化。一是单一的物流方向。仓库内商品的卸车、验收、存放地点之间的安排，必须适应仓储生产流程，按一个方向流动。二是最短的运距。应尽量减少迂回运输，专用线的布置应在库区中部，并根据作业方式、仓储商品品种、地理条件等，合理安排库房，专用线要与主干道相对应。三是最少的装卸环节。减少在库商品的装卸搬运次数和环节，商品的卸车、验收、堆码作业最好一次完成。四是最大限度地利用空间。仓库总平面布置是立体设计，应有利于商品的合理存储和充分利用库位。

有利于提高仓储经济效益，要因地制宜，充分考虑地形、地理条件，合理确定库房的位置和朝向，仓库位置应便于货物的入库、装卸和提取，库内区域划分明确、布局合理，为货物的储存保管创造良好的环境，提供适宜的条件。

有利于保证安全生产和文明生产，要符合消防规定，要有防火、防盗、防水、防爆设施，同时要为发生险情时创造方便的救援条件。应符合卫生和环境要求，既满足库房的通风、日照等，又要考虑环境绿化、文明生产，有利于职工身体健康。

二、仓库货区布置方法

（一）平面布置

平面布置是指对货区内的货垛、通道、垛间距、收发货区等进行合理的规划，并正确处理它们的相对位置。平面布置的形式可以概括为垂直式和倾斜式。

1. 垂直式布置

垂直式布置，是指货垛或货架的排列与仓库的侧墙互相垂直或平行，具体包括横列式布置、纵列式布置和纵横式布置。

（1）横列式布置

横列式布置是指货垛或货架的长度方向与仓库的侧墙互相垂直。这种布局的主要优点是：主通道长且宽，副通道短，整齐美观，便于存取查点，不仅有利于库房布局，还有利于通风和采光，如图3-3所示。

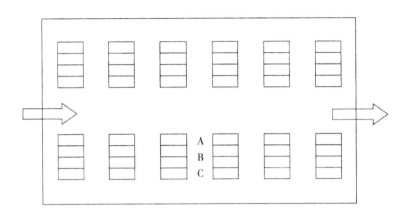

图 3 - 3　横列式布置

（2）纵列式布置

纵列式布置是指货垛或货架的长度方向与仓库侧墙平行。这种布局的主要优点是：仓库平面利用率较高，但存取货物不方便，如图 3 - 4 所示：

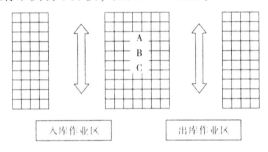

图 3 - 4　纵列式布置

（3）纵横式布置

纵横式布置是指在同一保管场所内，横列式布置和纵列式布置兼而有之，可以综合利用两种布置的优点，如图 3 - 5 所示：

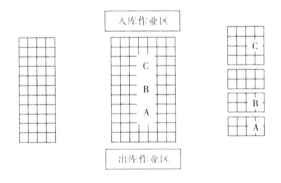

图 3 - 5　纵横式布置

2. 倾斜式布置

倾斜式布置是指货垛或货架与仓库侧墙或主通道成 60°、45°或 30°夹角。具体包括货垛倾斜式布置和通道倾斜式布置。

（1）货垛倾斜式布置

货垛倾斜式布置是横列式布置的变形，它是为了便于叉车作业、缩小叉车的回转角度、提高作业效率而采用的布置方式，如图 3 - 6 所示：

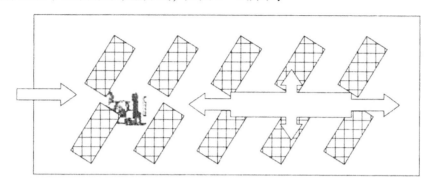

图 3 - 6　货垛倾斜式布置

（2）通道倾斜式布置

通道倾斜式布置是指仓库的通道斜穿保管区，把仓库划分为具有不同特点的作业区，如大量存储和少量存储的保管区等，以便进行综合利用。这种布置形式使仓库内形式复杂，货位和进出库路径较多。

（2）空间布置

空间布置是指库存货物在仓库立体空间上的布置，其目的在于充分有效地利用仓库空间。进行空间布置时，首先要考虑的是储存货物的存储形式，包括存储货物的位置、尺寸与数量；其次要合理地放置柱、梁、通道，以增加空间使用率；最后要注意保管空间的有效利用，即向上发展，有效利用平面，采用自动仓库等。

空间布置的主要形式有：就地堆码、上货架存放、加上平台、空中悬挂等。货架存放物品有很多优点，概括起来有以下几个方面：一是便于充分利用仓库空间，提高库容利用率，扩大存储能力。二是物品在货架里互不挤压，有利于保证物品本身和其包装完整无损。三是货架各层中的物品，可随时自由存取，便于做到先进先出。四是物品存入货架，可防潮、防尘，某些专用货架还能起到防损、防伪、防盗、防破坏的作用。

（三）货物布置

根据物品的特性分区分类储存，将特性相近的物品集中存放。将货物进行 ABC 分类，A 类货物尽量布置于靠近走道或门口的地方，C 类货物尽量置于仓库的角落或较偏僻的地方，B 类货物则置于 A 类和 C 类货物之间的地方。将单位体积大、单位质量大的物品存放在货架底层。将同一供应商或者同一客户的物品集中存放，以便于进行分拣配货作业。

（四）库内非保管场所布置

仓库内货架和货垛所占的面积为保管面积或使用面积，其他则为非保管面积。应尽量扩大保管面积，缩小非保管面积。非保管面积包括通道、墙间距、收发货区、仓库人员办公地点等。

1. 通道

库房内的通道，分为运输通道（主通道）、作业通道（副通道）和检查通道。

运输通道供装卸搬运设备在库内行走，其宽度主要取决于装卸搬运设备的外形尺寸和单元装载的大小。运输通道的宽度一般为 1.5~3 m。

2. 墙间距

墙间距的作用一方面是使货物和货架与库墙保持一定的距离，避免物品受库外温湿度的影响，另一方面也可作为检查通道和作业通道。墙间距一般宽度在 0.5 m 左右，当兼作业通道时，其宽度需增加一倍。

3. 收发货区

收发货区是供收货、发货时临时存放物品的作业用地。收发货区的位置应靠近库门和运输通道，可设在库房的两端或适中的位置，并要考虑收货发货互不干扰。收发货区面积的大小，则应根据一次收发批量的大小、物品规格品种的多少、供货方和用户的数量、收发作业效率的高低、仓库的设备情况、收发货的均衡性、发货方式等情况确定。

4. 仓库人员办公地点

管理人员的办公室设在库内特别是单独隔成房间是不合理的，既不经济又不安全，所以办公地点最好设在库外。

（五）仓库内部货区布局设计

仓库货区布局，是指根据仓库场地条件、仓库业务性质和规模、物资储存要求以及技术设备的性能和使用特点等因素，对仓库各组成部分，如存货区、理货区、配送备货区、通道以及辅助作业区等，在规定的范围内进行平面和立体的合理安排和布置，最大限度地提高仓库的储存能力和作业能力，并降低各项仓储作业费用。仓库的货区布局和规划，是仓储业务和仓库管理的客观需要，其合理与否直接影响各项工作的效率和储存物资的安全。因此，不但建设新仓库时要重视仓库货区的合理布置，随着技术的进步和作业情况的变化，也应重视对老仓库进行必要的改造。

（六）合理进行库位分区

库位分区是解决货物如何放、放在哪里的问题，是仓库作业的基础，分区是否合理将直接影响仓库作业的效率。

按照仓储作业的功能特点以及 ISO 9000 国际质量体系认证的要求，仓库内部库位一般分为以下 4 个区域。

1. 预备储区

预备储区用于暂存处于检验过程中的货物，有进货暂存区和出货暂存区之分。预备储区中不但应对货物的品质有所保护，而且对于货物分批、分类的隔离也要落实执行。此区域一般采用黄色的标志以区别于其他状态的货物。

2. 保管储区

保管储区的货物大多以中长期状态进行保管，是整个仓储中心的管理重点所在。此区域一般采用绿色的标志以区别于其他状态的货物。

3. 待处理区

待处理区用于储存不具备验收条件或质量不能确认的货物，一般采用白色的标志以区别于其他状态的货物。

4. 不合格品区

不合格品区用于储存质量不合格的货物。

三、仓库作业功能区域布局

（一）仓库作业基本功能

根据仓储中心的业务要求，结合将来的业务发展，仓储中心必须满足以下几个方面的作业需求。一是进货。包括车辆进货、卸货、点收、理货等。二是储存保管。包括入库、调拨、补充、理货等。三是分拣。包括订单分拣、拣货分类、集货等。四是出货。包括流通加工、品检、出货点收、出货装载等。五是运输。包括车辆调度、路线安排、车辆运输、交递物资等。六是仓储管理。包括盘点、到期物资处理、移仓与储位调整等。七是逆向物流。包括退货、卸载、点收、责任确认、废品处理、换货补货等。八是物流后勤。包括车辆货物出入管理、装卸车辆停车管理、包装中转容器回收、暂存、废物回收处理等。

因此，仓储中心功能分区包括：进货区、储存区、中转区、分拣区（可选）、流通加工区（可选）、仓库管理区、出货区等。

（二）仓库作业基本功能布置

根据场地的条件和物流的需求，仓库作业功能分区布置时，必须对仓库各个作业区域以及区域之间的相互关系进行规划，其步骤如下。

1. 确定各个区域之间的关系

在各类作业区域之间可能存在的活动关系为：流程上的关系，即建立物料流和信息流之间的关系；组织上的关系，即建立在各部门组织之间的关系；功能上的关系，即区域之间因功能需要而形成的关系。对上述各种关系程度加以分析之后，可作为区域布置规划的参考。在物流中心的布置规划中，可分为物流作业区域、辅助作业区域和厂区活动区三大部分。对物流作业区域规划时，以物流作业流程为主，尽量避免流程的交叉，确保流程的连续性。辅助作业区域是辅助性的区域，必须考虑信息流和有关组织、功能等方面相配合的区域，按重要程度把这些相关区域分为不同级别。区域间关系程度高时，区域间布置尽量相邻或相近，如发货区与称量区应相邻设置。而关系程度低的，尽量分开设置，如库存区与休息室可以分开设置，这样可以防止生活用火用电等给仓库带来的危险。

2. 确定仓库货物流动形式

按各个作业区域的计算面积大小和长宽比例做成缩小的模块，并根据生产流程和各个部门之间的相互关系来设计其相互位置。在空间位置规划之前，要确定物流动线形式。不同物流动线形式决定了其物流的流动方向。直线形流动，适合于出入口在厂房两侧，作业流程单一，规模较小的物流作业，无论订单大小和拣货的多少都要经过厂房。U 形流动，适合于出入口在仓库的同侧，根据进出频率大小安排靠近进出口端的储区，缩短拣货和搬运路线。T形流动，适合于出入口在厂房两侧。

（三）作业区空间位置布局

在进行区域位置安排时，一要确定仓储中心对外的连接形式，即确定卸货台、发货台的位置。二要决定仓储中心厂房空间范围、大小和长宽比例。三要决定物流中心内由进货到发货的主要物流流动形式，如直线形、U形等。四要根据物流中心作业流程顺序安排各区域位置。物流作业区域是进货作业开始进行布局，根据物料流程前后顺序安排相关位置，如是以仓储为主要功能的物流中心，占用面积较大的储存区就应该首先安排在仓库的中央，然后再是那些占用面积较小的区域，如理货区、发货区、加工作业不是很多的加工区等。五要决定行政区与物流仓储区的关系，行政区是分开设置，还是集中安排在某一个地方。

任务四　仓储设备配置

一、仓储设备的配置概述

仓储设备的配置是仓储系统规划的重要内容，关系到仓库建设成本和运营费用，更关系到仓库的生产效率和效益。作为仓库管理人员，应会合理选择和使用仓储设备。仓储设备是指仓储业务所需的所有技术装置与机器，即仓库进行生产作业或辅助生产作业以及保证仓库及作业安全所必需的各种机械设备的总称。

（一）仓储设备合理配置

根据仓储的功能、存储对象、环境要求等确定主要设备的配置。

1. 存货、取货

货架、叉车、堆垛机械、起重运输机械等。

2. 分拣、配货

分拣机、托盘、搬运车、传送机械。

3. 验货、养护

检验仪器、工具、养护设施等。

4. 防火、防盗

温度监视器、防火报警器、防盗报警设施等。

5. 流通加工

所需的作业机械、工具等。

6. 控制、管理

计算机及辅助设备等。

7. 配套设施

站台、轨道、道路、场地等。

（二）仓储设备的配置原则

在选择仓储机械设备时，应对仓储机械的技术经济指标进行综合评价，配置应遵循以下原则。

1. 仓储机械设备的型号应与仓库的作业量、出入库作业频率相适应

仓储机械设备的型号和数量应与仓库的日吞吐量相对应，仓库的日吞吐量与仓储机械的额定起重量、水平运行速度、起升和下降速度以及设备的数量有关，应根据具体的情况进行选择。

2. 计量和搬运作业同时完成

有些仓库需要大量的计量作业，如果搬运作业和计量作业不同时进行，势必要增加装卸搬运的次数，降低了生产效率。例如，在皮带输送机上安装计量感应装置，在输送的过程中同时完成计量工作。

3. 选用自动化程度高的机械设备

要选择合适的货架和托盘。托盘的运用大大提高了出入库作业的效率，选择合适的货架同样能使出入库作业的效率提高，应提高机械设备的自动化程度，以提高仓储作业的效率。

4. 注意仓储机械设备的经济性

选择装卸搬运设备时，应该根据仓库作业的特点，运用系统的思想，在坚持技术先进、经济合理、操作方便的原则下，企业应根据自身的条件和特点，对设备进行经济性评估，选择合适的机械设备。

5. 根据距离和物流量，确定设备的类别

简单的搬运设备适合于距离短、物流量小的搬运需要；复杂的搬运设备适合于距离短、物流量大的搬运需要。简单的运输设备适合于距离长、物流量小的运输需要；复杂的运输设备适合于距离长、物流量大的运输需要。

根据设备的技术指标、货物特点以及运行成本、使用方便等因素，选择设备系列型号，甚至品牌。

在设备选型时要注意：一是设备的技术性能。能否胜任工作以及设备的灵活性要求等。二是设备的可靠性。在规定的时间内能够工作而不出现故障，或出现一般性故障易立即修复且安全可靠。三是工作环境的配合适应性。工作场合是露天还是室内，是否有震动，是否有化学污染以及其他特定环境要求等。四是经济因素。包括投资水平、投资回收期及性能价格比等。五是可操作性和使用性。操作是否易于掌握，培训的复杂程度等。六是能耗因素。设备的能耗应符合燃烧与电力供应情况。七是备件及维修因素。设备条件和维修应方便、可行。

二、常用的仓储装卸搬运设备

目前，我国仓库中所使用的装卸搬运设备通常可以分成三类，即装卸堆垛设备、搬运输送设备和成组搬运工具，如：堆垛机、输送机、叉车、起重机。

（一）堆垛机

堆垛机是专门用来堆码或提升货物的机械。普通仓库使用的堆垛机是一种构造简单、用于辅助人工堆垛、可移动的小型货物垂直提升设备。这种机械的特点是：构造轻巧，能在很窄的走道内操作，减轻堆垛工人的劳动强度，且堆码或提升高度较高，仓库的库容利用率高，作业灵活。因此，在中小型仓库内被广泛使用，主要有有轨堆垛机、无轨堆垛机等类型。

（二）输送机

输送机是一种连续搬运货物的机械。输送机的特点是在工作时连续不断地沿同一方向输送散料或者重量不大的单件物品，装卸过程无须停车。其优点是生产率高、设备简单、操作简便。缺点是一定类型的连续输送机只适合输送一定种类的物品，不适合搬运很热的物料或者形状不规则的单件货物；只能沿一定线路定向输送，因而在使用上具有一定局限性。

根据用途和所处理货物形状的不同，输送机常见的有带式输送机和辊子输送机。此外，还有链式输送机、螺旋式输送机、移动式输送机、固定式输送机、重力式输送机和电驱动式输送机等多种设备。

（三）叉车

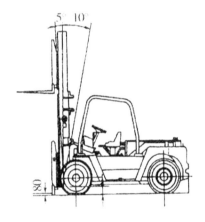

叉车在仓储作业过程中，是比较常用的装卸设备，有万能装卸机械之称。叉车是指具有各种叉具，能够对货物进行升降和移动以及装卸作业的搬运车辆。它具有灵活、机动性强、转弯半径小、结构紧凑、成本低廉等优点。叉车的类型很多，按照其动力类型可划分为电瓶叉车和内燃机叉车两大类（内燃机的燃料又分为汽油、柴油和天然气三种）；按其基本构造分类，又可分为平衡重式叉车、前移式叉车、侧叉式叉车等。

（四）起重机

图3－7　平衡重式叉车

起重机是在采用输送机之前曾被广泛使用的具有代表性的一种搬运机械，它是指将货物吊起，在一定范围内做水平运动的机械。

起重机按照其所具有的机构、动作繁简程度以及工作性质和用途，可分为简单起重机械、通用起重机械和特种起重机械3种。

简单起重机械一般只做升降运动或一个直线方向的运动，只需要具备一个运动机构，而且大多数是手动的，如绞车、葫芦等。

通用起重机械除需要一个使物品升降的起升机外，还有使物品做水平方向的直线运动或旋转运动的机构。该类机械主要用电力驱动。属于这类的起重机械主要包括：通用桥式起重机、门式起重机、固定旋转式起重机和行动旋转式起重机等。

特种起重机械是多动作起重机械，专用于某些专业性的、比较复杂的工作。如冶金专用起重机、建筑专用起重机和港口专用起重机等。

三、仓储保管设备

（一）保管设备

保管设备是用于保护仓储商品质量的设备，包括：

1. 苫垫用品

苫垫用品包括苫布（篷布、油布、塑料布等）、苫席、枕木（棱木、垫木）、垫仓架、水泥条、花岗石块等。主要用于露天货物堆放的苫垫以及底层仓库的衬垫，具有防尘、防晒、防雨、防风、防潮等作用。

2. 存储用具

存储用具包括各种类型的货架。常用的有：

（1）托盘式货架

托盘式货架是使用最广泛的托盘类货物存储系统，通用性较强。其结构是货架沿仓库的宽度方向分成若干排，其间有一条巷道，供堆垛起重机、叉车或其他搬运机械运行，每排货架沿仓库纵长方向分为若干列，在垂直方向又分成若干层，从而形成大量货格，便于用托盘存储货物。

（2）悬臂式货架

悬臂式货架为边开式货架的一种，可以在架两边存放货物，适合存储长、大件货物和不规则货物，诸如钢铁、木材、塑料等，其前伸的悬臂具有结构轻巧、载重能力好的特点。如果增加搁板，特别适合空间小、高度低的库房，管理方便。悬臂式货架同样可以实现多层应用。

（3）货格式货架

货格式货架是由一个个货格组成的，在存储时，避免了货物的相互挤压，每个货物是独立的单元，可以实现货物的先进先出。货格式货架是立体仓库货架的主要形式。货格式货架是最常用的一种货架，在自动化仓库中广泛应用。货格式货架由货格所组成，根据货格的多少，可以将自动化仓库分为大型仓库、中型仓库和小型仓库。

（4）移动式货架

移动式货架的货架底部装有滚轮，开启控制装置，滑轮可以沿轨道滑动。移动式货架平时可以密集相连排列，存取货物时通过手动或电动控制装置驱动货架沿轨道滑动，形成通道，从而大幅度减少通道面积，仓库面积利用率可以达到80%，但由于成本较高，主要在档案管理等重要或贵重物品的保管中使用。

（5）驶入/驶出式货架

一般的自动化仓库中，有轨或无轨堆垛机的作业通道是专用的，在作业通道上不能储存货物。驶入/驶出式货架仓库的特点是作为托盘单元货物的储存，货位与叉车的作业通道是合一的、共同的，这就大大提高了仓库的面积利用率。驶入/驶出式货架采用钢结构，立柱上有水平突出的构件，叉车将托盘货物送入，由货架两边的构件托住托盘。驶入式货架只有一端可供叉车进出，而驶出式货架可供叉车从中通过，非常便于作业。

（6）旋转式货架

旋转式货架又称为回转式货架。在拣选货物时，取货者不动，通过货架的水平、垂直或立体方向回转，货物随货架移动到取货者的面前。它是适应目前生产及生活资料由少品种大批量向多品种小批量的发展趋势而发展起来的一类现代化保管储存货架。

（7）阁楼式货架

阁楼式货架适用于场地有限、品种繁多、数量少的情况，其底层货架不但是保管物料的场所，而且是上层建筑承重梁的支撑，承重梁的跨距大大减小，建筑费用也大大降低。阁楼式货架也适用于现有旧仓库的技术改造，配合使用升降机操作，可以大大提高仓库的空间利用率。

阁楼式货架采用全组合式结构，专用轻钢楼板，造价低，施工快。根据场地情况和使用需要，阁楼式货架可灵活设计成两层、多层等各种形式，以充分利用空间。

3. 辅助用具

辅助用具主要包括平面托盘和立桩折叠式托盘两种。这两种托盘辅助于叉车装卸作业，主要用于体积小或质量比较重的商品，具有点数方便、装卸简便等特点。

（二）选择托盘

托盘是用于集装、堆放、搬运和运输的放置作为单元负荷的货物和制品的水平平台装置。在平台上集装一定数量的单件货物，并按要求捆扎加固，组成一个运输单位，便于运输过程中使用机械进行装卸、搬运和堆存。

1. 托盘的特点

托盘的搬运采用机械操作，减少货物堆码作业次数，从而有利于提高运输效率，缩短货运时间，降低劳动强度。以托盘为运输单位，货运件数变少，体积重量变大。如果每个托盘所装货物数量相等，既便于点数、理货交接，又可以减少货损货差事故，投资比较小，收益比较快。

2. 熟悉常用托盘的种类及其使用

托盘的种类繁多，结构各异，目前国内外常见的托盘主要有以下 5 种。

（1）平板托盘

平板托盘又称平托盘，是托盘中使用量最大的一种，是通用托盘。由双层板或单层板另加底脚支撑构成，无上层装置，在承载面和支撑面加以纵梁，可使用叉车或搬运车进行作业。按其材质的不同，有木制、塑制、钢制、竹制、塑木复合等。

（2）箱式托盘

箱式托盘是指在托盘上面带有箱式容器的托盘。箱式托盘是在托盘基础上发展起来的，多用于存放形状不规则的物料、散件或散状物料的集装，金属箱式托盘还用于热加工车间集装热料。一般下部可叉装，上部可吊装，并可进行码垛（一般为四层）。

（3）柱式托盘

柱式托盘上部的 4 个角有固定式或可卸式的立柱，有的柱与柱之间有连接的横梁，使柱子成门框形。柱式托盘在平托盘上装有 4 个立柱，其目的是在多层堆码保管时，保护好最下层托盘的货物。托盘上的立柱大多采用可卸式的，高度多为 1 200 mm 左右，立柱的材料多为钢制，耐荷重 3 t，自重 30 kg 左右。柱式托盘的特点是在不压货物的情况下可进行码垛（一般为四层）。多用于包装物料、棒料管材等的集装。还可以成为可移动的货架、货位；不用时，可叠套存放，节约空间。近年来，在国外推广迅速。

（4）物流台车

物流台车是在平托盘、柱式托盘或箱式托盘的底部装上脚轮而成，既便于机械化搬运，又宜于短距离的人力移动。适用于企业工序间的物流搬运，也可在工厂或配送中心装上货物运到商店，直接作为商品货架的一部分。

（5）特种专用托盘

这类托盘是根据产品特殊要求专门设计制造的托盘，如：平板玻璃托盘、油桶专用托盘、轮胎托盘等。

知识连接：

托盘的标准化是物流领域的一个非常重要的问题。托盘如果只是在工厂和仓库使用，是不能充分发挥其效益的，只有全程托盘化，才能取得良好的效果。这就必然涉及托盘的标准化问题。

四、自动化立体仓库设备配置

自动化立体仓库采用高层货架以货箱或托盘储存货物，用巷道堆垛起重机及其他机械进行作业。

自动化仓库是集声、光、电及计算机管理为一体的高度自动化的全封闭储存设备。它充分利用垂直空间，最大限度地优化存储管理，在一些场所中，自动货柜就是一个高效、便捷的小型立体仓库。

自动货柜通过计算机、条形码识别器等智能工具进行管理，使用非常方便，只要按动按键，内存货物即到进出平台，可自动统计、自动查找，特别适用于体积小、价值高的物品的储存管理，也适合于多品种、小批量的物品管理。

（一）自动化立体仓库的组成

自动化立体仓库从建筑形式上看，可分为整体式和分离式两种。整体式是库房货架合一的仓库结构形式，仓库建筑物与高层货架相互连接，形成一个不可分开的整体，分离式仓库是库梁分离的仓库结构形式，货架单独安装在仓库建筑物内。

自动化立体仓库由仓库建筑、高层货架、巷道式堆垛起重机、水平搬运系统和控制系统组成。其主体和货架为钢结构或钢筋混凝土结构，在货架内是标准尺寸的货位空间，巷道堆垛机穿行于货架之间的巷道中完成存、取货的工作。

自动化立体仓库的周边设备，主要有液压升降平台、辊子输送机、台车、叉车、托盘等。这些设备与堆垛机相互配合，构成完整的装卸搬运系统。

控制堆垛机和各种周边设备的运行是由控制系统来完成的，它是自动化立体仓库的"指挥部"和"神经中枢"。自动化立体仓库的控制形式有手动自动控制、随机自动控制、远距离控制和计算机全自动控制 4 种形式。随着电子技术的发展，电子计算机在仓库控制中日益发挥重要作用。

（二）自动化立体设备配置

1. 货架

目前国内外大多数立体仓库都采用钢货架，其优点是构件尺寸小，仓库空间利用率高，制作方便，安装建设周期短。在货架内是标准尺寸的货位空间，一个货位的唯一地址由其所在的货架的排数、列数及层数来确定，自动出入库系统据此对所有货位进行管理。

2. 巷道机

在两排高层货架之间一般留有 1～1.5 m 宽的巷道，巷道机在巷道内做来回运动，巷道机上的升降平台可做上下运动，升降平台上的存取货装置可对巷道机和升降机确定的某一个货位进行货物存取作业。

3. 周边搬运系统

周边搬运系统所用的机械常有输送机、启动导向车等，其作用是配合巷道机完成货物的输送、转移、分拣等作业；同时当高架仓库内主要搬运系统因故障停止工作时，周边设备可以发挥作用，使立体仓库继续工作。

4. 控制系统

自动化立体仓库的计算机中心或中央控制室接收到出库或入库信息后，由管理人员通过计算机发出出库或入库指令，巷道机、自动分拣机及其他周边搬运设备按指令启动，共同完成出库或入库作业，管理人员对此过程进行全程监控和管理，保证存取作业按最优方案进行。

五、仓储其他设备

（一）计量检验设备

计量设备是指商品在入库验收、在库检查和出库交接过程中使用的度量衡工具，包括磅秤、杆秤、地重衡、轨道衡、电子秤、流量计、检尺器、长度计量仪、自动计数器等。

计量设备主要用于商品出入库的计量、点数，以及库存期间的盘点、检查等。计量设备必须具有准确性、灵敏性、不变性及稳定性等特点。

（二）安全与养护设备

1. 安防设备

安防设备由闭路电视监控系统、门禁系统和闯入报警系统等组成，其主要目的是防止人员和货物在未经许可的情况下进出仓库。

2. 消防设备

消防设备包括警报器、各式灭火器、水源设备、砂土箱、水桶、水龙带等，主要用于灭火和防火。

3. 养护设备

养护设备主要有温度计、湿度计、测潮仪、吸湿器、烘干机、通风机、空调机等，用于养护商品防止商品变质。在华南地区，因为常年温度高、湿度大，物资储存天然环境较差，对物资养护设备要求更高。

4. 劳动防护设备

劳动防护设备是指用于确保仓库职工在作业中的人身安全的一些防护用具和用品。

本章练习

一、判断题

1. 仓库规划要具备战略眼光。一是要考虑全局；二是要考虑长远。（　　）

2. 仓库建筑主要包括梁柱结构（包括钢筋混凝土结构、钢架结构等）、屋顶结构、屋面形式、外墙设计。（　　）

3. 在设计容器时，应尽量选用厂内外通用的标准容器，不仅适于现代仓库的内部使用，也适于外部运输使用。（　　）

4. 仓库建筑物的高度，取决于在库内移动产品的物料搬运成本和仓库的建筑及维护成本之间的对比关系。（　　）

5. 仓库网点就是负责某一地区的一个点、组织或企业的物资中转供应的所有仓库。（　　）

二、单项选择题

1. （　　）是经海关批准，在海关监管下专供存放未办理关税手续而入境或过境物资的场所。

A. 特种仓库

B. 公用仓库

C. 保税仓库

D. 出口监管仓库

2. （　　）可以用来表示出入库频率。

A. 库存量利用系数

B. 单位面积的库容量

C. 全员平均劳动生产率

D. 装卸作业机械化程度

3. 初选仓库地址一般用（　　）。

A. 重心法

B. 数值分析法

C. HOOVER 法

D. 图上描点法

4. （　　）是基于影响设施选址的诸多因素而设计的一种选址定量分析的方法。

A. 数值分析法

B. 多仓库的选址方法

C. 重心法

D. 综合因素分析法

5. 果蔬食品仓库的选址一般选择在（　　　）。

A. 城郊的独立地段

B. 城市边缘，对外交通运输干线附近

C. 入城干道处

D. 加工厂、毛皮处理厂等附近

三、简答题

1. 仓库规划一般要遵循哪些原则？

2. 仓库选址应考虑哪些因素？

3. 仓库数量决策应考虑哪些因素？

4. 仓库货区布置的基本思路有哪些？

5. 如何确定仓库的规模？

项目四 冷链物流中心规划与冷库设计

任务导入

了解冷链物流中心的概念、分类和发展趋势，冷库的分类及特点；理解冷链物流中心的功能，冷链物流中心规划的目标、原则、内容和程序，冷库的基本组成结构；掌握冷链物流中心布局规划方法，土建式冷库、装配式冷库、气调冷库的技术特点，以及冷库设计基本要求和方法。

学习大纲

1. 会进行冷链物流中心的作业流程规划
2. 会冷库的隔热和防潮设计、节能设计
3. 会用 SLP 法进行冷链物流中心的布局规划
4. 会利用相关公式和查表进行冷库的容量和热计算

任务一 冷链物流中心概述

一、冷链物流中心概念与分类

(一) 冷链物流中心概念

冷链物流中心（cold chain logistics center）是冷链物流网络的节点，也是冷链物流实施过程中一个重要的环节。冷链物流中心可定义为，从事冷链物流活动的场所或组织，应基本符合以下要求：主要面向社会服务；冷链物流功能健全；库房温度符合不同物品的需求；完善的物流信息网络；辐射范围大；少品种、大批量；存储吞吐能力强，冷链物流业务统一经营管理，具有完善的管理规范和物流设施。

冷链物流中心不但要具有普通物流中心的基本特征，而且还要提供冷链物品所需的环境条件（如温度、湿度、气体等）。冷链物流中心与冷链物流配送中心也是有区别的，冷链物流中心主要面向社会服务，辐射范围大，存储吞吐能力强，而冷链物流配送中心主要为特定客户或末端客户提供配送服务，辐射范围较小。此外，冷链物流中心也不同于冷链物流园区。一般而言，冷链物流园区辐射范围更大，功能更加齐全，是为了实现冷链物流设施集约化和物流运作共同化，或者出于城市物流设施空间布局合理化的目的而在城市周边等各区域，集中建设的冷链物流设施群与众多物流业者在地域上的物理集结地。

（二）冷链物流中心分类

1. 按所服务的物品对象分

（1）专业冷链物流中心

这种冷链物流中心专门服务于某品类的物品，如肉类冷链物流中心、水产品冷链物流中心、果蔬冷链物流中心、冷冻饮品冷链物流中心、花卉冷链物流中心、药品冷链物流中心、化学品冷链物流中心等。

（2）综合冷链物流中心

这类冷链物流中心能提供多个品类物品的物流服务。目前大多数冷链物流中心是综合冷链物流中心。

2. 按温度适用范围分

冷链物流中心按温度适用范围可以分为低温冷链物流中心、高温冷链物流中心、多温冷链物流中心和气调冷链物流中心。

低温冷链物流中心：能提供温度在 −18℃及以下物流服务的物流中心。

高温冷链物流中心：能提供温度范围在 0℃～15℃物流服务的物流中心。

多温冷链物流中心：能提供一种以上温度范围物流服务的物流中心。

气调冷链物流中心：具有气调冷库的冷链物流中心。气调冷库储存新鲜水果和蔬菜，温度一般控制在 0℃～12℃之间。

3. 按运作流向设计分

根据运作流向的不同，冷链物流中心一般分为 I 型、L 型、U 型、环型。

（1）I 型冷链物流中心

I 型冷链物流中心（图 4 −1）也称为直线型冷链物流中心，它们的发货站台和收货站台是分布在冷链物流中心的两端，所以 I 型冷链物流中心的发货站台和收货站台相距较远，增加了整体货物的运输路线。但由于它的运作流向是呈直线的，线路简单，且在流向的时候都是呈平行线的方式流动，所以不管是物流还是人流，相互碰撞的机会是最少的。

（2）L 型冷链物流中心

L 型冷链物流中心（图 4 −2）通常应用于需要快速处理的货物。L 型物流中心能够把处理货物的路径缩至最短。L 型冷链物流中心与 I 型冷链物流中心有很多类似的地方，比如它们都有两个独立货台，这样能够减少碰撞交叉点，适合处理快速流转的货物。这种类型的物流中心特别适合进行交叉式作业，或是只会在物流中心停留很短时间的货物。

（3）U 型冷链物流中心

U 型冷链物流中心的发货站台与收货站台集中在一起。这种 U 型的设计会导致繁忙时段处理出货入货的混乱，各功能区的运作范围重叠，在运作效率上会有很大程度的降低，适用于冷链物流中心只有一个出入口的情况。不过 U 型冷链物流中心可以设计成图 4 −3 所示。

（4）环型冷链物流中心

环型冷链物流中心的外形与 U 型的类似，但它的物流通道长度近似于整个建筑物外围的周长，适用于作业的物料需要返回到作业起点的情况。

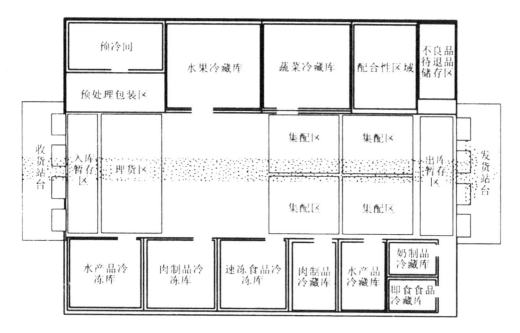

图 4-1 I 型冷链物流中心

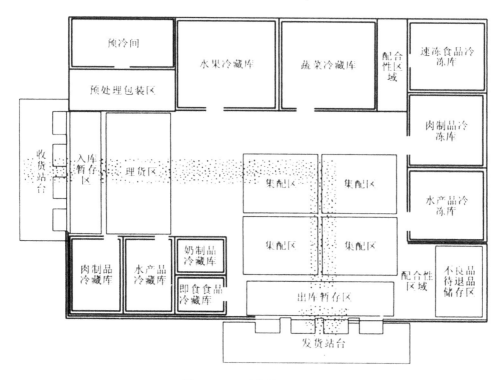

图 4-2 L 型冷链物流中心

现代冷链物流中心与传统物流中心最大的差别是冷链物流中心在内部的功能分区布局上能够更加有效，运作效率更高。因此，冷链物流中心结构模式通常并不是由单一的模式构成，而是由四种基本模式组合而成。

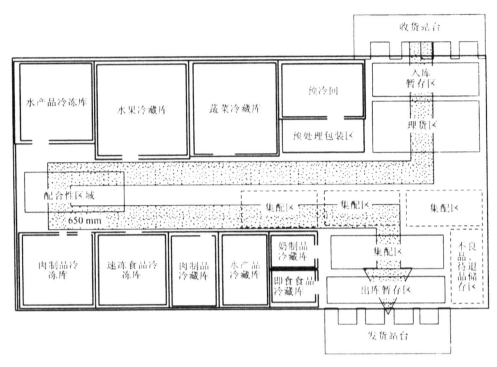

图 4 - 3　U 型冷链物流中心

此外，冷链物流中心按服务区域可以分为城市冷链物流中心、区域冷链物流中心和国际冷链物流中心；按作业类型可以分为仓储型冷链物流中心、流通型冷链物流中心、加工配送型冷链物流中心等；按物品的流向可分为产地冷链物流中心、销地冷链物流中心。

二、冷链物流中心的功能

冷库虽然是冷链物流中心的主要设施之一，但冷链物流中心不应仅局限于利用冷库进行低温仓储这样单一的物流业务。冷链物流中心不但应具备低温仓储、流通加工、分拨配送、运输中转、信息处理、车辆管理等基本功能，还应提供展示交易、综合管理、餐饮休闲服务等增值服务。

（一）低温仓储功能

低温仓储是冷链物流中心的主要功能，包括冷链物品的入库、保管、出库、退货等作业。现今的冷链仓储已从单纯地利用冷库进行冷链物品的储存保管，发展到担负冷链物品的验收、分类、计量、储存等多种功能，不但应能满足冷链物品低温储存的要求，还要求能适应现代化生产和商品流通的需要。冷链物流中心在实际运营中，由于冷链物品大多是易腐食品，退货往往不可避免，因此需要在规划设计时考虑设置独立的保存库区及销毁处置区。

（二）流通加工功能

流通加工功能虽然不是每个冷链物流中心都具有，但却是冷链物流中心的特色功能之一，其主要作用就是对冷链物品进行预冷处理、包装、标志和加工等。需特别注意的是，由于冷链物品需在恒定低温环境下进行物流作业，因此流通加工的实施也应处于特定的低温环境中。在规划设计时，需要考虑加工作业区、原料储存区和成品储存区，以及依据加工工艺设计各区域温层及设施配置。

（三）分拨配送功能

分拨配送是利用配送车辆把用户订购的物品由供应商、经销商或冷链物流中心送到用户手中的工作，一般距离较短。车辆调度的职能是对车货进行匹配，按照客户的需求把货物送到目的地，同时还考虑到各个作业环节在车辆的使用上进行合理的分配，完成高峰作业期对运输车辆的分配和调节。

（四）运输中转功能

冷链运输是指使用专门的冷链运输装备，按照冷链物流的基本要求，将易腐货物在适宜的低温条件下从供应地向需求地完好地运送的专门技术与方法。冷链运输距离较长，运输工具装载量大，有时还要在冷链物流中心进行中转作业。

（五）展示交易功能

交易功能是冷链物流中心的增值服务功能之一，主要进行冷链物品的展销与配送信息的发布、产品的展示、客户信息的收集和处理等工作，以及为众多冷链物品生产加工、销售企业以及相关冷链物流企业提供良好的办公环境、一流的商务服务，为生产、经销企业提供设施完善的商品展示销售服务。

（六）综合管理功能

综合管理是冷链物流中心的信息管理与办公中枢，主要为政府相关部门及物流中心内各进驻企业提供办公场所和信息管理等，同时为货运和货代公司提供物流信息服务。主要实现以下四方面的服务：一是为冷链物流中心管理机构提供舒适、方便的办公环境；二是为入驻的企业提供办公场所及便捷的商务服务；三是构建物流信息平台，为货运和货代公司提供完善的信息服务；四是建立现代化的监控中心，对冷链物流中心进行监控。

冷链物流中心信息服务主要包括电子商务、物流信息管理系统开发及策划、流通信息服务，建立农产品生产、流通、销售和消费的综合性信息数据库和信息服务平台，形成具有信息采集、信息处理、信息查询、信息发布、供求对接等功能的综合平台。信息功能的特点是为政府、企业、农户、农业合作组织、安全监管机构、投资者、消费者等提供公共的信息服务平台，涵盖农产品（食品）信息网络、金融服务、质量安全追溯、价格监测预警等方面。

（七）车辆管理功能

冷链物流中心的车辆管理功能主要指以下四方面：一是为在冷链物流中心进行作业的冷藏运输车辆和冷藏集装箱提供停放场所；二是根据冷链物流中心作业与管理需要制订车辆调度计划；三是为冷链物流中心的冷藏运输车辆和冷藏集装箱进行检查、保养等提供场所；四是由于业务和交流的需要，为外来车辆提供停放场所。

（八）餐饮休闲服务功能

冷链物流中心还需要为在冷链物流中心内部进行交易的人员、工作人员、司机以及基地外来人员提供停车、餐饮、住宿、休闲娱乐等方面的服务。因此，冷链物流中心的建设和规划，不仅要设计物流作业的区域，同时也要为冷链物流中心内所进驻的企业以及企业的员工提供良好的生活和休息条件。

以上是冷链物流中心应具备的功能，在实际规划建设中不同功能类型的冷链物流中心功能有所侧重。如仓储型的冷链物流中心一般位于大型生鲜产品生产基地附近，其功能应偏向于生鲜产品的预冷处理、包装及储藏，而配送型的冷链物流中心多位于城市近郊，其功能应偏向于对城市大型超市、便利店等进行配送服务。在实际规划项目中，应根据情况对冷链物流中心的功能进行调整与设置。

三、冷链物流中心的发展趋势

随着我国国民经济的发展和对食品质量安全的重视，各级政府对冷链物流越来越重视，企业投入也越来越大。未来我国冷链物流中心主要表现为以下几方面的发展趋势。

基本形成以区域性冷链物流中心、地区性冷链物流中心、冷链配送中心（站）、零售终端冷柜和社区自提智能冷柜等为节点的多级冷链物流网络。与大生产、大消费、大流通的基本格局相适应，大型冷链物流企业加紧在全国范围进行冷链物流中心布局，形成以大型农产品批发市场为支撑的冷链物流骨干网络；以地区性或大城市的冷链物流中心为核心，形成地区性冷链物流分配网络；随着生鲜电商的快速发展，将形成以冷链配送站（点）、零售终端、家庭冰箱和社区自提智能冷柜为节点的末端配送网络。

（一）更加重视冷链配送功能

生鲜电商食品具有多品种、小批量、多批次出库的特点，因此需要大的分拣作业面积，低温穿堂不仅仅承担搬运和装卸的功能，其作为分拣、理货、配货的功能将明显加强。冷库不只是划分为低温库和高温库，而是根据不同品种的要求进一步细分，向多品种、多温区发展。配送型冷库、低温穿堂、封闭式站台成为设计主流。

（二）冷库的安全性显著加强

近年发生的冷库安全事故使得冷库安全成为社会各界关注的焦点。一方面，液氨作为环保、高效、经济的天然制冷工质，其优越性毋庸置疑，未来氨仍将是主要的制冷工质已达成广泛共识；另一方面，应采用各种新技术、新方法、新设备，减少制冷系统灌氨量，提高液氨使用的安全性，如 NH_1/CO_2 复合型制冷系统已开始得到应用。

（三）现代物流技术和装备在冷链物流中心得到更为广泛的应用

新技术、新设备不断涌现，安全、节能、环保的理念越来越受到高度重视。直接堆码方式已难以满足冷藏货物的需求，立体高层货架的使用将是必然趋势。通过采用先进的装卸设备、堆码设备、分拣设备、包装设备，以及条码、射频等信息技术，实现冷链物流中心作业的机械化、自动化、信息化。节能环保越来越受到高度重视，注重冷库的节能环保，在整体设计、设备选型和运营管理上采取各种有效措施来降低冷库能耗。

（四）质量和服务将成为竞争的关键因素

随着我国冷库规模迅速扩大，一些地方已开始出现冷库过剩、租金下降的情况。目前冷库总体不足与局部过剩、高端不足与低端过剩并存，未来冷链物流中心的竞争将更多体现在质量和服务上，而不仅仅是价格的竞争。在提高质量、完善服务、满足客户多样性需求的前提下，更好地控制成本是进一步增强竞争优势的有效途径。

任务二　冷链物流中心规划方法

一、规划目标与原则

冷链物流中心规划设计的最终目标是降低冷链物流成本，提高冷链物流效率和服务水平，增强冷链物流服务的竞争力。冷链物流中心规划目标一般包括以下内容：一是提高冷链物流中心的吞吐能力，适应业务增长的要求；二是建立一个柔性系统，以适应冷链物品经常变换的状态；三是对运行过程中可能出现的各种意外情况和随机变化能及时作出反应；四是改善劳动条件，降低工人的劳动强度；五是对冷链物流中心内的物品进行实时监控。

冷链物流中心规划应满足以下原则。

（一）内部布局合理化

第一，冷链物流中心要具有与装卸、搬运、加工、保管、运输等作业活动完全相适应的功能区；第二，必须满足易于管理、能提高物流效益，对作业量的变化和商品形态的变化能灵活适应等要求；第三，运用系统分析的方法进行内部布局整体优化，把定性分析、定量分析和个人经验结合起来，以动态的观点作为布局规划的出发点，并贯穿于布局规划的始终；第四，应减少或消除不必要的作业流程；第五，要重视人的因素，以人为本，人性化的布局设计。

（二）内部作业标准化

冷链物流中心只是冷链物流系统的一个节点，且往往是衔接环节，所以在内部作业设计时必须考虑整个冷链物流系统的统一化和标准化。在冷链物流中心内，应尽量使搬运方法、搬运设备、搬运器具和容器标准化。另外，不同类型的冷链物流中心，虽然其作业内容有所不同，但一般来说都执行以下作业流程：进货→验收→入库分类→存放→加工→标示包装→出库检查→装货待运→配送，流程设计尽量标准化。

（三）作业规模经济化

一般不能仅根据规模经济性来选择冷链物流中心规模，而应根据市场容量、发展趋势以及该区域的发展现状，确定目标的份额，来设计该冷链物流中心的规模。规模设计中应该注意两个方面：第一，要充分了解社会经济发展的大趋势；第二，要充分了解已有市场的状况，包括生产能力、市场占有份额、经营特点、发展规划等。

(四) 作业能力弹性化

因为流通相对于生产而言具有一定的波动性，所以在设计冷链物流中心作业能力时，必须要考虑到弹性化问题，要对冷链物流中心的进出能力、加工能力、存储能力、转运能力等做出一定的弹性安排。例如，我国生鲜电商目前还处于快速增长期，未来市场规模、运作模式、经营品类等还具有很大不确定性，所以在设计面向生鲜电商的冷链物流中心时要充分考虑未来的能力需求和可扩展性，使方案具有一定的弹性。

(五) 技术设施适用化

冷链物流体现的是"现代物流技术＋制冷技术＋食品工程"，是各种先进技术的集成，技术难度大，投资也大，因此冷链物流中心必须合理配置物流设施设备，以适用的设备、适当的投资规模，实现预定的物流作业活动功能。

二、规划内容与程序

冷链物流中心规划是一项极其复杂的系统工程，其系统规划包括多方面内容。从冷链物流中心的构成角度看，包括物流系统规划、信息系统规划、运营系统规划三大层面，其中物流系统规划包括设施布置设计、物流设备规划设计、作业方法设计，信息系统规划包括信息管理系统、监控系统以及决策支持系统规划；运营系统规划包括组织机构、人员配备、作业标准和规范等的设计。

从功能角度来看，冷链物流中心规划包括设施选址、规模确定、设施布置、设备规划、信息系统规划、配送系统规划、分拣系统规划、组织管理系统规划等内容。

为避免由于规划设计错误而产生投资风险，规划设计过程中必须遵循正确的规划程序。冷链物流中心的规划程序分为五个主要阶段，分别是筹建准备阶段、总体规划阶段、方案评估阶段、详细设计阶段、项目实施阶段。

三、作业流程规划

冷链物流中心作业流程规划应有系统工程观念，系统工程的主要精神在于：一是合理化，各项作业流程具有必要性和合理性；二是简单化，整个系统的物流作业简单、明确和易操作，并努力做到作业标准化；三是机械化，力求减少人工作业，尽量采用机械或自动化设备来提高生产效率。

通常，冷链物流中心作业流程设计要点有：一是去掉不合理和不必要的作业，力求剔除冷链物流中心可能出现的不必要的处理程序，尽量减少重复堆放所引起的搬运翻堆和暂存等工作；二是如果储运单位过多，应将各储运单位予以分类合并，避免在内部作业过程中出现过多的储运单位转换，其做法是以标准托盘或储运容器，把体积、外形差别大的物品归类成相同标准的储运单位。

一般情况下，冷链物流中心作业包括冷链仓储、分拣和配送作业。第一，仓储作业，包括冷链物品的收货、预冷、入库、冷库管理、盘点、出库和残损管理等作业环节。第二，分拣作业，包括冷链物品的分拣、贴物流标签、拣后暂存等作业环节。第三，配送作业，包括出货、装车、送货、退货等作业环节。

四、区域布置规划

（一）功能区设置

大型冷链物流中心一般分为作业功能区域和辅助性区域两大部分，其中功能区域有低温仓储区、流通加工区、运输配送区、展示交易区、综合办公区、停车区、生活服务区等，辅助性区域有道路、绿地等。

（二）功能区布局

1. 布局的原则

冷链物流中心布局规划包括合理划分功能分区、确定各功能分区的面积规模以及优化各功能分区的相对位置三个方面的任务。冷链物流中心规划的合理与否，直接决定了冷链物流是否便捷、高效、节约、畅通。通常，冷链物流中心在布局时需要遵循以下原则：一是功能分区必须明确、合理、得当，布局紧凑，节约用地。二是设施的规划及布局应该留有发展的空间。三是与外界保持良好的交通和运输联系，出入口和内部道路符合客流与车流的集散要求，各运动流线保持顺畅、短捷。四是最大限度地减少物料搬运，简化作业过程。彼此之间物流量大的设施布置得近一些，而物流量小的设施与设备可布置得远一些，同时尽量避免货物运输的迂回和倒流。五是建筑物布置应与周边环境相协调。

2. 布局的方法

冷链物流中心布局规划主要应用的方法有以下几种。

（1）摆样法

利用二维平面比例模拟方法，按一定比例制成的样片在同一比例的平面图上表示设施系统的组成、设施、机器或活动，通过对货物流向关系的分析，调整样片的位置可得到较好的布置方案。这种方法适用于较简单的冷链物流中心布局设计。

（2）数学模型法

运用运筹学、现代优化技术等研究最优布局方案，以提高系统布置的精确性和效率。常用的方法有线性规划法、随机规划法以及多目标规划法等。但是当问题的条件过于复杂时，简化的数学模型很难得出符合实际要求的准确结果，而且冷链物流中心布局设计最终希望得到的布局图用数学模型不能直接得到。

（3）图解法

图解法有螺线规划法、简化布置规划法及运输行程图等。其优点在于将摆样法与数学模型法结合起来，但在实践中较少应用。

（4）SLP法

系统布置设计（system layout planning，SLP）是当前冷链物流中心布局规划的主流方法，其步骤是首先分析冷链物流中心物料流程与作业单位的相关关系，得到作业单位的相关关系图，再通过对冷链物流中心的物流、车流的动线进行分析，将建筑物、运输通道和场地进行合理配置，达到系统内部布局的最优化。

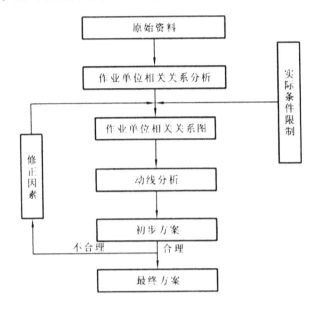

图 4 - 4　SLP 设计程序

（5）计算机仿真设计法

随着计算机技术的发展，把计算机技术引入平面布置及其优化的问题研究中，产生了许多用高级语言编成的平面布置程序，如 CRAFT、CORELAP、ALDEP、COFAD、MULTI-PLE 等程序。这些计算机辅助设施设计极大丰富了冷链物流中心的布局方法，将各种布局备选方案用逻辑关系或数学关系表示，这样再经过逻辑推理，或者在模拟计算之后，寻找出最优布局方案。

3. 功能区布局

（1）作业单位相关关系分析

在功能区布局中，各个区域除了通过物流联系外，还有工作事务、行政事务等活动，对于这类布局的基本出发点是人员联系、信息联系和生产管理方便，生产环境对人员影响小等。这种联系都可以表示为各种单位之间的联系，通过单位之间活动的频繁程度可以说明单位之间关系是密切或者疏远，再根据单位之间关系的密切程度来布置设施设备。

对冷链物流中心内部布局来说，低温仓储区、流通加工区、运输配送区、展示交易区、综合办公区、生活服务区和停车区是主要的功能区块。对以上作业区域进行作业相关性的分析可得到作业单位之间的密切程度，作为冷链物流中心布局规划的基础。

（2）动线分析

冷链物流中心的平面布局要保证其内部物流流程的连续性，为此应将所有的建筑物、道路、功能区域按物流流程进行联系和组合，应尽量避免各种动线互相交叉干扰，保证分区明确：动线要力求简捷、明确、通畅、不迂回，尽量缩短流动距离；尽量避免车流、人流混杂拥挤，最后根据物流动线及作业流程确定各区域的位置。

4. 辅助性区域及设施规划

对冷链物流中心的辅助设施进行合理规划，能够使冷链物流中心的功能区域划分明确，运输管理方便、生产协调、生活方便。同时冷链物流中心的规划风格与城市规划及周围的环境协调统一，也能够树立良好的企业形象。

（1）道路

冷链物流中心内部的道路主要分为货运车辆道路、小型车辆道路及人行道路。在作业区，小型车辆道路应尽量避免与货运车辆道路发生平面交叉，在生活区则避免人行道路与车辆道路发生平面交叉。道路与相邻建筑物的距离应尽量取较小值以节约用地，同时布置道路网时也应考虑防火急救等方面的要求，此外还应考虑工程管线的设置及绿化用地的要求。

（2）防火通道与消防设施

由于冷库的特殊性，需特别注意劳动安全。冷库大多采用氨作为制冷剂，氨在我国国家标准中属于4级轻度危害的有毒物质，当空气中的氨体积分数达到16%~25%时，遇明火即可引起爆炸。因此对冷链物流中心消防安全防范提出更高要求，在规划设计冷链物流中心时必须考虑消防通道的通畅。

冷链物流中心外侧应设有环形消防通道。建筑物与周边建筑物之间应保持足够的防火间距和留有环形车道。消防车道的宽度不应小于3.5 m，道路上空遇有管架等障碍物时，其净高不应小于4 m。环形消防车道至少应有两处与其他车道连通，尽头或消防车道应设回车道或面积不小于12 m×12 m的回车场，供大型消防车使用的回车场面积不应小于15 m×15 m。

（3）绿地

随着社会的不断发展进步，人们愈来愈注重工作和整体环境的质量，因而冷链物流中心绿化相当重要。冷链物流中心的设计应从整体空间环境出发，充分发挥绿化的环境效用，与不同功能区内建筑的形态相组合，给人以视觉上的美感，在绿地规划时应符合当地规划部门的相关要求。

（三）功能区面积计算

决定冷链物流中心规模的设施主要包括综合办公楼、冷库区、流通加工区、停车场等，其中停车场、冷库都有相应的设计规范或标准。部分设施面积计算方法如下：

1. 冷库区、流通加工区面积

冷库区、流通加工区主要进行货物入库、存储、流通加工、分拣、出库等作业，物流设施主要包括各类库房（收货区、收货暂存区、存储区、流通加工区、拣货区、废弃物集中区、发货区等）。冷链物流中心接收的物料品种繁多，并且特性各异，所以无法通过现行物流中心分类和计算方法来确定具体规模，一般根据货物的密度、保存期限、仓库的利用率等因素计算库房的需求面积，估算公式如下：

$$C = \frac{Q \times \alpha \times \beta}{m \times n} \tag{4-1}$$

公式中：C 为库房需求面积，m²；Q 为平均日货处理量，t；α 为货物平均存储天数；β 为每吨货物平均占用面积，m²；m 为库房利用系数；n 为库房空间利用系数。

2. 停车场面积

冷链物流中心停车场面积可采用如下公式计算：

$$T = k \times S \times N \qquad (4-2)$$

公式中：T 为停车场面积，m²；k 为单位车辆系数（$k = 2 \sim 3$）；S 为单车投影面积，m²；N 为停车场容量。

可以通过市场调查或预测的方法来确定停车场容量，单车投影面积根据选取主要车型的投影面积来确定。

3. 其他建筑面积

根据市场调查分析，对可能进入冷链物流中心的企业进行商务办公区的规划。其他辅助生产和生活的设施规模则可依据增值服务功能的不同来确定。

4. 发展预留用地

考虑冷链物流中心会不断变化和发展，所以一般应预留 5%～10% 的空地作为冷链物流中心未来发展的建筑用地。

5. 容积率

容积率是项目用地范围内总建筑面积与项目总用地面积的比值，即容积率 = 总建筑面积/总用地面积。当建筑物层高超过 8 m，在计算容积率时该层建筑面积应加倍计算。冷链物流中心用地建筑容积率由政府规划部门根据建筑的用途与性质决定。

任务三　冷库的分类及特点

冷库是用隔热材料建造的低温密闭库房，有结构复杂，造价高，需要防潮、防水、防热气、防湿冷等特点。

一、冷库的分类

（一）按结构形式分类

冷库按建筑结构形式，可分为土建式冷库、装配式冷库、夹套式冷库和气调冷库，各种冷库的特点如下所示。

1. 土建式冷库

主体结构和地下荷重结构都用钢筋混凝土，围护结构的墙体都采用砖砌而成，具有坚固、隔热性能好、造价低、建设周期长等特点。

2. 装配式冷库

主体结构都采用轻钢结构，围护结构使用预制的聚氨酯或聚苯乙烯芯板材拼装而成。

3. 夹套式冷库

在常规冷库的围护结构内增加一个内夹套结构，夹套内装设冷却设备，冷风在夹套内循环制冷。

98

4. 气调冷库

主要用于新鲜果蔬、农作物种子和花卉作的长期贮存，除了要控制库内温度、湿度外，同时要控制库内 O_2、CO_2、N_2 和乙烯含量，抑制果蔬等植物的呼吸。

（二）按使用性质分类

冷库按使用性质可分为生产型冷库、分配型冷库和零售型冷库。各类冷库的特点和建设地点如下所示。

1. 生产型冷库

具备大批量、连续性的冷加工能力，加工后的食品必须尽快运走；冷冻能力大，并设有一定容量的周转用冷藏库；主要建在食品原料基地、货源较集中地区或交通便利地区。

2. 分配型冷库

冷藏容量大，冻结能力小，适宜于多种食品的贮存；通常建在大中城市或人口比较集中的地区。

3. 零售型冷库

供临时储存零售食品之用，库容量小、储存期短，库温随使用要求不同而不同；通常建在大中城市、人口较多的工矿企业或大型副食品店、菜场内。

（三）按容量分类

冷库按容量可以分为大型冷库、大中型冷库、中小型冷库和小型冷库。一般情况下，当冷库容量超过 10000 t 时，可以认为是大型冷库，而小于 500 t 的冷库是小型冷库。

（四）按冷加工能力分类

冷库按冷加工能力可以分为预冷式冷库、冷却物冷库、冻结物冷库、速冻冷库、贮冰冷库和气调库等。

二、冷库的组成结构

（一）冷间

由于冷链物品容易造成交叉污染、气味容易互串、各类商品所需储藏条件均有所不同，冷库按温度应分为相互独立的冷间，分别储存不同类别的物品。

（二）冷库辅助设施

1. 制冷机房

制冷机房简称机房，是冷库的心脏，安装有制冷压缩机、中间冷却器、调节器、控制台等。机房必须有独立外开门，氨机房必须设置紧急状态自动开启门和应急风机。

2. 设备间

设备间应靠近机房，安装有冷凝器、储氨器、气液分离器、氨泵等制冷系统。

3. 配电室

配电室要求单独建造，通风良好，防鼠防雀，有高压配电器、变压器、电容器等设备。

4. 锅炉房

锅炉房要求全年处于下风向，尽可能靠近使用气量最大车间，防火等级不低于二级。

5. 水泵房

水泵房包括水泵、水分配调节器等设备。

（三）冷库配套设施

冷库的配套设施主要有冷库门、门帘和门斗、空气幕及货物装卸设施等。

1. 冷库门的设计要求

具有良好的隔热性能、气密性能，减少冷量损失；轻便、启闭灵活，有一定的强度；设有防冻结或防结霜设施；坚固、耐用和防冲撞；设置应急安全灯以及操作人员被误锁库房内的呼救信号设备和自开设备；门洞尺寸应满足使用要求，方便装卸作业，同时又减少开门时外界热量和湿气的侵入；能有效防止产生"冷桥"。

2. 冷库门的分类及特点

冷库门按冷间的性质可分为高温库冷库门、低温库冷库门和气调库冷库门等。常用冷库门按结构和开启形式可分为卷帘门、滑升门和平移门。

3. 门帘和门斗

减少冷库开门冷量损失，防止外界热湿负荷进入的基本设施是门帘和门斗。冷库门帘一般挂在库门内侧紧贴冷库门。早期多使用棉门帘，现在一般使用 PVC 软塑料透明门帘。

冷库门斗设在冷库门的内侧，其宽度和深度约 3 m。门斗的尺寸既要方便作业，又要少占库容。门斗的制作材料以简易、轻质和容易更换为宜。门斗地坪应设电热设施，以防止结冰。

4. 空气幕

空气幕的主要作用是减少库内外热量和湿气的交换，方便装卸作业。此外，空气幕还可以阻止尘埃、昆虫、污染、异味、废气等侵入库内。

5. 货物装卸设施

冷库进出货作业时，要保持冷链不会"断链"，必须在装卸口设置保温滑升门、月台高度调节板和密闭接头等。

月台高度调节板的作用是将封闭式站台和冷藏车连成一个整体，方便叉车的机械化作业。现在常见的调节板有机械式、液压式和气袋式等。

6. 库内搬运和贮存设施

（1）手推车和输送机

手推车是冷库或配送中心常用的搬运工具之一，承载量大、灵活轻便。常用的手推车有尼龙轮手推车、小轮胎手推车和液压托盘搬运车等。输送机分为辊子式输送机和电动带式输送机，电动带式输送机货物由传动带自动传送，效率较高。

（2）冷库搬运机械

冷库常用搬运机械有平衡重式叉车、前移式起重叉车、伸臂式起重叉车、巷道特高起重铲车、升降拣货型铲车和轻便拣货型起重车等。

（3）贮存设施

冷库贮存设施主要有各种货架系统，如标准型托盘货架、双重深贮型货架、巷道型货架、自动存取型货架、叉车驶入型货架、电控移动型货架、托盘自滑动型货架、后推型货架等。

（四）控制系统

冷库制冷系统的运行情况是通过温度、湿度、压力、压差、液位等参数来反映的。如果靠人工去检测温度计、压力表、液位计和显示仪表等，然后再进行人工调节，则需要操作技术很熟练的工人才能完成这项工作，而且不一定能保证及时、准确地进行调节。而如果采用自动调节，则无论贮藏时间的长短或外界条件，均能自动调节制冷工况，既简化了管理，还保证了制冷装置运行的可靠性、安全性和经济性。冷库控制系统分为集中式控制系统和分布式控制系统。

1. 冷库的自动控制功能

（1）冷库系统的自动安全保护与报警

具备高、低压力保护，除霜温度保护，电机过载保护，时间延时开机保护等功能。

（2）库房内温度自动调节与设定

具备温度实时采集，温度设定与回差设定，温度核对与补偿修正等功能。

（3）蒸发器自动除霜

具备除霜温度设定、除霜时间及周期设定等功能，既可按温度控制亦可通过时间间隔来控制除霜，以及除霜结束后延时开机保护。

（4）制冷压缩机自动开、停控制

按程序有序地对冷凝器、蒸发器、压缩机进行开机、延时保护及设定。

（5）传感器故障诊断与报警

对温度传感器、压力传感器进行故障诊断与报警。制冷压缩机系统运行时间累计及显示、查询。通过触摸屏对最佳工况进行调节与设定，并对温度、压力、湿度、CO_2浓度实时监控。

（6）工作模式设定

自动与手动转换，可进行单机操作调试与维修，并可对冷库进行强制除霜。具备与其他设备层设备通信接口功能，并与远程上位机组成网络。

2. 集中式控制系统

集中式控制系统是利用高度集成的中央控制器或上位监控设备，通过直接或间接通信的方式对现场设备进行集中调度与控制。目前应用比较广泛的是采用 PLC（可编程逻辑控制器）与监控计算机配套使用的集中监控系统。

当前，国内外大型、自动化程度要求较高的冷库控制系统多采用集中式监控系统。集中式控制系统使得整套制冷系统的控制更加灵活，系统中各设备间的彼此配合更加完善，从而提高整套系统整体的自动化程度，真正做到无人值守的自动运行。

3. 分布式控制系统

分布式控制系统是指通过总线形式，与分布在现场的控制器或功能模块进行数据交

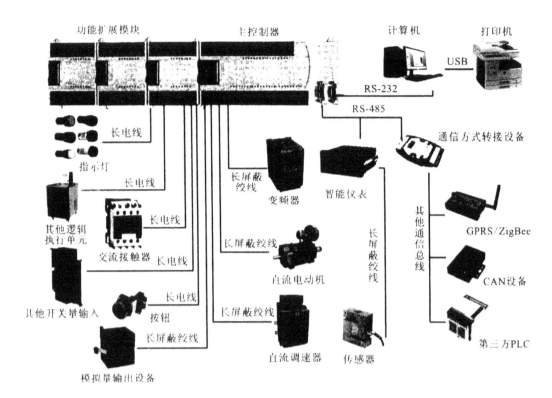

图4-5 冷库典型集中式控制系统

换，以达到远程测量及控制的目的，是一种分散式的测控技术。分布式控制系统由主机、子站构成。主机是用来与各个控制子站进行通信的，通过通信的方式采集各个子站的现场数据，并且通过主机的统一调度，协调各个子站之间的逻辑动作。分布式控制系统的优点是节约布线、成本低、施工难度小、系统稳定性相对较高，缺点是软硬件灵活性较差，系统整体协调性较差。所以，大型或自动化程度要求很高的冷库很少会采用分布式控制系统。

三、典型冷库技术特点

(一) 土建式冷库

土建式冷库又称建筑式冷库，一般为砖混或钢筋混凝土结构，可以建造成单层或多层。土建式冷库主要由围护结构和承重结构构成。围护结构除起到承受外界风雨侵袭外，还有隔热、防潮的作用。承重结构为地基、基础、梁、柱子、屋面、阁楼和楼板。

1. 土建式冷库的特点

土建式冷库有以下优点。

(1) 隔热材料选择范围大

土建式冷库可以适应各种隔热材料，如松散状的稻壳、块状软木、聚苯乙烯、聚氨酯等，其选择范围大，均能因地制宜和充分利用。

（2）造价较低

在满足技术性能的条件下，土建式冷库的建筑材料和隔热材料可以就地取材，有利于降低造价。热惰性值大，冷库温度波动小。

其缺点是：建造周期长，往往需要 1 年以上的时间，且容易出现建筑质量问题。

2. 土建式冷库隔热材料要求

一是热导率小。热导率小可以减薄隔热层厚度，从而减少隔热材料的费用。二是密度小。隔热材料密度小，结构就轻，并且一般情况下隔热材料密度小时热导率也小。三是吸湿性小。通常要求隔热材料的吸湿性不大于 5%。四是耐火性好。隔热材料应该不燃或难燃。五是抗冻性好。隔热材料的机械强度应不因材料吸湿受冻而降低，并且其性质不因周期性的冻融循环而变化。六是无毒无臭。防止造成贮藏食品的污染。七是机械强度高，隔热材料应具备一定的抗压能力。八是易于切割加工并且施工方便。九是耐用。隔热材料性能不能随时间的变化而变化，并且不易腐蚀。

3. 土建式冷库的防潮隔汽材料

土建式冷库的防潮隔汽材料应具有蒸汽渗透率小（即蒸汽渗透阻大）、韧性好、密度小、方便施工等特点。冷库常用防潮隔汽材料有沥青、油毡类和塑料薄膜类。其中，石油沥青性能稳定、黏结力强、防潮性能优良，常和油毡构成一毡二油或二毡三油。

（二）装配式冷库

装配式冷库是由预制的夹芯隔热板拼装而成的冷藏库，又称组合式冷藏库。

1. 隔热复合板的特点

隔热防潮性能好，隔热层为聚氨酯泡沫时，导热系数为 $0.023 \sim 0.029$ W/（m·K）；隔热层为聚苯乙烯泡沫时，导热系数为 $0.029 \sim 0.046$ W/（m·K）。这类材料防水性能好，吸水率低，外面覆以涂塑面板，使得其蒸汽渗透阻值 $H \to +\infty$。温度使用范围很广，可在 $-50 \sim 100℃$ 之间调节。

重量轻，不易燃烧，不易霉烂。抗压强度高，抗震性能好。抗压强度为 210 kPa/cm²。在 2.8 m 的跨度下，具有的板面承载能力为 147 kPa，板的最大挠度可达 7.2 mm。经过试验证明，其弯曲极限为 7.24 kPa，强度安全系数为 4.9。弹性好，复合隔热板发生很大变形后仍可以完全恢复。

2. 装配式冷库的建筑特点

库体组合灵活，建设速度快，施工方便。通常情况下，小型装配式冷库整体安装调试完成只需要一周的时间，大型装配式冷库也不会超过 3 个月。

维护简单方便，由于墙体隔热层都由隔热板围成，复合隔热板隔热防潮性能好，因此不需要翻晒维护等工作。

3. 室外装配式冷库

室外装配式冷库为钢结构骨架，辅以隔热墙体、顶盖和底架，要求其防潮、隔热性能与土建式冷库的相似。室外装配式冷库容量通常为 500～1000 t，多用于商业、食品加工行业。

4. 室内装配式冷库

室内装配式冷库通常是自承重结构，其地板、墙板和顶板都用隔热板组成，安装时进行积木式组装。室内装配式冷库的容量通常为 5 ~ 100 t，多用于宾馆、菜场、饭店等食品流通领域。

（三）气调冷藏库

1. 原理及应用

气调贮藏又称 CA 贮藏（controlled atmosphere storage），首先由英国科学家凯德（F. Kidd）和韦斯特（C. West）提出，是一种先进的果蔬保鲜贮藏方法。它是在冷藏的基础上，增加气体成分调节，如对贮藏环境中温度、湿度、二氧化碳、氧气和乙烯浓度等条件的控制，抑制其呼吸、蒸发，以及激素、微生物和酶的作用，延缓其新陈代谢，从而推迟果蔬的衰老和防止变质腐烂，达到更好地保持果蔬新鲜度和商品性，延长果蔬贮藏期和销售货架期的目的。通常气调贮藏比普通冷藏可延长贮藏期 2 ~ 3 倍。

2. 气调贮藏的优缺点

（1）优点

一是抑制果蔬中叶绿素的分解，保绿效果显著。二是抑制果蔬中果胶的水解，保持硬度效果好。三是抑制果蔬中的有机酸的减少，能较好地保持果蔬的酸度。四是抑制水果中乙烯的生成和作用，从而抑制水果的后熟。

此外，气调贮藏还有抑制马铃薯发芽、蘑菇开伞等效果。

（2）缺点

不能适用于所有的果蔬，有一定的局限性。另外，不同种类和品种的果蔬所要求的最适气体的组成是不相同的。气调库对气密性要求很高，又要增加一套调整气体组成的装置，因而建筑和所需设备的费用较高，贮藏成本增加。

3. 调整气体组成的方法

（1）自然降氧法

这种方法利用水果本身的呼吸作用使贮藏环境中的氧气量减少、二氧化碳量增加。当二氧化碳的浓度过大时，可用气体洗涤器（也称为二氧化碳脱除器）除去；当氧气不足时，可吸入新鲜空气来补充。

此法操作简单、成本低，特别适合于气密性好的库房，且贮藏的水果为整进整出的情况。其缺点是降氧速度慢，一般要 20 天才能达到合适的气体组成，前期气调效果较差，中途也不能打开库门进出货。

（2）快速降氧法

为了克服自然降氧法降氧速度慢的缺点，可通过丙烷气体的燃烧来迅速减少氧气，增加二氧化碳量。这个燃烧过程通常在气体发生器内进行，燃烧后生成的气体经冷却水冷却后再送入库内。

这种方法的优点是降氧速度快，能迅速建立起所需的气体组成，对库房的气密性要求可降低一些，而且中途可打开库门进出货。缺点是成本较高，操作也比较复杂。

（3）混合降氧法

由于用气体发生器降低氧气量和增加二氧化碳量，要不断地供给丙烷等燃料，增加了运行费用。为了降低费用，可在开始时使用气体发生器，使气调贮藏库内的气体组成迅速达到既定要求（例如，将库内空气的含氧量从21%迅速降到10%左右），然后再用自然降氧法加以运行管理。

（4）充气降氧法

为了尽快达到水果气调贮藏所需的气体组成，可在贮藏开始时利用液氮和液态二氧化碳经过节流阀减压气化，向库内充入氮气和二氧化碳气体，使库内氧气含量迅速减少，然后再用自然降氧法运行管理。

（5）硅窗气调法

硅窗气调法就是在聚乙烯塑料薄膜帐上镶嵌一定比例面积的硅橡胶薄膜，然后将水果箱放在薄膜帐内。硅橡胶是一种有机硅高分子聚合物，其薄膜具有比聚乙烯薄膜大200倍的透气性能，而且对气体透过有选择性，氧气和二氧化碳可在膜的两边以不同速度穿过，因此塑料薄膜帐内氧气的浓度可自动维持在3%～4%，二氧化碳的浓度则维持在4%～5%，很适合水果气调贮藏的要求。硅窗气调法可在普通的果蔬冷藏室中对水果进行气调贮藏，无需特殊的设备，操作管理也很简单。

4. 气调冷库的组成

气调冷库由库体、温湿度调节系统、气体调节系统三部分组成，其中温湿度调节系统由制冷系统、加湿机及其控制系统组成，气体调节系统由气体发生系统、气体测量系统、二氧化碳脱除机、乙烯脱除机组成。

（四）冰温冷库

冰温技术作为继冷藏、气调贮藏后的第三代保鲜储藏技术，是农产品贮藏的又一次革命。冰温技术的原理是首先认为贮藏品是一个具有生命的活体，当冷却温度临近冻结点时，贮藏产品达到一种近似"冬眠"的状态，这时产品新陈代谢率最小，所消耗的能量最小，可以有效地保存贮藏品的品质和能量。所以，冰温库贮藏温度一般在 -3～0℃。大量的实验研究表明，利用冰温技术贮藏水果和蔬菜，可以抑制果蔬的新陈代谢，使之处于活体状态，在色、香、味、口感方面都优于冷藏，几乎和新鲜果蔬处于同等水平。

1. 冰温冷库的特点

一是不破坏细胞。二是最大限度地抑制有害微生物的活动。三是最大限度地抑制呼吸作用，延长保鲜期。四是在一定程度上提高水果、蔬菜的品质。

2. 冰温库的建造要求

冰温贮藏设备与普通贮藏设备相比，最大的区别在于冰温库具有更高控制精度。在食物冰温贮藏过程中，造成一个与冻结点极接近、温度分布均匀、温度变化幅度很小的低温环境是保持食物品质的关键因素。一般情况下，普通装配式冷库最大温度波动3℃左右，而冰温库温度波动保证在 ±0.5℃的范围内。

因此，冰温库一般采用夹套库方式，在内层库体外面再建造外层保温库体，以保持冰温库的温度恒定。

知识连接：

冷链物流中心像雨后春笋一般大量建设，这是适应城市规划发展的迫切需求，是保证食品安全，提高居民健康水平的必然要求，是提升冷链物流发展水平，促进增长方式转变的必然要求，是加快企业发展，实现企业发展目标的重要举措，因此冷链物流中心的规划设计在冷链物流业的发展中起着举足轻重的作用。

任务四　冷库设计基本要求

一、冷库容量设计

冷却物冷藏间、冻结物冷藏间及贮冰间的容量（计算吨位）可按下式计算：

$$G = \frac{\sum V\rho\eta}{1000} \qquad (4-3)$$

公式中：G 为冷库贮藏吨位，t；V 为冷藏间、冰库的公称体积，m^3；η 为冷藏间、冰库的容积利用系数；ρ 为食品的计算密度，kg/m^3。

二、冷库的热计算

（一）冷间冷却设备负荷应按下式计算：

$$\varphi_s = \varphi_1 + \varphi_2 + P\varphi_3 + \varphi_4 + \varphi_5 \qquad (4-4)$$

公式中：φ_s 为冷间冷却设备负荷，W；φ_1 为围护结构热流量，W；φ_2 为货物热流量，W；φ_3 为通风换气热流量，W；φ_4 为电动机运转热流量，W；φ_5 为操作热流量，W；P 为货物热流量系数。

冷却间、冻结间和货物不经冷却而直接进入冷却物冷藏间的货物热流量系数 P 取 1.3，其他冷间取 1.0。

（二）冷间机械负荷应分别根据不同蒸发温度按下式计算：

$$\varphi_j = (n_1 \sum \varphi_1 + n_2 \sum \varphi_2 + n_3 \sum \varphi_3 + n_4 \sum \varphi_4 + n_5 \sum \varphi_5)R \qquad (4-5)$$

公式中：φ_j 为机械负荷，W；n_1 为围护结构热流量的季节修正系数，宜取 1.0；n_2 为货物热流量折减系数；n_3 为同期换气系数，宜取 0.5～1.0；n_4 为冷间用的电动机同期运转系数；n_5 冷间同期操作系数；R 为制冷装置和管道等冷损耗补偿系数，直接冷却系统宜取 1.07. 间接冷却系统宜取 1.12。

三、冷库的隔热与防潮设计

冷库应有合理的结构、良好的隔热，以保证食品贮存的质量。冷库隔热结构的防潮及地坪防冻，可以保证冷库长期可靠地使用。库内的清洁、杀菌及通风换气，保证了食品贮存的卫生品质。

（一）结构要求

冷库主要由围护结构和承重结构组成。围护结构应有良好的隔热、防潮作用，还能承受库外风雨的侵袭；承重结构则起抗震，支承外界风力、积雪、自重、货物及装卸设备重量。冷库结构方面设计要求如下。

地基与基础：冷库基础应有良好的抗潮湿、防冻的性能、应有足够的强度。

柱和梁：冷库的柱子要少，柱网跨度要大，尽量采用小截面以少占空间，提高冷库的容积利用系数。

墙体：外墙除隔绝风、雨侵袭，防止温度变化和太阳辐射等影响外，还应有较好的隔热、防潮性能；冷库内墙有隔热、不隔热两种。

屋盖与各楼层楼板：应满足防水、防火和经久坚固的要求；屋面应排水良好，满足隔热要求，造型美观。

（二）土建式冷库隔热防潮

土建式冷库隔热、防潮结构，是指冷库外部围护结构的建筑部分和隔热、防潮层的组合。冷库隔热防潮结构要满足以下基本要求：一是隔热层有足够的厚度和连续性。二是隔热层应有良好的防潮和隔热性能。三是隔热层与围护结构应牢固地结合。四是隔热防潮结构应防止虫害、鼠害，并符合消防要求。

（三）装配式冷库的隔热防潮

装配式冷库一般均为单层结构，其隔热材料是由专业工厂制造的预制隔热板。冷库围护结构隔热、防潮性能，直接影响到冷库内温度的稳定和食品冷却、冻结贮藏质量。良好的隔热、防潮材料的选择与合理配置，可以有效地降低冷库内温度的波动和冷库使用时间；新建冷库围护结构材料的选择与合理配置，可以降低建造投资，提高冷库的经济性。

四、冷库的节能设计

冷库作为生产性的用电单位，应该按照合理的用电原则，提高冷库节能运行管理效率，采取节能措施，降低能耗。库房冷消耗的来源分为围护结构、冷藏温度、冷藏库门、库房照明和工人热负荷。冷库设计时主要采取以下节能措施。

（一）减少围护结构冷消耗

围护结构传热量占冷库总热负荷的20%～35%，因此保证冷库围护结构的性能是节能的主要方面。

（二）采用合适的冷藏温度

当需要的低温储藏时间不超过半年时，通常采用的储藏温度为－18～－15℃；对于某些产品，特别是短期储藏的产品，可适当提高储藏温度，从而提高制冷系统的蒸发温度，提高制冷量。

（三）减小冷藏库门的冷损耗

开门损失的热负荷是很大的，通常库门开启时间延长一倍，冷损耗会增加数倍，而且如果开门时间过长，会使库外的高湿空气入侵，在门洞处结霜（或结露）而破坏库体结构，解决冷藏库门即时开关的最好办法是自动控制。此外，库门面积（尤其是库门高度）对冷损耗的影响相当大。研究表明，对于冷气外泄，冷藏库门的高度比其宽度影响大得多，因此应尽量降低其高度。为了减少门洞所造成的能量损失和结构破坏，还可以在门洞处设置门厅或风幕，减少库外高温、高湿空气的入侵，减小冷负荷，提高系统效益。

（四）尽量使用机械作业

使用电动叉车等机械化工具作业，可以提高作业效率，缩短冷库库门开关频率和时间。

（五）采用封闭式月台

封闭式月台和穿堂可以减少冷库的冷消耗，保持易腐货物装卸、搬运等作业所需的低温，因此是现代冷库的设计要求之一。

任务五　冷库运营管理

一、冷库的操作管理

通常，冷库使用过程中要注意以下问题：一是防止水、汽渗入隔热层；二是防止因冻融循环把冷库建筑结构冻酥；三是防止地坪（楼板）冻臌和损坏；四是保持货位堆垛与墙、顶、排管和通道的距离要求；五是冷库门要经常进行检查，尽量减少库门的开启；六是库内排管扫霜时，严禁用钢件等硬物敲击排管。

另外，还要做好冷库温湿度控制。在库内外适当地点设立"干湿球温度计"，一般可在每个库房内的中部悬挂一个，悬挂的高度离地面不低于 1.8 m。建筑面积不少于 $100m^2$ 的冷库，温度传感器不少于 2 个。自动或指定专人每天按时观察和记录，按月、季、年分析记录统计该时期内最高、最低和平均温湿度。当发现库内温湿度超过要求时，应立即采取相应措施，以达到安全储存的目的。

二、冷库的卫生管理

（一）冷库的卫生和消毒

冷库内应保持良好的环境卫生，防止食品受到污染。保持库房和工具设施的卫生。常用的消毒方法有漂白粉消毒、次氯酸钠消毒、乳酸消毒、粉刷方法、紫外线消毒。

（二）工作人员的个人卫生

冷库工作人员经常接触多种食品，如不注意卫生，本身患有传染病，就会成为微生物和病原菌的传播者。因此，对冷库工作人员的健康状况和个人卫生应有严格的要求。

（三）食品冷加工过程中的卫生管理

食品冷加工的卫生要求，具有强烈气味的食品，如鱼、葱、蒜、乳酪等和贮藏温度不一致的食品，严格禁止混存在一个冷藏间内。对冷藏中的食品，应经常进行质量检查。食品全部取出后，库房应通风换气。

（四）除异味

库房中发生异味一般是由于贮藏了具有强烈气味或腐烂变质的食品所致。臭氧具有清除异味的性能。甲醛水溶液（即福尔马林溶液）或 5% ~ 10% 的醋酸与 5% ~ 20% 的漂白粉水溶液，也具有良好的除异味和消毒作用。

（五）灭鼠

冷库的灭鼠工作应着重放在预防鼠类进入。消灭鼠类的方法很多，可用机械捕捉、毒性饵料诱捕、气体灭鼠等方法，用 CO_2 气体灭鼠效果较好。

图 4-6　冷库消毒

三、冷库安全管理

冷库安全管理包括：防止冻伤；防止人员缺氧窒息；避免人员被封闭库内；妥善使用设备；防火，防氨泄漏。

因此，从制度建设方面，冷库管理机构应当：建立冷库安全管理制度，并设有专门的安全管理人员；冷库应制定有漏氨事故的紧急处置预案，当制冷系统发生漏氨事故时，能及时应对，妥善处理。

冷库安全管理紧急预案主要包括：一是报警。紧急通知企业管理、维修、应急抢险等相关人员到达现场处置。拨打 119、120 向消防、医疗等部门报警。二是事故排风及紧急停机。当发生漏氨事故时，应迅速启动事故排风及紧急停机装置。三是关阀。关闭相关阀门，切断事故源头。四是人员疏散。根据地形、风向、风速、事故漏氨程度等组织好人员疏散，必要时实施交通管制和交通疏导。五是泄压排空。以漏氨点为中心，及时有效地对储罐或容器进行泄压排空，同时用喷雾水枪进行稀释降毒。六是器具堵漏。可用专门的堵漏工具和管夹或盲板封堵。七是现场洗消处理。根据液氨的理化性质和受污染的程度，采用不同的方法进行洗消，减少对环境的污染。

四、冷库的库存管理

冷库的库存管理包括安全库存管理、储备库存管理和进出货量管理，应用 RFID 等信息技术可以建立数字化的库存管理系统。

RFID 系统的软硬件可以与库存管理和自动控制实现集成，顺畅地实现数据识别、数据采集、数据交换及存储，保证了仓储环节对整个冷链的支撑。由 RFID 系统实现数据录入的自动化，可以减少大量的人力物力消耗，同时还可以对冷库库存实现动态实时的控制。

入库、出库及移库的操作：当贴有 RFID 标签的货物进出仓库时，出入口处的读写器将自动识读标签，不需人工扫描。根据得到的信息，管理系统会自动更新存货清单，实现自动操作。结合库管人员的手持终端设备与计算机及货物 RFID 标签的数据交互，可以实现货物与库位的精确对应，从而实现完整的出入库和移库控制。

库存盘点：盘点库存时不需要进行人工检查或扫描条形码，因此库存盘点时的工作量和不必要损耗大大减少，而且通过 RFID 技术的跟踪操作，使得确定货物的位置更为精确具体。

实时监控货物温度变化：将温度传感器采集的温度定时写入 RFID 标签的芯片中，当 RFID 标签接到 RFID 读写器天线信号时，将 RFID 芯片内的温度数据上传给 RFID 读写器，交由后端系统处理。

本章练习

一、单项选择题

1. 冰温库贮藏的温度一般在(　　　)。

A. $-15℃ \sim 0℃$　　　　　　　　B. $-4℃ \sim 8℃$

C. $-3℃ \sim 0℃$　　　　　　　　D. $10℃ \sim 20℃$

2. 下列冷链物流中心的功能(　　　)。

A. 低温仓储功能　　　　　　　　B. 流通加工功能

C. 分拨配送功能　　　　　　　　D. 保鲜功能

3. 超低温冷库的温度一般在(　　　)。

A. $-15℃$　　　　　　　　　　　B. $-4℃$

C. $-60℃$　　　　　　　　　　　D. $-20℃$

4. 适用于多种贮存的货架有(　　)。

A. 平衡重式叉车
B. 前移式起重叉车
C. 伸臂式起重叉车
D. 巷道特高起重铲车

二、多项选择题

1. 冷链物流中心的分类(　　)。

A. 服务的物品
B. 温度的适用范围
C. 运作流向
D. 功能的不同

2. 冷链物流中心的功能(　　)。

A. 低温仓储功能
B. 流通加工功能
C. 分拨配送功能
D. 运输中转功能

3. 冷链物流中心布局规划的方法有(　　)。

A. 摆样法
B. 数学模型法
C. 图解法
D. SLP 法

4. 调整气体组成的方法有(　　)。

A. 自然降氧法
B. 快速降氧法
C. 混合降氧法
D. 充气降氧法

三、简答题

1. 冷链物流中心的基本要求有哪些？
2. 冷链物流中心与冷链物流配送中心、冷链物流园区有哪些区别？
3. 冷链物流中心的功能主要有哪些？
4. 冷链物流中心规划的原则是什么？有哪些规划内容和程序？
5. 冷库的组成结构主要有哪些？

项目五 冷链物流技术装备

任务导入

冷链物流技术随着科技的进步而不断发展，主要包括冷藏车技术、制冷系统、保温技术与材料、冷冻保鲜与冷藏技术等。其主要呈现出新产品、新技术研发进程缓慢和冷藏市场没有出现预计的需求井喷的特点。

学习大纲

1. 了解冷藏车设备设施
2. 掌握低温冷藏车的知识
3. 制冷系统的原理
4. 了解保温技术与材料
5. 了解冷冻保鲜与冷藏技术

任务一 冷藏车设备设施

冷藏汽车是指运输易腐货物的专用汽车。

一、冷藏车的分类

冷藏运输按其交通方式分为陆上、水上、空中及集装箱运输等。陆上冷藏运输中，公路运输具有机动灵活性，公路上的冷藏车运输已经成为最主要的运输方式。按制冷装置的制冷方式，冷藏车划分为机械冷藏汽车、冷冻板冷藏汽车、液氮冷藏汽车、干冰冷藏汽车、冰冷冷藏汽车等，其中机械冷藏汽车是冷藏车中的主要车型，国内绝大多数冷藏车也都是机械冷藏车。按底盘承载能力分为：微型冷藏车、小型冷藏车、中型冷藏车、大型冷藏车。按车厢型式分为：面包式冷藏车、厢式冷藏车、半挂冷藏车。

二、冷藏车的构成

冷藏车主要由汽车底盘、隔热保温厢体、制冷机组、车厢内温度记录仪等部件组成，对于特殊要求的车辆，如肉钩车，可加装肉钩、拦腰、铝合金导轨、通风槽等选装件。

冷藏车底盘：国内常见的冷藏车底盘主要有解放、东风、庆铃、江铃、江淮、福田等。

冷藏车厢体：一般由聚氨酯材料、玻璃钢组成，也有彩钢板、不锈钢等。

制作技术：分片拼装的"三明治"板粘接式（常用）、分片拼装的注入发泡式、整体骨架注入发泡式、真空吸附式粘贴等。

冷藏车制冷机组：冷藏机组分为非独立制冷机组和独立制冷机组；国产机组与进口机组等。一般车型都采用外置式冷机，少数微型冷藏车采用内置式冷机。对于温度要求较低的冷藏车，可采取厢体内置冷板（功能相当于蒸发器）。

图 5 - 1　冷藏车

三、冷藏车的制冷方式及原理

冷藏车制冷方式有多种，以下五种是较常用的制冷方式。

（一）水冰及盐冰制冷

水冰制冷装置投资少，运行费用低，但是普通水（盐）冰单位质量的吸热量较小，车厢内降温有限，而且盐冰融化后会污染环境、食品，腐蚀车厢和货物受潮，因此水（盐）冰制冷主要用于鱼类等水产品的冷藏运输。

（二）干冰制冷

装置简单、投资和运行费用较低、使用方便、货物不会受潮。干冰升华产生的二氧化碳气体能抑制微生物繁殖、减缓脂肪氧化以及削弱水果蔬菜的呼吸。但是，干冰升华易引起结霜，二氧化碳气体过多则将导致水果、蔬菜等冷藏物呼吸困难而坏死。而且厢内温度难调，干冰成本较高，且消耗量较大，故实际应用较少。

（三）冷板制冷

装置本身较重、体积较大，占据了车厢的一定容积，而且冷板充冷一次仅可持续工作8～15小时。因此，冷板制冷适用于中、轻型冷藏汽车的中、短途运输。近年来，随着能源和环境污染问题日益突出，冷板制冷的应用发展较快，已成为仅次于机械制冷的制冷方式。

（四）液氮制冷

装置结构简单、工作可靠，无噪声和污染；液氮制冷量大、制冷迅速，适于速冻。液氮汽化不会使厢内受潮，并且氮气对食品保鲜、防止干耗均有好处。此外，液氮制冷控温精确（±2℃）。但是液氮成本较高，需经常充注，因而推广受到一定限制。同理，其他低温汽化的液态气体，亦可作为制冷剂，如液态二氧化碳。

（五）机械制冷

机械制冷方式有蒸气压缩式、吸收式、蒸气喷射等。目前，以蒸气压缩式应用最为广泛。压缩式制冷机组主要由压缩机、冷凝器、节流阀（或膨胀阀）和蒸发器等组成。

四、冷藏车的选购

冷藏车在低温冷链物流中发挥着巨大的作用，是保证货物保质保鲜的重要一环。公路运输冷藏车通常由汽车底盘、保温厢体、制冷机组三部分组成。所以，冷藏车的选择也要从这三部分谈起。

（一）冷藏车汽车底盘的选择

选择汽车底盘时，要考虑货物的吨位、路况等，还要考虑底盘的结构和承载能力、节油性、排放标准等。跟选择普通货车底盘相比，冷藏车还需要重点考虑底盘的稳定性，冷藏车运输的货物一般都是不能长时间存放的物品，即使有制冷设备，仍需较快送达目的地。同时，冷藏货物对运输环境的要求更高，如果路上出现故障，导致货物变质，损失将会非常大。

（二）冷藏车厢体的选择

冷藏车的厢体不同于普通的厢式货车，它需要有很好的密封性能和隔热保温效果，这样才能保证冷藏货物处在一个稳定的温度环境中。冷藏车厢设计重点是气密性能和保温性能，通常冷藏车的结构采用三层结构，对于材料也有较高的要求。除了材料，货厢的厚度也决定了保温效果的好坏，货厢保温层越厚，保温效果越好，不过，这会使货厢内部空间减小，使货物装载量减少，用户应根据自己的实际需要选择合适的厚度和厢体大小。

（三）冷藏车制冷机组的选择

在冷藏车这三大组成部分中，冷冻机组是最为重要的一环。因为货厢空间较小，在控制温度上技术要求也更高。根据冷冻机组的动力来源，可分为独立机组与非独立机组两种，独立机组拥有单独的动力源，机组本身由独立的柴油发动机作为其动力源；而非独立式机组的动力输出是依靠汽车底盘的发动机来带动的。从成本来看，非独立式制冷机组与独立式制冷机组价位相差在几万元以上，如果预算比较充裕，且对车厢内温度要求比较低（所需温度至少在−10℃以下），建议用独立式机组比较好。

五、冷藏车的保养

关于使用冷藏车的注意事项：

（一）装载货物前注意进行货物和冷库的预冷

运输设备是为了保持装载货物温度的同时进行运输。不能在冷库内降低货物的温度或是使其冻结。如果在货物温度很高或是冷库温度很高的状态下装载货物，则很难将其降至适宜的温度。因此，请务必预先对货物和冷库内进行预冷，将其降至适宜的运输温度。

（二）厢体表面保养

对于冷藏车厢体外表面的保养，应该注意的是切勿使厢体发生剐蹭，这样一方面会降低玻璃钢承受压力的能力，更容易发生老化变形，另一方面会使内部填充的聚氨酯发生泄露，从而影响厢体的保温性能，造成财产损失。

（三）厢体内表面的维护

对于冷藏车内表面的维护，要做好温控的调节，切勿使厢体内表面结冰，如果空气湿度比较大，要尽量包装好冷藏制品，尤其是水产品，包装密封好能降低水分向厢体内部蒸发，降低冷藏车内部结冰的可能性。同样内部也应该注意，避免尖锐货物或包装箱对内部表面的损伤。内部货物堆放时应该注意不要堆在出气口和进气口的地方。

（四）厢体内部的维护

厢体内部的维护主要是指内部电器设备的维护与保养。因为冷藏车厢体的电器设备处于湿度相对较高、温度较低的环境中，既要防止由裸露的电源线导致各种短路的发生，更要防止由于冷热交替给会发热的照明设备带来不必要的损坏。

（五）保持冷藏车内清洁卫生

运输货物时必须保持清洁。如果盐分、脂肪等附着在内壁或门的密封条上，不仅不卫生，还会腐蚀车厢，缩短冷藏车的寿命。

任务二　低温冷藏车技术发展

国外低温冷藏车技术已经相当成熟，大量性能卓越、运行可靠的冷藏车成功地投入实际运营，美、日、德等发达国家的该项技术代表着世界先进水平。我国低温冷藏车起步晚，由于受到社会经济发展的制约，相关技术发展缓慢。近年来，随着国家科技投入力度不断加大，新型低温冷藏车技术研究首先在各科研院校展开，且发展态势良好。

一、CFD 技术在冷藏车研究领域的应用

计算流体力学（CFD）为冷藏车厢内空气流场和温度场的模拟与优化提供了强有力的

图 5-2　低温冷藏车

工具。国外有学者曾开展这方面研究，他们应用 Fluent 软件的 RSM 模型对空气流动进行数值模拟，并描述了不同风道布置的流场和温度场特性，同时开展 1：3.3 的缩尺模型实验研究，结果表明 RSM 模型模拟结果与实验数据吻合良好。

尽管机械制冷机组技术成熟、运行可靠，变工况性能稳定，但是仍然存在诸多缺陷，如需要动力驱动（独立电机驱动或由汽车发动机驱动）、易发生氟利昂泄漏等。随着环保事业的不断发展，冷藏车技术提出了环保节能的新理念，尤其是新的制冷方式研究为冷藏车的发展提供了新的选择。

液氮冷藏车曾被誉为第三代冷源的冷藏运输车，具有制冷温度低、结构简单、运行可靠、操作简便、环保并且有气调功能等优点，国内主要对液氮喷淋技术和液氮冷冻性能展开研究。学者们通过对液氮冷藏车的数值模拟和实验研究，总结出液氮喷淋量、喷淋时间及传热等规律，并且对影响冷藏性能的因素进行了分析，如喷嘴数量、布置形式等对车内传热性能的影响，是否使用风机对车厢内温度场分布的影响，冷冻货物堆放形式对温度不均匀性的影响等，这些工作为液氮冷藏车的工程应用奠定了一定基础。

二、新型隔热材料和新结构的研究开发

厢体的隔热材料和结构直接影响冷藏车的绝热性能、机械强度、环保性能和经济性。目前，隔热材料主要是聚氨酯硬质泡沫塑料、聚苯乙烯泡沫塑料和挤塑聚苯乙烯泡沫三类，主要研究集中在对隔热材料性能及其应用领域，特别是新厢体结构的研究。聚氨酯硬质泡沫塑料导热系数低（0.03 瓦/米·度），高低温环境下均有很好的机械和化学性能（抗拉强度 2500 兆帕，抗压强度 2000 兆帕），无氟且可回收利用，应用价值非常高，是我国冷藏保温车的宠儿。聚苯乙烯泡沫塑料虽然性能不及聚氨酯，但因其价格便宜，可降低整车成本，所以仍在使用。国际先进的挤塑聚苯乙烯泡沫性能更好，但国内尚未大规模应用，该技术的研发在我国目前情况下具有很大的市场前景。

三、注重信息化发展

信息化成为冷藏运输车的一大发展趋势。基于物联网的概念，利用先进的 RFID 技术、传感器技术、GPRS/GPS 技术等无线通信技术共同与互联网组成一个冷藏车远程监控的智能系统，可以实时监控冷藏车箱内的温湿度、门开关状态、货物信息及定位车辆位置，实现整个运输过程的全程监控与可追溯，可以有效提高冷藏车运输效率，防止货物运输中变质，避免运输过程中的货物损失。

知识连接：

低温物流配送是物流业的一种配送方式，低温物流配送在冷冻（冷藏）食品运输过程中会产生设备与操作系统成本过高、食品保存温度变化很大、车辆的承载效率颇低、工作效率不高等问题。以上问题的出现对于物流业提出了新的要求，而新型多品温无冷冻动力运载之蓄冷式低温物流配送的观念对于以上问题给予解决，实现了多品温食品配送和多温共配冷链物流运输，可以使消费者享受到高品质又安全的低温食品。所以物流企业选择多品温无冷冻动力运载的多温共配系统是满足目前市场的需求的一大途径。

任务三　制冷系统

在单级蒸气压缩制冷循环中，制冷系统一般由制冷剂和四大机件，即压缩机、冷凝器、膨胀阀、蒸发器组成。

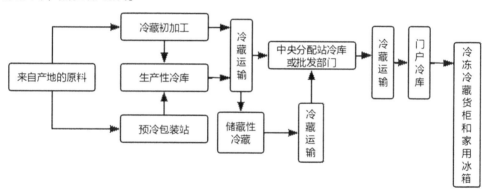

图 5-3　冷库制冷系统图

一、压缩机

（一）往复式压缩机

往复式压缩机属于容积式压缩机，是使一定的气体顺序地吸入和排出封闭空间提高静压力的压缩机。曲轴带动连杆，连杆带动活塞，活塞做上下运动。活塞运动使气缸内的容积发生变化，当活塞向下运动时，气缸容积增大，进气阀打开，排气阀关闭，空气被吸进来，完成进气过程；当活塞向上运动时，气缸容积减小，出气阀打开，进气阀关闭，完成压缩过程。通常活塞上有活塞环来密封气缸和活塞之间的间隙，气缸内有润滑油润滑活塞和活塞环。活塞压缩机的众多特点是由其设计原理所决定的。比如运动部件多，有进气阀、排气阀、活塞、活塞环、连杆、曲轴、轴瓦等；又如受力不均衡，没有办法控制往复惯性力；再如需要多级压缩，结构复杂；还如由于是往复运动，压缩空气不是连续排出、有脉动等。但是活塞压缩机另一个特点也非常突出，它是最早设计、制造并得到应用的压缩机，也是应用最广泛，制造工艺最成熟的一种压缩机。即使是现在，活塞压缩机仍然被广泛使用。但是在动力用空气压缩机的领域，活塞式压缩机正在被逐渐淘汰。

（二）回转式压缩机

回转式压缩机是通过一个或几个部件的旋转运动来完成压缩腔内部容积变化的容积式压缩机。包括滑片式、滚动活塞式、螺杆式和涡旋式压缩机。回转式制冷压缩机是工作容积做旋转运动的容积式压缩机。气体压缩和压力变化是依靠容积变化来实现的，而容积的变化又是通过压缩机的一个或几个转子在气缸里做旋转运动来达到目的的。与往复式压缩机不同的是，其容积在周期性地扩大和缩小的同时，空间位置也在不停地变化。只要在气缸上合理地配置吸气和排气孔口，就可以实现吸气、压缩和排气等基本工作过程。

（三）轴流式压缩机

轴流式压缩机与离心式压缩机都属于速度型压缩机，均称为透平式压缩机。速度型压缩机的工作原理是依赖叶片对气体做工，并先使气体的流动速度得到很大提升，然后将动能变为压力能。透平式压缩机是指它们都具有高速旋转的叶片。"透平"是英文"turbine"的译音，其中文含义是叶片式机械（对于这一英文单词，全世界不管哪一种语言，都采用音译的方法，所以"透平式压缩机"的意义也就是叶片式的压缩机械）。与离心式压缩机相比，由于气体在压缩机内的流动不是沿半径方向，而是沿轴向，所以轴流式压缩机的最大特点是：单位面积内气体流通能力大，在相同加工气体量的前提条件下，径向尺寸最小，特别适用于要求大流量的场合。另外，轴流式压缩机还具有结构简单、运行维护方便等优点。但它也具有叶片型线复杂、制造工艺要求高、稳定工况区较窄、在定转速下流量调节范围小等缺点。

（四）离心式压缩机

离心式压缩机用于压缩气体的主要部件是高速旋转的叶轮和通流面积逐渐增大的扩压器。简言之，离心压缩机的工作原理是通过叶轮对气体做功，在叶轮和扩压器的流道内，利用离心增压技术和减速扩压作用，将机械能转换为气体的动能。更通俗地说，气体在流过离心式压缩机的叶轮时，高速运转的叶轮使气体在离心力的作用下，一方面压力有所提高，另一方面速度也极大增加，即离心式压缩机通过叶轮首先将机械能转变为气体的静压能和动能。此后，气体在流经扩压器的通道时，流道截面逐渐增大，前面的气体分子流速降低，后面的气体分子不断涌流向前，使气体绝大部分动能又转变为静压能，也即进一步起到增压的作用。显然，叶轮对气体做功是气体得以升高压力的根本原因，而叶轮在单位时间内对单位质量气体做功的多少是与叶轮外缘的圆周速度密切相关的，圆周速度越快，叶轮对气体所做的功就越大。

二、冷凝器

冷凝器是蒸汽压缩式制冷循环装置中必不可少的部件，其运行特性将直接影响制冷装置的性能及运行的经济性。冷凝器的作用是将制冷压缩机排出的高温、过热蒸汽冷却冷凝为高压液态制冷剂，冷却过程一般可分为三个过程：一是过热蒸汽冷却为干饱和蒸汽：由排气温度下的过热蒸汽冷却为冷凝温度的干饱和蒸汽。二是干饱和蒸汽冷凝为饱和液体：干饱和蒸汽在冷凝温度下冷凝成饱和液体，这一过程，就是蒸汽凝结为液体的过程。三是饱和液体进一步被冷却为过冷液体：由于冷却介质（水或空气）的温度总是低于冷凝温度，故在冷凝器的末端，饱和液体一般还可进一步被冷却，使其成为过冷液体。

冷凝器按其冷却介质和冷却方式可分为水冷式、空气冷却式、蒸发式和淋水式冷凝器等类型。

（一）立式壳管式冷凝器

立式冷凝器由于冷却流量大、流速高，故传热系数较高，一般 K = 600 ~ 2950 千焦/平方米·时·度。垂直安装占地面积小，且可以安装在室外。冷却水直通流动且流速大，故对水质要求不高，一般水源都可以作为冷却水。管内水垢易清除，且不必停止制冷系统的工作。但因为立式冷凝器中的冷却水温一般只有2℃~4℃，对数平均温差一般在5℃~6℃，故耗水量较大。

（二）卧式壳管式冷凝器

卧式壳管式冷凝器的外壳是用钢板卷制焊接而成的圆筒体。外壳两端焊有两块圆形的管板，传热管两端用涨管法或焊接法固定在管板的管孔中。筒体两端有端盖，端盖内设有隔板，将管子按一定的管数和流向分成几个流程，使冷却水按一定的流向在管内依次流过。制冷剂蒸汽在管外冷凝，冷凝后液体由下部排出。

（三）套管式冷凝器

制冷剂的蒸汽从上方进入内外管之间的空腔，在内管外表面上冷凝，液体在外管底部依次流下，从下端流入储液器中。冷却水从冷凝器的下方进入，依次经过各排内管从上部流出，与制冷剂呈逆流方式。这种冷凝器的优点是结构简单，便于制造，且因系单管冷凝，介质流动方向相反，故传热效果好，当水流速度是1~2米/秒时传热系数可达到3350千焦/平方米·时·度。其缺点是金属消耗量大，而且当纵向管数较多时，下部的管子充有较多的液体，使传热面积不能充分利用。另外，紧凑性差，清洗困难，并需要大量连接弯头。因此，这种冷凝器在氨制冷装置中已经很少使用。对于小型氟利昂空调机组仍广泛使用套管式冷凝器。

（四）风冷式冷凝器

风冷式冷凝器是以空气作为冷却介质的，它由几组蛇形盘管组成，在盘管外加肋片，以增加空气侧的传热面积和强化传热，同时采用风机加速空气的流动，以增强空气侧的传热效果。制冷剂蒸汽从上部的分配集管进入蛇形管中，冷凝后的液体沿着管子流下，从蛇管下部排出。风冷式冷凝器的最大优点是不用冷却水，因此特别适用于供水困难的地区。目前，风冷式冷凝器已广泛应用于中、小型氟利昂空调机组，而且大型冷、热水机组也已采用。

（五）蒸发式冷凝器

蒸发式冷凝器是一种集冷却塔与冷凝器为一体的高效换热设备，其工作原理主要是喷淋水通过喷嘴均匀喷洒在换热盘管上，形成水膜，利用水的潜热作用带走盘管部分主要的冷凝热，来达到冷凝气态流体的目的，因其节能节水、结构简单、维护方便等优点，被广泛用于石油、化工、空气调节、制冷等低温领域。喷嘴的结构及形状直接关系到喷淋效果的好坏，喷淋水膜过厚、喷淋面积较小，都会导致热阻的增加和影响换热；而喷淋水膜过薄，盘管部分会形成"干斑"，减少盘管的使用寿命。

蒸发式冷凝器由冷却管组、给水设备、通风机、挡水板和箱体等部分组成。冷却管为有无缝钢管之称的蛇形盘管组，装在薄钢板制成的长方形箱体内。箱体的两侧或顶部设有通风机，箱体底部兼做冷却水循环水池。

（六）淋水式冷凝器

淋水式冷凝器是靠水的升温在空气中蒸发带走冷凝热量。这种冷凝器主要用于大、中型氨制冷系统。它可以露天安装，也可以安装在冷却塔下方，但应避免阳光直射。淋水式冷凝器的主要优点为结构简单，制造方便，漏氨时容易被发现，维修方便，清洗方便，对水质要求低。其主要缺点是传热系数低，金属消耗量高，占地面积大。

三、膨胀阀

膨胀阀是制冷系统中的一个重要部件。膨胀阀将高压常温的制冷剂液体通过降压装置——节流元件——得到低温低压制冷剂，送入蒸发器内吸热蒸发，达到制冷效果。膨胀阀通过蒸发器末端的过热度变化来控制阀门流量，防止出现蒸发器面积利用不足和敲缸现象。日常生活中的冰箱、空调均用毛细管作为节流元件。

膨胀阀由阀体、感温包、平衡管三大部分组成。感温包内充注的是处于气液平衡饱和状态的制冷剂，这部分制冷剂与系统内的制冷剂是不相通的。平衡管的一端接在蒸发器出口稍远离感温包的位置上，通过毛细管直接与阀体相连。作用是传递蒸发器出口的实际压力给阀体。阀体内有二膜片，膜片在压力作用下向上移动使通过膨胀阀的制冷剂流量减小，在动态中寻找平衡。理想的膨胀阀工作状态应该是随着蒸发器负荷的变化，实时改变开度，控制流量。但实际上，由于感温包感受的温度在热传递上存在延迟，造成膨胀阀的反应总是慢半拍。假如我们描绘一幅膨胀阀的时间流量图，就会发现它并不是平滑的曲线，而是波折线。膨胀阀的好坏反映在波折的程度上，波折越大说明膨胀阀反应越慢，质量也就越差。

常用的节流器有手动膨胀阀、浮球式膨胀阀、热力膨胀阀以及阻流式膨胀阀等。它们的基本原理都是使高压液态制冷剂受迫流过一个小过流截面，承受合适的局部阻力损失（或沿程损失）压力，使制冷剂压力骤降，与此同时一部分液态制冷剂气化，吸收潜热，使节流后的制冷剂成为低压低温状态。

（一）手动膨胀阀

手动膨胀阀和普通截止阀在结构上的不同之处主要是阀芯的结构和阀杆的螺纹形式。通常截止阀的阀芯是平头阀芯，阀杆为普通螺纹，所以它只能控制管路的通路和粗略地调节流量，难以调整在一个适当的过流截面积上以产生恰当的节流作用。而膨胀阀的阀芯为针型锥体或者是带缺口的锥体，阀杆为细牙螺纹，所以当转动手轮时，阀芯的移动距离不大，过流截面积可以较准确、方便地调整。膨胀阀开启度的大小是根据蒸发器负荷的变化而调节的，通常开启度为手轮的 $1/8 \sim 1/4$ 周，不能超过 1 周。否则开启度过大，会失去膨胀作用。因此它不能随蒸发器热负荷的变动而灵敏地自动适应调节，几乎全凭经验结合系统中的反应进行手工操作。目前它只装设于氨制冷装置中，在氟利昂制冷装置中，广泛使用热力膨胀阀进行自动调节。

（二）浮球膨胀阀

浮球节流阀是一种自动调节的节流阀。其工作原理是利用一钢质浮球为启闭阀门的动力，靠浮球随液面高低在浮球室中升降，控制一小阀门开启度的大小变化而自动调节供液量，同时起到节流作用。

（三）热力膨胀阀

热力膨胀阀是氟利昂制冷装置中根据吸入蒸汽的过热程度来调节进入蒸发器的液态制冷剂量，同时将液体由冷凝压力节流降压到蒸发压力。按膨胀阀中感应机构动力室中传力零件的结构不同，可分为薄膜式和波纹管式两种；按使用条件不同，又可以分为内平衡式和外平衡式两种。目前常用的小型氟利昂热力膨胀阀多为薄膜式内平衡热力膨胀阀。

1. 内平衡式热力膨胀阀

内平衡式热力膨胀阀一般都是由阀体、阀座、阀针、调节杆座、调节杆、弹簧、过滤器、传动杆、感温包、毛细管、气箱盖和感应薄膜组成。感温包里灌注氟利昂或其他易挥发的液体，把它紧固在蒸发器出口的回气管上，用以感受回气的温度变化；毛细管是用直径很细的铜管制成，其作用是将感温包内由于温度的变化而造成的压力变化传递到动力室的波纹薄膜上去。

2. 外平衡式热力膨胀阀

外平衡热力膨胀阀与内平衡热力膨胀阀在结构上略有不同，其不同之处是感应薄膜下部空间与膨胀阀出口互不相通，而且通过一根小口径的平衡管与蒸发器出口相连。换句话说，热力膨胀阀膜片下部的制冷剂压力不是阀门节流后的蒸发压力，而是蒸发器出口处的制冷剂压力。这样可以避免蒸发器组织压力损失较大时的影响，把过热度控制在一定的范围内，使蒸发器传热面积得到充分利用。所以在实际应用中，蒸发器压力损失较小时，一般使用内平衡式热力膨胀阀，而压力损失较大时（当膨胀阀出口至蒸发器出口的制冷剂压力下降，相应的蒸发温度降低超过2℃~3℃时），应采用外平衡式热力膨胀阀。

3. 安装热力膨胀阀时应注意的问题

首先应检查膨胀阀是否完好，特别要注意检查感温动力机构是否泄漏；膨胀阀应正立安装；感温包安装在蒸发器的出气管上，紧贴包缠在水平无积液的管段上，外加隔热材料缠包，或插入吸气管上的感温包内；当水平回气管直径小于25毫米时，感温包可扎在回气管顶部；当水平回气管直径大于25毫米时，感温包可扎在回气管下侧45°处，以防管子底部积油等因素影响感温包正确感温；外平衡膨胀阀的平衡管一般都安装在感温包后面100毫米处的回气管上，并应从管顶部引出，以防润滑油进入阀内；一个系统中有多个膨胀阀时，外平衡管应接到各自蒸发器的出口。

毛细管：在电冰箱、空调器等小型制冷设备中，常用毛细管做节流装置，它主要是靠其管径和长度的大小来控制液体制冷剂的流量以使蒸发器能在适当的状况下工作。制冷工程中一般称内径在0.5~2毫米，长度在14米左右的紫铜管为毛细管。与节流阀相比，毛细管作为节流装置的优点是无运动件不会磨损、不易泄漏、制造容易、价格便宜、安装省事，缺点是流量小并不能随时随意进行人为调整。采用毛细管的制冷设备，必须根据设计要求严格控制制冷剂的充加量。

四、蒸发器

蒸发器也是一个热交换设备。节流后的低温低压制冷剂液体在其内蒸发（沸腾）变为蒸气，吸收被冷却物质的热量，使物质温度下降，达到冷冻、冷藏食品的目的。在制冷系统中，冷却周围的空气，达到对空气降温、除湿的作用。蒸发器内制冷剂的蒸发温度越低，被冷却物的温度也越低。在冷藏车中，冷冻时一般制冷剂的蒸发温度调整在-26℃~-20℃，冷却时调整为比实际货物需控制温度低5℃左右。

根据被冷却介质的种类不同，蒸发器可分为两大类：第一类，冷却液体载制冷剂的蒸发皿。用于冷却液体载冷剂的有水、盐水或乙二醇水溶液等。这类蒸发器常用的有卧式蒸发器、立管式蒸发器和螺旋管式蒸发器等。第二类，冷却空气的蒸发器。这类蒸发器有冷却排管和冷风机。

（一）卧式蒸发器

与卧式壳管式冷凝器的结构基本相似。按供液方式可分为壳管式蒸发器和干式氟利昂蒸发器两种。

1. 壳管式蒸发器

卧式壳管式蒸发器广泛应用于闭式盐水循环系统。其主要特点是：结构紧凑，液体与传热表面接触良好，传热系数高。但是它需要充入大量制冷剂，液柱对蒸发温度将会有一定的影响。且当盐水浓度降低或者盐水泵因故停机时，盐水在管内有被冻结的可能。若制冷剂为氟利昂，则氟利昂内溶液的润滑油很难返回压缩机。此外，清洗时需要停止工作。

2. 干式氟利昂蒸发器

制冷剂在管内流动，而载冷剂在管外流动。久留后的氟利昂液体从一侧端盖的下部进入蒸发器，经过几个流程后从端盖的上部引出，制冷剂在管内随着流动而不断蒸发，所以壁面有一部分为蒸汽所占有，因此，它的传热效果不如满液式。但是它无液柱对蒸发温度的影响，且由于氟利昂流速较高，回油较好。此外，由于管外充入的是大量的载冷剂，从而减缓了冻结的危险。这种蒸发器内制冷剂的充注量只需满液式的 1/2 或 1/3 甚至更少，故称为"干式氟利昂蒸发器"。

（二）立式蒸发器

立管式和螺旋管式蒸发器的共同特点是制冷剂在管内蒸发，整个蒸发器管组沉浸在盛满载冷剂的箱体内，为了保证载冷剂在箱体内以一定的速度循环，箱内焊有纵向隔板和装有螺旋搅拌器，载冷剂流速一般为 0.3 ~ 0.7 米/秒，以增强传热。这两种蒸发器只能用于开放式循环系统，故载冷剂必须是非挥发性物质，常用的是盐水和水等。如用盐水，蒸发器管子易被氧化，且盐水易吸潮而使浓度降低。这两种蒸发器可以直接观察载冷剂的流动情况，广泛用于以氨为制冷剂的盐水制冷系统。

（三）冷却排管

冷却排管是用来冷却空气的一种蒸发器。广泛应用于低温冷藏库中，制冷剂在冷却排管内流动并蒸发，管外作为传热介质的被冷却空气做自然对流。冷却排管的最大优点是结构简单，便于操作，对库房内贮存的非包装食品造成的干耗少。但排管的传热系数低，且融霜时操作困难，不利于实现自动化。对于氨直接冷却系统采用无缝钢管焊接，采用光管或者绕式翅片管；对于氟利昂系统，大都采用绕片或套片式铜管翅片管组。

（四）冷风机（空气冷却器）

冷风机多是由轴流式风机与冷却排管等组成的成套设备。它依靠风机强制库房内的空气流经箱体内的冷却排管进行热交换，使空气冷却，从而达到降低库温的目的。

冷风机按冷却空气所采用的方式可分为干式、湿式和干湿混合式三种。其中，制冷剂或载冷剂在排管内流动，通过管壁冷却管外空气的称为干式冷风机；以喷淋的载冷剂液体直接和空气进行热交换的，称为湿式冷风机；混合式冷风机除了冷却管外，还有载冷剂的喷淋装置。冷库常用的是干式冷风机及除霜装置，且冷风机内的冷却排管都是套片式的。大型干式冷风机常为落地式。

任务四　保温技术与材料

保温材料主要有两大应用领域：一是建筑围护结构的隔热保温领域，国外发达国家的建筑保温材料用量占保温材料总量的 75% ~ 80%，我国建筑保温材料用量所占比例正逐年增长；二是工业冷热设备、窑炉、管道、交通工具隔热保温。

近年来，我国保温技术水平已有大幅提高，保温材料的生产能力不断扩大，品种与国外相差无几，但品种规格系列不够齐全，应用技术与国外差距较大，整体保温节能效益较发达国家还有相当大的差距。

图 5 - 4　保温原材料

一、国内外保温材料产品结构分析

（一）纤维类保温制品

1. 岩棉、矿渣棉及其制品

国外岩棉、矿渣制品大部分应用于建筑节能。另外，也广泛应用于石油化工、电力、冶金等行业的管道、贮罐、烟道、车船等工业设备的保温工程。各国因原料来源不同生产的产品也不同，如美国、日本、俄罗斯等国家因炼铁工业发达，矿渣排放量大，以生产矿渣棉为主。欧洲用岩（矿）棉及其制品较多。这是因为，北欧诸国的瑞典、芬兰、丹麦等国家玄武岩、辉绿岩等矿石蕴藏丰富，故以大量生产岩棉制品为主。

2. 玻璃棉及其制品

国外玻璃棉主要生产国是美国、法国和日本。玻璃棉制品主要用于建筑业，在建筑上的用量占玻璃棉产量的 80% ~ 90%。玻璃棉具有优良的热工和物理性能以及声学物理性能，广泛应用于建筑物、冷库、船舶、化工、汽车、飞机、空调机组及壁板，特别适合制作消声设施设备，适用于隔声、吸声、保温防火较高要求的场所，如建筑物的保温和装饰装修、车船交通工具和工业管道的保温，价格适中。

3. 硅酸铝纤维

硅酸铝纤维既是近几年来发展很快且应用很广的一种新型保温材料，同时也是高温区域使用的一种理想材料。它主要用于高温炉的绝热材料，如窑炉保温等。

（二）有机泡沫类制品

1. 聚氨酯泡沫塑料

聚氨酯材料在欧、美等发达国家和地区的建筑节能方面具有重要地位。可用于建筑物、冷库、冰箱、火车、汽车、船舱、组合式空调机组及壁板、冷水机组保温、大型设备保温、现场发泡的阀门等异形设备、高潮湿地区的设备及管道保温，因毒性极低还可以直接与食品接触，但造价昂贵。

2. 硬质聚乙烯泡沫塑料

可用于建筑物、冷库、火车、汽车、船舱、空调机组及壁板、风管、水管、高潮湿地区的设备及管道保温，因毒性极低还可以直接与食品接触。由于聚乙烯自身防火性能较差，聚乙烯泡沫塑料要达到建筑所需要的防火性能要求，需添加大量的阻燃剂，使其各项物理性能大幅下降；同时因使用温度较低和原料较贵，其使用领域也受到一定限制。目前，聚乙烯泡沫塑料的技术进展也是以轻质复合材料的开发为主，采用聚乙烯为轻骨料，结合硅酸盐水泥等材料，可以制备出质轻、导热系数小、吸水性低、抗冻融性好和膨胀系数较大的轻型建筑保温材料，可以满足冷库和一般建筑的保温隔热需要。另外，由于聚乙烯具有优良的加工性能，以聚乙烯为主料添加其他高分子弹性体制成橡塑复合泡沫材料，可改善聚乙烯泡沫塑料的柔韧性。

3. 聚苯乙烯泡沫塑料

聚苯乙烯泡沫塑料质轻、保温、吸音、耐低温性好，耐久性好，压缩性能良好，蠕变性小，易切割，吸水率低，但高温下易软化变形，防火性能差。在西欧，聚苯乙烯泡沫建材占聚苯乙烯泡沫总量的67%。可用于软土地基路堤填料、路桥过渡段填筑、修建直立挡墙、减轻地下结构物顶部的土压力、防止路基冻害等道路工程；建筑外墙保温、屋顶保温、地板辐射采暖等建筑工程以及水利工程。为克服单纯聚苯乙烯泡沫塑料的缺点，如防火性能较差，已研制开发新的聚苯乙烯复合保温材料，如水泥聚苯乙烯板及聚苯乙烯保温砂浆等。

4. 酚醛泡沫塑料

酚醛泡沫塑料解决了泡沫聚氨酯和泡沫聚苯乙烯的耐热和防火性差的问题，不需要添加特种外加剂就具有良好的防火性能，火灾时烟雾少，有毒气体极微，耐火焰穿透，使用温度可达150℃，炭化后其使用温度超过1000℃。酚醛泡沫塑料首先用于航天及军事领域，其保温、防火、轻质、价廉的特点，使之在民用领域具有重要地位。酚醛泡沫塑料保温材料应用领域广泛，如宾馆、医院、大型体育场馆、高层建筑等的中央空调系统绝热；石油、化工、热电厂等低压蒸汽管道、设备绝热；建筑墙体的内、外保温复合墙体、防火门、屋面隔热等。其优异耐寒性尤其适用于冷藏、冷库的保温。酚醛泡沫塑料强度和吸湿性较高的弱点可以通过结构措施和添加各种填料来改善。酚醛树脂与其他材料共混改性，可以制备出性能极其优良的复合保温材料。如以酚醛泡沫塑料为胶结剂，以泡沫聚苯乙烯颗粒为填料，结合其他添加剂合成出具有力学性能好、难燃、工艺简单和成本低等优良特性的复合材料。

5. 橡塑隔热材料

发泡橡塑类保温材料的特性与发泡塑料制品比较接近，质轻、弹性好、切性好、导热系数小、气密性好、抗水、耐腐蚀、抗压、施工性好，适用于介质温度在 -40℃ ~150℃间各种管道及设备的保温，但价格昂贵。由于该材料优良的综合性能，目前已广泛应用于建筑、轻纺、医药、化工、冶金、健身器材、冷暖器材、造船等行业，比较集中地使用在空调系统的水、气管道的保冷防凝露及保温防止热损失方面，并且该类材料具有外观整洁美观的特点。例如，用于空调冷冻机房的保温，可以增加整个空调工程的美感。

（三）硬质类保温制品

1. 泡沫玻璃

目前，泡沫玻璃已在欧、美、日等地区及国家大量生产和广泛应用，其中，美国、俄罗斯、英国、匈牙利、法国、捷克、日本、德国等玻璃工业发达国家已成为泡沫玻璃主要的生产、消费、出口大国。

泡沫玻璃具有隔热性能好、吸声、不燃、强度高、不吸湿、耐腐蚀、抗老化、抗冻性能好、易加工以及施工方便和不会产生纤维粉尘污染环境等优点，是一种高性能、多功能、多用途的保温材料，但造价高。

可用于管道、储罐和工业烟囱烟道内衬保温等工业保温领域，建筑墙体、地面、房面、地下工程的防水隔热等建筑保温领域，冷库、冷藏车船及造纸、烟草、纺织等的厂房防潮、恒温处理，以及候车室、商场和展览大厅的平顶和墙面装饰，游泳馆、地铁和道路声屏障。

2. 硅酸钙保温材料

硅酸钙保温材料在 20 世纪 80 年代曾被公认为块状硬质保温材料最好的一种，它是替代传统水泥胶凝材料和木材的一种新型胶凝材料。硅酸钙保温材料具有质轻、高强、阻燃、耐火、保温等优点和可锯、可钻等易加工功能。广泛用于锅炉、化工管道保温、火力发电、工业炉干燥等设备的炉壁，还可用于结构钢梁的耐火盖板，宾馆、大厦等地下建筑的耐火、吸音墙面、顶棚、内外墙装饰板、船用隔墙材料等。其发展方向为超轻、憎水和高强度。

3. 复合硅酸盐保温材料

复合硅酸盐保温材料是一种固体基质联系的封闭微孔网状结构材料，主要采用火山灰玻璃、白玉石、玄武石、海泡石、膨润土、珍珠岩、玻缕高石等矿物材料和多种轻质非金属材料，运用静电原理和温法工艺复合制成。复合硅酸盐保温材料的导热系数低，热稳定性好，无毒，不污染环境，不腐蚀设备，防水性好，使用寿命长，阻燃性好，力学性能好，氯离子含量低，施工方便。主要用于常温下建筑屋面、墙面、室内顶棚的保温隔热以及石油、化工、电力、冶炼、交通、轻工和国防工业等部门的热力设备和管道的保温隔热和烟囱内壁、炉窑外壳的保温（冷）工程。

（四）夹芯制品

1. 钢丝网架夹芯板

钢丝网架夹芯板是采用低碳冷拔钢丝焊接成三维空间网架，然后将阻燃型聚苯乙烯泡沫塑料板（或矿棉、岩棉板）填充在预先焊好的两片钢丝网中间，经斜插丝、点焊接而构成钢丝网架夹芯板。主要用于外墙、隔断墙、阳台、楼梯、屋面板等，更可以制成楼梯、梁柱等，尤其适用于框架结构的填充墙和楼房加层，也可以用于楼房的外墙内保温和外墙外保温。

2. 金属面夹芯板

金属面夹芯板是一种多功能新型建筑板材，它是以彩色涂层钢板为基层，以具有保温隔热性能的岩棉、矿棉、矿棉、聚氨酯、聚苯乙烯等材料为芯材，经黏合剂黏结而成的复合材料。金属面夹芯板重量轻、强度较高、耐用性较好，保温性能好，施工简便。金属面夹芯板集保温、隔热、防水、承重为一体，广泛应用于轻钢建筑的屋面、墙面及建筑装饰，以及活动房、冷库建筑中。

（五）金属类保温材料

金属类保温材料主要是铝及其制品，如铝板、铝箔复合轻板等，它是利用材料表面的辐射特性来获得保温效能，具有这类表面特性的材料，几乎不吸收辐射到它上面的热量，而且本身向外辐射热量的能力也很小，这类材料货源较少，价格昂贵。

（六）保温涂料

隔热保温涂料的主要类型有：阻隔性隔热涂料、反射隔热涂料、辐射隔热涂料、薄层反射隔热涂料、真空绝热保温涂料和纳米孔超级绝热保温涂料等。复合硅酸盐保温涂料是当前应用最广泛的保温涂料，该材料具有隔热性能好、黏结力强和耐久性好等优点。因此，它比传统保温材料具有明显的优越性，省去了支撑件，可现场涂抹，不需要保护层，不受保温表面形状限制，可用于异形体、阀门、大型表面等的保温，其无尘无毒，对人体无刺激，使用后不变形、不开裂、不起泡、不腐蚀，施工方便，最高使用温度是550℃。

二、国内外保温材料市场需求基本情况

（一）市场需求量变化趋势

亚洲/太平洋地区的发展中国家是保温材料市场需求增长最快的。随着这些国家的工业化进程及生活水平的提高，其保温材料市场需求增长非常迅速。中国建筑业的快速发展以及政府对节能提出了更高要求，中国的保温材料需求量将保持两位数的年增长率。

（二）绝热材料产品结构分析

1. 建筑节能对产品结构需求

建筑保温领域广泛使用的绝热材料主要有两大类：一类是有机类绝热材料，主要是各类泡沫塑料；另一类是矿物纤维类绝热材料，主要是岩、矿棉和玻璃棉。发达国家建筑用绝热材料中矿物纤维类所占比例高于有机类材料。我国建筑用绝热材料在现阶段主要是有机类材料，矿物纤维类应用相对较少。

泡沫塑料特别是聚苯乙烯泡沫塑料价格较低，保温性能好，吸水率低，质量轻、施工方便，是较理想的建筑用绝热材料。但其防火性较差，用于高层建筑存在安全隐患，国外已限制泡沫塑料用于高层建筑的保温隔热，如英国、西欧和中东很多国家和地区已经规定新建工程中优先采用酚醛泡沫保温材料，在防火要求严格的场所必须采用酚醛泡沫保温材料。我国目前虽无此类规定，但我国的法规、标准等正在向国际先进水平靠拢，此类法规和标准也将会实施。

岩（矿）棉、玻璃棉及其制品，保温性能好，防火等级高，也是理想的建筑用绝热材料。从火灾安全考虑，高档建筑、高层建筑、多层建筑的分户墙、楼梯间墙应采用矿物棉保温。其中岩（矿）棉价格较低，更具竞争能力。欧美发达国家在建筑上大量使用了岩（矿）棉、玻璃棉及其制品，我国建筑保温使用岩（矿）棉、玻璃棉的用量也在逐年增加。

2. 工业设备、管道、交通工具保温对品种需求

工业设备及管道的绝热主要采用岩（矿）棉、玻璃棉、复合硅酸盐涂料、聚氨酯、泡沫玻璃、橡塑制品等。高温工业炉窑的隔热保温，主要采用硅酸铝纤维、硅酸钙等材料。

（三）几种有市场增长潜力的保温材料

1. 硬质聚氨酯泡沫材料类

聚氨酯材料是目前国际上性能最好的保温材料。硬质聚氨酯具有质量轻、导热系数低、耐热性好、耐老化、容易与其他基材黏结、燃烧不产生熔滴等优异性能，在欧美国家广泛用于建筑物的屋顶、墙体、天花板、地板、门窗等作为保温隔热材料。欧美发达国家的建筑保温材料中约有49%为聚氨酯材料。

我国从21世纪开始起全面推广新型建筑节能技术，将聚氨酯材料作为传统建筑保温材料的替代品进行推广。我国建材及建筑的能耗占能源总消耗的47.3%，建筑的单位面积采暖能耗是国际上气候条件相近的发达国家的2~3倍，因此，推行聚氨酯保温材料等新型建筑节能技术意义重大。据悉，国家将在立法和政策上支持建筑节能材料的生产和应用。

2. 酚醛泡沫材料类

由于具有酚醛泡沫材料突出的难燃、低烟、低毒特性和优异的耐热性，酚醛泡沫材料取代聚苯乙烯泡沫材料是一种必然的趋势。

英国、西欧和中东很多国家和地区已经规定新建工程中优先采用酚醛泡沫保温材料，在防火要求严格的场所必须采用酚醛泡沫保温材料。在我国，易燃的聚苯乙烯泡沫夹芯板每年已有几千万平方米的消费量，酚醛泡沫夹芯板在拥有一个巨大的市场的同时，在很大程度上降低了其市场风险的概率。

三、国内外保温隔音技术发展趋势

保温隔音材料的生产量和使用量在持续增加，其中发展中国家生产量和使用量的增长速度高于发达国家。发达国家热隔音材料人均用量大大高于发展中国家。在发达国家，绝热隔音材料主要用于环境改善、保证生活舒适和人体健康。在发展中国家，绝热隔音材料主要用于节能，部分国家开始由工业（管道、热力设备）向建筑节能普及。绝热隔音材料产业将有巨大发展空间。

现有保温材料产品性能的提高、生产技术的改进和生产成本的降低，促使各种保温材料生产和使用中的问题得到改进和提高，如聚氨酯泡沫塑料朝无氟利昂及提高阻燃性方向发展；硅酸钙保温材料朝超轻质全憎水方向发展；纤维素绝热制品朝解决阻燃剂硼酸盐的

渗透问题强度方向发展；提高各种保温材料使用寿命，从而节约原材料及生产的能源；有机类泡沫材料的发展速度更快，纤维类材料产品产量增加的同时，在总量中的比例将逐步降低。

研制多功能复合保温材料，弥补所使用的保温材料在应用上存在的缺陷，提高产品的保温效率和扩大产品的应用面。绝热隔音材料朝集绝热（保温、保冷）、隔音防水、装饰、承重、防火为一体的多功能复合型方向发展，尤其是有机绝热材料、金属材料和无机纤维类绝热材料的复合，如轻型墙板、彩钢板、复合绝热管道等组合结构。

强调保温材料工业的环保性，发展"绿色"保温材料制品。保温材料的生产朝大型化、自动化、节约能耗、减少污染、使用可再生产资源的方向发展，生产原料由天然原料转向合成原料或提纯原料。原材料开采或运输、产品生产及使用等过程均要求最大限度地节约资源和减少对环境的危害。

绝热隔音材料新产品、新技术、新工艺开发将加速，包括纳米绝热材料、金属真空绝热材料，具有自动吸收、释放热量、水分、声音的绝热材料。能实现零排放、零能耗、有利健康、居住舒适、生态建筑的绝热隔音材料标准将有巨大发展。

任务五　冷冻保鲜与冷藏技术

农产品保鲜技术正朝着综合控制的方向发展，其中包括物理控制、化学控制、农业控制和生物技术控制。标准化、自动化、配套化以及有机（绿色）农产品贮运保鲜技术正代表着一个时代的特征和发展趋势。无污染保护环境的制冷和气调技术，与农产品保鲜处理自动化控制有关的光电子学技术和计算机控制技术，提高农产品的耐贮运性、抗病性和抗冷性，最终提高保鲜效果的转基因分子生物学技术，与保护环境有关的空气放电技术和真空减压技术，与利用原子能有关的辐射保鲜技术等都是正在发展而且需要进一步发展的高新技术。

从保鲜包装材料的研究发展趋势来看，未来将注重包装材料及其结构的多功能性。利用微孔制造工艺，结合防水材料、防腐材料、生理调节材料、半导体、陶瓷材料以及利用不同材料的特征进行复合，以提高现有保鲜包装材料的耐湿性、透湿性、防结露性以及防腐保鲜性能。在结构方面，将注重提高使用强度、透湿性、防结露性、与防腐保鲜剂的巧妙结合性以及适应现代化搬运的托盘化包装的联结性等。

在可食涂被保鲜方面，未来将注重与生物保鲜剂的结合，注重脂类、碳水化合物、蛋白质类的复合。天然涂被剂的 MA 气调将更注重分子调节、厚度调节、裂缝调节、浓度调节和亲水与疏水性调节。

在保鲜剂的研究方面，未来将更注重微胶囊缓释理论和技术的研究，并强调环境启动释入、添加剂控制并兼用包装调控释放的"三控"理论以及两段释放控制理论，在应用方面注重保鲜剂的组装结合、保鲜剂的复配以及天然保鲜剂的应用。

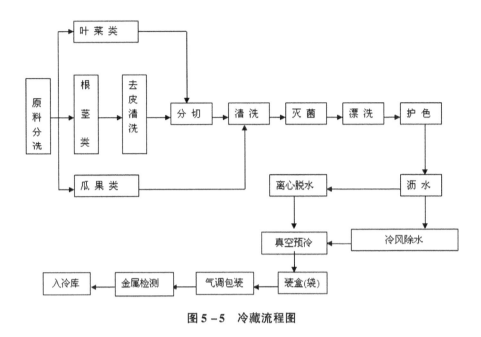

图 5 - 5　冷藏流程图

一、物理保鲜技术

（一）辐射及静电保鲜

辐射及静电保鲜部分将进行电离辐射、等离子体、负离子和臭氧、低能和高能电子辐照、短波紫外线和高负电位等保鲜技术及设施的研究和开发。

1. 电离辐射保鲜

电离辐射保鲜主要利用钴 - 60、铯 - 137 发出的 γ 射线以及加速电子、X 射线穿透有机体时，会使其中的水和其他物质发生电离，生成游离基或离子，对被保鲜农产品产生杀虫、杀菌、防霉、调节生理生化等效应，从而起到保鲜的作用。

2. 等离子体保鲜

等离子体是物质的第四态。通过特定电场实现无声放电，可以产生低温等离子体。在此过程中，高能电子与工作气体分子碰撞，发生一系列物理、化学反应并将气体激活，产生多种活性基。低温等离子体对果蔬保鲜和降解农药残毒有明显效果，可以起到清除乙烯、乙醇等对果蔬贮藏保鲜有害的代谢物、诱导果蔬气孔缩小、降低果蔬呼吸强度等作用，对于真菌、细菌类病害有较强的防除作用，对病毒也有一定的抑制作用。由此可见，等离子体既对作物有一定的生理调控作用，又对病害有一定的抑制和防治作用。

3. 负离子和臭氧保鲜

臭氧既是一种强氧化剂，又是一种良好的消毒剂和杀菌剂；既可消除果蔬致病微生物及其分泌的毒素，又能抑制并延缓果蔬有机物的水解，从而延长果蔬保鲜期。负离子与臭氧共存，可以起到保鲜的增效作用。

4. 低能和高能电子辐照保鲜

利用高能电子束来保鲜和灭菌，利用高能脉冲破坏 DNA 和细胞分裂，从而消灭食品中的微生物，可延长农产品的保鲜期，减少防腐剂的使用，使农产品更安全，并能延缓果蔬成熟，抑制蔬菜发芽。用一种装置产生名为"软电子"的微弱电子辐射农产品表面，可有效抑制和杀灭微生物。这种电子波最深只能深入农产品表面 50～150 微米处，因此它在杀掉农产品表面附着的细菌时，不会破坏农产品的内部结构和营养成分。

（二）空气压力控制保鲜

在空气压力控制保鲜技术方面，将进行减压保鲜、高压保鲜、差压预冷保鲜和真空预冷保鲜技术及设施的研究与开发。

1. 减压保鲜

减压保鲜技术被国际上称为 21 世纪的保鲜技术，由于其原理和技术上的先进性，使果蔬保鲜效果比单纯冷藏和气调贮藏有了很大提高，这一技术将在易腐难贮果蔬保鲜方面发挥巨大的作用，因而被称为保鲜史上的"第三次革命"。减压保鲜可快速形成一个低氧或超低氧的环境，快速脱除挥发性催熟气体，既有利于气态保鲜剂进入果蔬组织内部，也有利于显著减少空气中细菌的基数，具有较好的贮藏效果。

2. 高压保鲜

其作用原理主要是在贮存物上方施加一个由外向内的压力，使贮存物外部大气压高于其内部蒸汽压，形成一个足够的从外向内的正压差。这样的正压可以阻止果蔬水分和营养物质向外扩散，减缓呼吸速度和成熟度，故能有效地延长果蔬的贮存期。

3. 差压预冷保鲜

在果蔬预冷的货堆内外形成一定的压力差，使冷空气易于穿过产品，从而达到快速预冷的目的，进而保持果蔬鲜度。

4. 真空预冷保鲜

在预冷容器内形成真空，使产品的沸点降低，达到大量蒸发水分快速降温的目的，以保持果蔬的鲜度。

（三）温湿度和气体特殊控制保鲜

在温湿度和气体特殊控制保鲜方面，将进行临界低温高湿（冰温高湿）、变动气调、细胞间水结构（氙气处理）和细胞膨压调控（温湿度、比表面和气流控制）技术及设施的研究与开发。

临界低温高湿（冰温高湿）保鲜：临界点低温高湿保鲜技术特点体现在：果蔬在不发生冷害和冻害的前提下，采用尽可能低的温度来有效控制果蔬在保鲜期内的呼吸强度，使易腐难贮果蔬达到缓慢而正常的代谢；采用相对高湿度的环境可有效降低果蔬水分蒸发，减少失重。因而，临界低温高湿保鲜既可以防止果蔬在保鲜期内的腐烂变质，又可抑制果蔬的衰老，是一种较为理想的保鲜手段。

变动气调保鲜：变动气调保鲜是根据农产品在不同贮期的不同生理状况而对贮藏气体指标加以修改的技术，是一种新型的气调保鲜手段。

细胞间水结构控制（氙气处理）保鲜：水结构控制技术是指利用一些非极性分子（如氙气）在一定的温度和压力条件下，与游离水结合而形成笼形水合物结构的技术。通过水结构控制技术可使果蔬组织细胞间水分参与形成结构化水，使整个体系中的溶液粘度升高，从而产生下面两种效应：酶促反应速率将会减慢，有望实现对有机体生理活动的控制；果蔬水分蒸发过程受到抑制。这为植物贮藏保鲜提供了一种全新的原理和方法。

细胞膨压调控保鲜：通过温度、相对湿度、表面控制程度、通风气流速度等有关的热动力学特性调控技术以及相应的组织膨压变化的测试技术，可维持果蔬细胞膨压的完好，实现其质构的调控保鲜。

二、新型材料保鲜研究

（一）功能聚烯烃基保鲜膜保鲜

在多功能聚烯烃基保鲜膜保鲜方面，将进行纳米防霉、微孔透气、防雾和脱除乙烯等多功能保鲜膜的研制开发以及 MAP 保鲜技术及设备的研究与开发。纳米防霉保鲜膜保鲜：使用银纳米材料，由于银离子的毒性很小，抗菌能力强，而且在人体内难于积累，所以早在古代人们就利用其安全性和抗菌性来制成餐具和抗菌药物。目前，已商品化的纳米无机抗菌剂大多是银系抗菌剂。微孔保鲜膜保鲜：当普通保鲜膜的透气性达不到贮藏要求时，往往经过特殊工艺生产微孔保鲜膜。根据微孔薄膜的性能要求适当选择添加剂母粒类型和过滤器的细度。防雾保鲜膜保鲜：贮藏过程中，MAP 保鲜经常处于温度、湿度剧烈变化状态，致使袋内常发生结雾、结露、积水现象，促使病原菌生产繁殖，导致果蔬大量腐烂。由此可见，通过加入防雾材料，研制防雾保鲜膜十分重要。脱乙烯保鲜膜保鲜：通常果蔬成熟时会释放出乙烯气体，这种气体具有催熟功能，如果将乙烯及时吸收，那么果蔬腐烂的速度将会大大降低。在保鲜膜的生产过程中加入能吸收乙烯的物质，生产出的保鲜袋用于果蔬保鲜，使袋内乙烯被吸收，保鲜效果明显提高。

（二）多功能可食性涂被保鲜剂保鲜

多功能涂被保鲜剂及保鲜技术研发基地将进行防腐型、防褐型、护绿型和增光型可食性保鲜剂及保鲜技术的研究与开发。防腐型果蔬涂被保鲜剂保鲜：研制含有天然多糖类物质及其他有效活性因子，能在果蔬表面形成一层透明的保护膜，具有广谱抗菌、防霉、保湿功能的保鲜剂，可有效防止果蔬腐烂，提高保鲜性能。防褐型果蔬涂被保鲜剂保鲜：研制含有天然生物保鲜因子壳聚糖和食品级护色添加剂，能在果蔬表面形成一层透明的保护膜，可通过调节环境氧气，抑制氧化酶活性的保鲜剂，有效防止果蔬被变和白化，达到保持商品质量的目的。护绿型果蔬涂被保鲜剂保鲜：研制由天然多糖类物质及其他食品级成分复配而成的保鲜剂，可在果蔬表面形成一层透明薄膜，以此实现分子调节、裂缝调节及厚度调节的统一，达到适宜的气调效果，可明显保持果蔬原有色，防止水分蒸发，抑制微生物的侵染与繁殖。

（三）环保型生理保鲜剂保鲜

在环保型生理保鲜剂保鲜方面将进行矿物型保鲜和新型代谢抑制剂（1－MCP）保鲜技术与设备的研发。一是矿物型保鲜剂：采用带微孔的矿石，经粉碎后生产出吸附乙烯的材料，提高果蔬的保鲜性能。二是新型代谢抑制剂：1 - MCP 是最新研制出的一种乙烯竞争性抑制剂，它的成功研制是以乙烯受体研究为理论基础的。1 - MCP 的应用可部分取代气调库的应用，大大降低投资成本，是特别适合我国国情的一种保鲜剂。MCP 加水后即释放出 MCP 气体，MCP 接触植物细胞中的乙烯受体，产生不可逆反应，阻碍该受体与乙烯气体的结合，从而延缓植物成熟的生理反应。

三、生物保鲜技术

（一）微生物拮抗保鲜菌保鲜

天然微生物拮抗剂可以控制导致果实采后病害的伤害病原菌。目前，已经筛选出两种对果实采后严重伤害病原菌具有广谱活性的、不产生抗生素的酵母菌。基于拮抗剂对普通杀菌剂敏感性的研究结果，未来微生物拮抗剂研究的目标应是采用综合途径即拮抗剂与低剂量选择性杀菌剂配合贮藏条件的调控，这将比单一应用拮抗剂更能有效控制采后腐烂。

（二）天然提取物质、防生保鲜剂保鲜

在天然提取物质、防生保鲜剂保鲜方面，将对从天然物质中提取、确定、筛选出抑菌效果好且具有互补效应的活性物质及保鲜技术进行研究与开发。从天然物质中提取生物活性物质来抑制微生物，达到纯绿色保鲜效果。

（三）基因工程技术保鲜

在基因工程技术保鲜方面，将进行农产品完熟、衰老调控基因以及抗病基因、抗褐变基因和抗冷基因的转导研究，从基因工程的角度来解决产品的保鲜问题。研究认为，果实的软化及货架寿命与细胞壁降解酶的活性，尤其是与多聚半乳糖醛酸酶和纤维素酶的活性密切相关，也受果胶降解酶活性的影响。目前，已经阐明编码细胞壁水解酶如 PG 酶与纤维素酶的基因表达，这些酶在调节细胞壁的结构方面发挥着重要的作用。

本章练习

一、单项选择题

1. 运输易腐食物的是哪一类汽车(　　)。
A. 冷藏汽车　　　　　　　　B. 机械冷藏汽车
C. 面包式冷藏汽车　　　　　D. 大型冷藏汽车

2. 冷藏汽车的构成不包括哪一项(　　)。
A. 汽车底盘　　　　　　　　B. 隔热保温厢体
C. 制冷机组　　　　　　　　D. 行车记录仪

3. 制冷系统的组成不包括(　　)。
A. 压缩机　　　　　　　　　B. 冷凝器
C. 膨胀阀　　　　　　　　　D. 冷藏机组

4. 下列属于保温材料的是(　　)。

A. 岩棉、矿渣棉 　　　　　　　B. 玻璃

C. 纤维 　　　　　　　　　　　D. 塑料

二、多项选择题

1. 制冷系统的构成(　　)。

A. 压缩机 　　　　　　　　　　B. 冷凝器

C. 膨胀阀 　　　　　　　　　　D. 蒸发器

2. 冷凝器的分类(　　)。

A. 立式壳管式冷凝器 　　　　　B. 卧式壳管式冷凝器

C. 套管式冷凝器 　　　　　　　D. 风冷式冷凝器

3. 蒸发器的分类(　　)。

A. 卧式蒸发器 　　　　　　　　B. 立式蒸发器

C. 冷却排管 　　　　　　　　　D. 冷风机

4. 保温材料包括哪些(　　)。

A. 纤维类保温制品 　　　　　　B. 有机泡沫制品

C. 硬质类保温制品 　　　　　　D. 夹芯制品

三、简答题

1. 冷藏车的主要制冷方式有哪些?

2. 蒸发器的种类有哪些? 各有什么特点?

3. 现阶段常用的保温材料都有哪些?

4. 日常生活中都接触过哪些生物保鲜技术?

项目六　冷链物流企业营运与管理

任务导入

　　市场经济机制条件下，企业有多种运营模式，和其他企业一样，冷链物流企业要根据自身的实际情况，选择符合自身可持续发展的经营模式。冷链物流企业运作模式是指冷链物流企业以何种方式对冷链货物、运输工具、参与企业进行管理。了解冷链物流企业运作模式必须首先了解冷链商品的运作模式。

学习大纲

　　1. 了解冷链商品的运作模式
　　2. 掌握冷链物流市场营销知识
　　3. 分析冷链物流的信息化
　　4. 掌握冷链物流信息管理系统

任务一　冷链物流企业运营模式

一、冷链物流企业运作模式

（一）冷链商品运作模式

　　冷链物流作为物流市场之一，它的附加值和利润很高，因此是大多数的物流运输企业在不断追逐、竞争的重要产业。一些物流公司将其视为一项非常重要的业务。对于受众的需求，生产和供应是十分重要的，必须紧密地联系市场，不断探索适合冷链物流特点和性质的方式。部分企业通过利用外部的招标的特殊方法来补充自身企业资源的不足，如上海光明、双汇、雨润等，这样的运营模式成为自营。另外，一些企业另辟蹊径，如蒙牛、伊利等企业，与相对突出的物流供应商达成协议，长期地进行合作，采用冷链物流外包的运营模式，能够很好地提高利润和效率，加强运作能力以及管理控制能力，保证企业物流运营和供应的顺利。

　　1. 果蔬类冷链物流运作模式

　　以冷链物流企业的运作来看，果蔬类是典型的例子，它的储运流程如图6-1所示。这些产品物流运作都是由货源或小的仓储、加工运输协商而成，配送中心设在小的或大型经销商市场，然后，经过配送后再由批发商或超市、零售前端销售商销售给最终消费者回国内。在这个过程中，运输和仓储是整个冷链物流运作的关键。

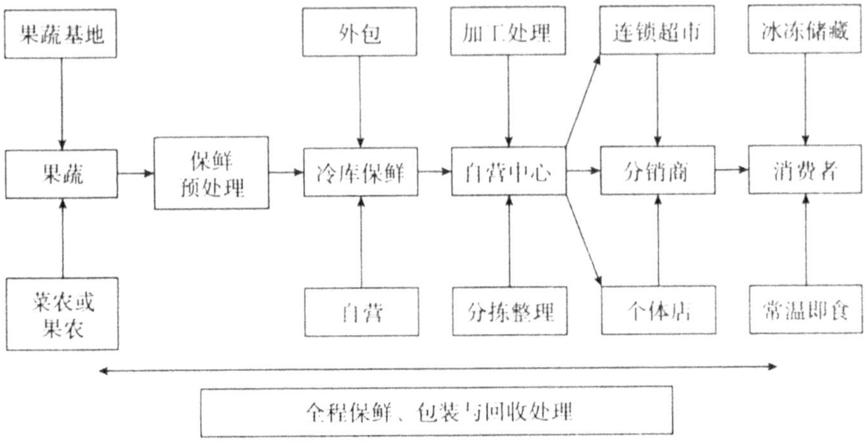

图 6-1 中，各环节如下：

果蔬基地 → 果蔬 → 保鲜预处理 → 冷库保鲜 → 自营中心 → 分销商 → 消费者

外包、加工处理、连锁超市、冰冻储藏

菜农或果农、自营、分拣整理、个体店、常温即食

全程保鲜、包装与回收处理

图 6-1 果蔬类冷链物流运作模式

2. 花卉类冷链物流运作模式

物流运输以及简单的加工是花卉生产中的基础流程，把鲜花迅速地卖给下级销售商，并且能够通过大量储存以及快速的物流运输将花卉运输到交易场所。在整个的过程当中物流业务可以有两种选择，一是自营，二是外包给第三方，冷链物流的整个过程，包括新鲜度的运输、交通处理、储存、配送等众多环节都可以很好地得到实现。具体运作组织如图 6-2 所示：

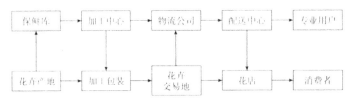

保鲜库 → 加工中心 → 物流公司 → 配送中心 → 专业用户

花卉产地 → 加工包装 → 花卉交易地 → 花店 → 消费者

图 6-2 花卉类冷链物流运作模式

3. 动物、冷冻产品和鲜活水产品的冷链物流运作模式

根据物流中心（配送中心）的不同，动物、冷冻产品和鲜活水产品的冷链物流运作模式也有所不同。为了深入地保持供应、销售、生产之间的关系，大多数冷冻产品和水产品的屠宰场和加工者选择建立自己的冷藏用仓库。

4. 乳制品冷链物流运作模式

乳制品冷链物流主要运作组织过程如图 6-4 所示。不同的企业会采用不同的办法进行管理。像蒙牛乳业，采取自建的模式，除了作为生产工厂功能之一的冷冻室，大部分冷冻室是外包给第三方物流运输等各个环节。在供应链管理方面，上游加工企业距离奶基地更近，加强牧场建设以增强对奶源的合理控制，完善合作方式，改变生产规制下游对所有运输配送环节的控制，使乳品冷链物流的温度和时间管理水平得以有效提高。而光明企业则是采取冷链物流，寻找适当的物流进行外包或者自主地管理。

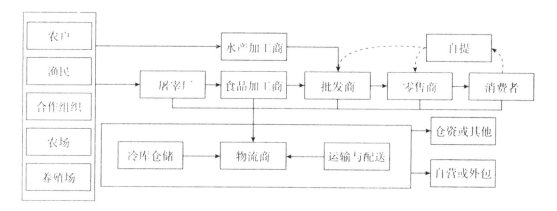

图 6-3　畜禽肉、冷藏冷冻食品、鲜活水产品类冷链物流运作模式

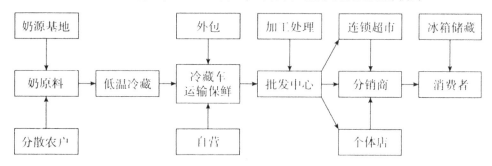

图 6-4　乳制品冷链物流运作模式

（二）冷链物流企业运作模式

3PL 冷链物流模式

冷链第三方物流企业可以通过控制冷链上的物流，实现冷链产品供应链的整合。应冷链物流要求提供高效、完整解决方案的企业是第三方冷链物流企业。例如夏辉物流是典型的冷链 3PL 物流公司，拥有从美国进口的制冷设备和 5～10 吨温控车辆，全程温控管理。夏辉物流主要为麦当劳提供一体化的冷链物流服务。其活动主要包括运输、仓储、各部门信息处理、库存控制、质量控制、产品安全等。公司在麦当劳门店网络配送的基础上创建了配送中心。

二、冷链物流企业经营模式比较

（一）经营优势比较

1. 冷链物流的第三方物流模式

物流公司拥有现代化的配送系统，包括可配送冷藏库、常温库、冷藏罐、超大容量冷藏罐、高品质的汽车，可以全程开发食品的自动检测以及监控系统。在软件开发管理的领域和建筑、硬件设备领域，冷链物流公司都处于行业的最前沿。第三方冷链物流企业可以利用现有物流资源，与更多的大型跨部门客户开展业务，提升市场地位，超越单一餐饮行业的服务限制，延伸到零售贸易、加工业等行业。物流企业可以通过整合设备，利用长时间累积的冷链物流资源，人才、管理经验等，为冷链物流有限公司转型为第三方物流公司打下坚实基础。

2. 以加工企业为主导的自营冷链物流模式

以加工企业为主的自主冷链物流模式效率高，环节少，对市场反应灵敏，对信息进行及时灵敏的反应，对供应链的物流有了很好地把控，能够实现对质量安全的全方位监控把关，使冷链物流中的各个环节都能够很好地沟通交流，联系在一起，对于市场上受众需求的变化及时迅速地做出调整。

3. 依托批发市场型冷链物流模式

企业不仅有着属于自身的大规模、多资金的优势，而且占据良好的地理位置，紧邻批发市场，有着十分重要的区位优势，优越的地理条件。这种模式拥有公路、铁路、水运、航空等绝佳的交通优势，能够很好地整合农业和生鲜的物流企业资源，提升物流运输效率。除此之外，完备的冷冻运输设备，专业化的生鲜储存、保鲜技术，高效控制终端销售使用规模效益，为消费者提供新鲜安全的产品。

（二）经营劣势比较及发展策略

物流业的不断迅猛发展，冲击着冷链物流原有的市场

不仅要与同一个类型的冷链物流企业竞争，还要与独立物流公司竞争，这些独立物流公司正逐渐向第三方物流公司转变。同时，市场对企业物流设备的更高要求，也是对食品安全和质量保障的挑战。而第三方冷链物流企业在软件和硬件方面有一些优势。传统冷链物流企业必须做出改变，将食品的安全、质量监控加入运输过程中，寻找自己的竞争优势，为客户提供更好的物流服务，将在第三方的物流公司发展初期阶段获得起步的优势。

任务二　冷链物流市场营销

冷链物流企业处于市场经济体系下，面临激烈的市场竞争和优胜劣汰，正确的市场营销手段有助于冷链物流企业发展和壮大。

一、冷链物流市场概念

（一）什么是冷链物流市场

市场经济认为，市场是实现资源配置的手段。市场要素包括市场主体和市场客体以及市场体系。

1. 市场主体

市场主体指的是在市场中从事交易活动的一些组织和个人。它以自己特定的组织形式而存在，包括自然人和法人，以及直接参与产品生产和交换的经济环节和为他们提供服务的中介。市场参与者有明确目标的活动，可以采取多种多样的战略和手段，使市场管理和职能复杂化。冷链物流企业在冷藏货物运输过程中向客户提供各种服务，属于市场主体。另外，与冷链物流企业有关联的物流公司、运输公司、生鲜食品公司、代理商、货主、政府部门与机构都属于冷链物流市场主体。

2. 市场客体

市场客体是指以市场为目标的市场实体。它包括生产和服务各种有形商品、无形商品、各种服务和产品所必需的一切经济资源。例如，生产资源和生活方式的产品，以知识形式出现的技术产品和信息产品，以动态能力出现的动力产品。如水产品、果蔬产品、乳制品、肉制品、医药制品、运输设备、运输信息，属于冷链物流市场客体。

3. 市场体系

市场体系是为维护市场要素运转而形成的互相依存、相互制约的有机整体。在冷链物流体系的构成中存在冷链商品市场（包括冷链消费品市场和冷链生产市场）；还有资本市场、劳动力市场、技术市场、信息市场等冷链物流生产要素市场。除此之外，冷链物流市场体系还包括政府管理机制、商品质量监管机制、检疫部门监管机制、金融管理机制、税务监管机制等。

在整个市场的体系之中，每个独立的市场之间都存在着一定的关系，不断地相互联系、相互影响。如果某一种市场发展不到位，或者发展滞后，就会对其他市场产生很大的影响。因此，市场体系必须具有统一性和开放性。市场上的部门或地区划分，通过缩小市场规模和限制资源的自由流动，降低了市场效率。市场体系的开放性不仅要求向国家开放，而且要求向外部开放，使国内市场嫁接到国际市场中，参与到国际竞争中。

（二）冷链物流市场的特点

1. 冷链物流是关系国计民生的产业

冷链物流的对象是水产品、果蔬产品、乳制品、肉制品和医药制品，涉及民众生活的最基本环节，也是关键环节，这些物品供应的质量不但会直接影响人们的幸福指数和生活质量，而且与整个国家以及社会的和谐和稳定密切联系。

2. 冷链物流市场主体复杂

冷链物流服务对象众多，涉及面广泛，有航空、水路、铁路和公路运输部门，有众多的贸易企业、生产厂家、种植企业、养殖企业和个人等。冷链物流企业不仅提供冷链货物的装卸搬运、仓储、简单加工和货运等基本服务，还可提供货运交易服务、信息服务、物流咨询等延伸服务，如果一个环节出现问题，则上下牵连，最终影响冷链物流企业效率，降低了冷链物流企业经济效益和公众美誉度。

3. 国家对冷链物流日益重视

由于冷链物流商品的特殊性，国家对冷链物流越来越重视，从政策、资金、税收、运输等各方面为冷链物流创造优越条件，如税收减免、财政补贴、资金扶持、运输绿色通道等，以提高冷链物流质量与效率，提高人民生活水平。

二、冷链物流市场调查与预测

市场研究是随着社会生产力水平的提高，伴随着商品生产的发展出现的，它是对市场实践活动的总结与指导。市场调研，有适时发挥重要作用的必要性。目前，市场研究无论是在其自身的理论体系和方法体系上，还是在其研究问题的内容上，都得到了发展和完善，成为研究市场分析不可缺少的工具。对于冷链物流企业而言，市场研究的目的是为企业选择合适的市场定位，为企业开拓新的市场，为企业开发新的产品、为企业顺应市场变化而调整经营战略提供依据。市场研究主要包括市场分析、市场调查、市场预测。

在我国，随着公司的发展，市场调查被越来越多的管理人员使用，其方法也越来越多地被用来分析和研究各种市场问题。

（一）冷链物流企业进行市场研究的作用

1. 市场研究为冷链物流企业制定科学的发展规划提供依据

能否站在较高的角度为冷链物流企业设计未来的发展方向，往往关系到冷链物流企业的成败。发展规划定位太低会错过企业发展的关键期，发展规划定位太高则会浪费资源，最终一无所获。发展规划是一种重要的经济和管理手段，在冷链物流企业制订发展计划和实施项目的过程中，必要的市场分析数据、统计数据和预测数据是非常重要的。计划的制订必须与实际调查相衔接，否则将缺乏科学性和相关性。科学、系统的市场调研数据无疑为低温物流企业的发展和政策提供了保障。

2. 准确推理的前提之一是科学分析

很明显，市场预测将通过对生产和消费市场的分析，以及调查和预测的重要作用，增加生产部门或企业的经济影响。

3. 市场研究有助于冷链物流企业生产合理化

市场研究不仅可以确定不同冷链生产部门的总产量，而且可以改善不同生产部门之间的生产环节。这个非常重要的作用体现在：促进供需平衡冷链产品的总量，冷藏仓库的产品类别，供需平衡的主要冷链产品，适应产业结构的冷链，等等。

4. 市场调研在促进和满足消费者需求方面具有重要作用

冷链产品的生产与消费密切相关。市场分析、调查和预测在满足冷链产品需求以及促进冷链产品消费方面发挥着重要作用。通过市场分析、调查和预测，可以全面地了解冷链产品的需求情况，包括需求总量、需求结构和应用演变规律。

（二）市场调查与预测内容

1. 市场分析

市场分析是指通过对冷链物流市场调查和供求预测，依据市场的复杂情况，深入分析受众需求，采取恰当的策略。

冷链物流市场分析的研究对象是整个冷链物流市场，从纵向角度看，冷链物流整个过程从最前端的生产者到最末段的消费者，包含的所有商业活动都遵循市场的特征和总体的消费活动。从横向角度看，现代冷链物流市场经济体系中，市场活动是一个全方位的市场的特点和运行规律，是市场分析的又一重点的研究对象。

市场分析是冷链物流产业发展与产业布局研究的组成部分之一。按其内容分为三类：市场需求预测分析、需求层次和地区市场需求量分析、估计产品生命周期及可销售时间。

预测分析包括冷链物流市场需求量估计和未来冷链物流市场容量及冷链物流产品竞争能力预测。通常采用调查分析法、统计分析法和相关分析预测法。

2. 市场调查

市场研究系统地收集了冷藏链物流市场分析的信息和材料相关的记录，分析物流市场情况，冷藏链物流市场发展趋势，未来的前景和营销政策，是客观和准确的数据。

市场调研的内容很多，包括对物流政策环境、经济环境、社会文化环境的调研。市场基本面研究主要包括低温物流市场规范、总需求、市场趋势、同行业的市场份额分布。市场调查包括以下方法。

（1）观察法

它分为直接观测和实测两种方法。

直接观测法包括有针对性、有计划和有系统地记录在调查现场接受采访的人的行为、言语和表情，以便获得第一手资料。它的特点是，它总是在自然条件下进行，在这种条件下获得的材料是真实的和有生命的，但由于观察对象的特殊性，观察结果是片面的。实测法指实际观察给定事件留下的痕迹，通常用于调查用户的流量，广告的影响，等等。

（2）询问法

它包括以面谈、书面或电话的方式询问所要求的资料。这是市场调查中最常用的方法之一。询问法有四种方法，各有优缺点。面对面的调查可以直接听取对方的意见，比较灵活，但成本较高，而且调查结果很可能受到调查者技术水平的影响。邮件调查又快又贵，但回收率很低。电话调查速度快，成本最低，但仅限于拥有手机的用户。书面方式可以弥补上述不足，由调查人员交给被访者，明确填写方式，调查人员定期回收。

（3）实验法

一般用于研究冷链物流市场中某一因素对销售量的影响。其范围非常广泛，冷冻链的每一个物流产品都可以通过改变品种、质量、包装、设计、价格、广告、展示方式等因素研究用户的反应。

三、冷链物流市场定位

（一）市场定位内容

1. 低温物流产品的位置

一般来说，冷链物流产品最主要的位置是体现在质量、特点、可靠性、成本、可用性、设计等方面。

2. 低温物流公司的位置

企业形象、品牌、员工技能、知识、信誉、信任等。

3. 地位是由低温物流企业竞争决定的

与竞争对手相比，这家公司有相对的市场地位。

4. 低温物流消费者位置确认

公司的目标客户群。

（二）市场定位步骤

分析低温物流目标市场现状，识别公司潜在竞争优势。准确地确定竞争优势，是一种非常重要的能力。选择竞争优势是低温物流企业与竞争对手进行比较的一个过程。

显示独特的竞争优势和重新定位。低温物流公司的主要任务是采取一系列促销活动，创造竞争的优势，给潜在客户以深刻的印象。为此，冷链物流企业需要了解、熟悉并认识公司的市场地位。

四、冷链物流营销策略

（一）肉制品冷链物流市场营销

1. 市场规模

国内肉类消费将继续稳步增长。肉类加工业经历了一个市场启动阶段，还在成长。这一阶段的特点是消费群体迅速增长，生产和销售持续增长。未来十年，肉类加工业将进入一个快速发展的新时期。

2. 营销对策

根据对上述情况的总结，以肉制品为主要业务的冷藏物流公司，必须留住公司的大客户，与大企业合作，如双汇等。除此之外，还要立足于重点的区域，使国内肉类加工业的集中地山东、河南成为企业冷藏物流的控制中心，发展全方位、多形式的冷藏运输业务。

（二）速冻品冷藏链物流市场营销

1. 市场规模

冷冻食品使用现代制冷技术迅速冻结。最近几年，有多家速食品生产厂家的销售额已经达到上百亿元。

2. 营销对策

从整体上看，如果是以速冻食品的物流运输作为冷藏物流的主要营业项目，建议应该锁定大客户，重点开拓销售收入超过亿元的大企业。立足于连锁的超市、大卖场，利用它已经存在的店面渠道，建立属于自己企业的配送网络。在此基础上，也可以开展增值的服务，像分类包装、为产品粘贴标签等。

就目前看，物流企业开展速冻食品物流业务的优势在于其市场需求持续增加，增值服务需求较多，行业利润较高而风险较小，行业发展潜力巨大，不足之处在于速冻食品对基础设施要求较高，客户渠道不畅通。

（三）冷饮物流市场营销

1. 市场规模

随着经济的飞速发展，人们的收入水平不断提升，消费水平也随之增加，消费群体范围不断扩大，我国冷饮业物流市场显示出了巨大的发展潜力。我国冷饮生产企业主要在华东、华北和中南地区，而广东、北京、上海、东北是销量最集中的几个地区，伊利、蒙牛占主导地位，其他品牌如和路雪、宏宝莱、雀巢、娃宝、晨晨等冷饮品牌销量不断增加。不同品牌之间竞争非常激烈，往往是零售店不大，却摆着两个乃至多个大冰柜，而且每个柜子里只放着一种品牌的冷饮产品，实行"专柜专放"，各大品牌冷饮产品互不侵犯"领地"，冷饮企业纷纷推出自己的主打新品抢占商机，各冷饮品牌间的竞争逐渐升级。

图 6 – 5　伊利

2. 营销对策

针对上述局面，首先，冷饮物流企业要有固定的大客户，如蒙牛、伊利等。锁定大客户的冷饮物流企业既要有先进的冷饮物流设备，也要具备质量管理意识。其次，开发个性冷饮产品物流业务。对于冷饮市场来说，人们消费的最重要因素是解暑、降温，因此中小冷饮企业并非没有竞争优势。中小企业的低端产品也有自己的市场，这些厂家的"老冰棍"等产品还是有很多的消费群体的，尤其是农村市场，都是以低端产品为主。最后，冷饮物流企业要紧跟冷饮产品的发展趋势，舍得投入才有产出。目前，冷饮产品较为主流的发展趋势是向休闲、健康食品进行转化，偏离原有的降温防暑的功能。周期也从夏季变换为一年四季常年消费。所以，冷饮物流企业要懂得产品发展趋势，抓住市场机遇，占领市场。

任务三　冷链物流的信息化

随着易腐货物特别是快速消费品市场的扩大，冷链运输迅速成为规模大、专业性强、涉及行业广、从业人员多的产业。为及时处理产品与服务信息、优化配送流程，实现存取选拣自动化和物流管理智能化，需要基于冷链运输的信息化技术支撑。

信息技术的应用是提高运作效率、降低供应链成本的重要因素。一些关键信息技术包括电子数据交换（Electronic Data Interchange，EDI）、自动识别技术（条形码技术、RFID技术）、全球定位系统（GPS）、地理信息系统（GIS）、互联网技术，以及各种运输管理信息系统等。而数字低温仓库、可视化技术等新技术在物流运输领域的应用也逐渐被广泛接受。

一、智能运输系统（ITS）

ITS 由基础技术平台、整体管理平台和智能交通系统三大模块组成。基础技术平台主要由 GPS、GIS、RFID、网络系统等构成；管理平台则涵盖道路法规、道路建设等；智能交通系统主要包括五个子系统，即交通通信系统、管理系统、车辆系统、公共运输系统以及商用车辆运营系统。目前我们对 ITS 的研究和利用主要集中在提供交通信息服务、车辆安全控制服务、优化的商用车管理服务、优化的公交管理服务、电子收付费服务等物流运输优化功能上。

二、地理信息系统（GIS）

GIS 可以为用户提供不同的动态的和空间的地理位置信息、基于地理空间数据的地理模型分析方法、为地理研究和地理定位服务的计算机技术系统。其主要功能是将图形数据（直接输入数据库、电子文档或程序）转换为地理图形，然后进行操作、分析。在洲际地图上可以得到非常详细的距离地图，包括人口、销售情况、运输路线等内容。

（一）GIS 的构成与功能

GIS 由硬件、软件、数据、人员和方法五部分组成。硬件是 GIS 必不可少的一部分，是一定被需要的计算机资源，包括计算机、数字化仪、扫描仪、绘图仪、磁带机等。GIS 具备了五种主要功能，即数据输入、数据显示、数据分析、数据操作、数据管理。

GIS 技术的发展，主要体现在技术的综合和软件技术分化，并在物流领域得到了广泛的应用。具体体现在 GIS 与其他信息技术的综合上：GIS 与 CAD 的结合；GIS 与遥感的结合；GIS 与 GPS 的结合；GIS 与 Internet 的结合；GIS 与现实技术的结合。

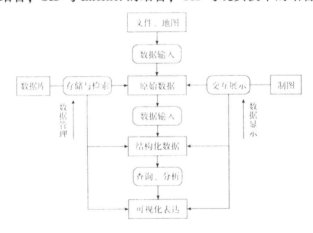

图 6-6　GIS 运行流程图

（二）GIS 在物流领域中的应用

通过使用 GIS 强大的地理数据能力来补充物流分析技术，主要用于物流的信息分析。

80%以上用于决策的信息与空间的地理位置有一定关系，并发挥着重要作用。一些海外公司利用 GIS 开发专门从事物流分析的程序。

1. GIS 物流分析软件

（1）车辆路线模型

其中，出发点和终点的数量，如何降低物流成本，如何保证服务质量都将通过这个模型来解决。

（2）网络物流模型

它能够找到最优的货物配送路线，即物流网络的配送问题。货物从 N 个低温仓库运输到 M 个商店的情况下，每个商店都有一个固定的需求量。成本要求最低的，因为需要从低温仓库获取货物，以确保它们被送到任何商店。

（3）分配集合模型

依据不同的元素之间的相似点，可以将同一楼层的所有元素或部分划分为若干个片段，确定服务范围和销售的市场范围。如果一个公司想要设立 X 个分销点，则要做到这些分销点都能覆盖某一地区，而且使每个分销点的顾客数量基本相等。

（4）设施定位模型

用以确定一个或多个设施的位置。物流系统领域中，低温仓库和运输线路构成了物流网络，降温仓库处于网络的节点上，而节点却决定着线路，根据供求实际的需要设定低温仓库的规模、位置以及物流关系是十分重要的，同时也要兼顾经济效益，这些因素都能够通过此模型成功地解决。

2. GIS 在冷链物流中的应用

主要包括运输路线、仓库位置的选择、投递路线的选择，仓库容量的设置、合理装卸策略、运输车辆的调用等方面的决策。基于 GIS 的配送管理系统结构将各种配送要求简化为订单，配送目的地简化为第二客户，系统集成了运输管理（包括冷链运输装备跟踪）模块，配送、装载及路线规划模型，客户配送排序模型等。

三、全球定位系统（GPS）

（一）GPS 介绍

GPS（Global Position System）由美国国防部研制建成。该系统是一种精密卫星导航和定位系统，有地面监控、空间卫星、用户接收三大系统，它利用分布在距离地面大约 2 万千米高空的多个卫星对地面情况来进行精准的定位和导航。

1. GPS 适用于冷链运输领域的功能与优点

（1）GPS 定位

确定速度快、功能多、精度高、覆盖面广，具有全球性、全天性、实时性、连续性、精准度高的三维导航、测速与定位、授时能力，以及优异的保密性和抗干扰性。在全球任何一个地点均能进行车辆的移动监控工作，以保障网络上的用户需求能实现。此外，提高了冷链物流运输企业的业务运作效率，降低了车辆空驶率和作业成本，满足客户需求。

（2）GPS 具有车辆动态定位功能

实时反馈车辆运输途中的动态信息，从而能够提高运作效率、降低成本；提高对司机和货物的实时监控，便于顾客随时获知货物的运输进展；加强物流企业与顾客的交互行为；有利于对突发事件的有效处理。

（3）即时监控功能

在任何时刻通过发出指令查找运输工具所在的地理位置，包括经纬度、速度等信息，且能在电子地图上形象地显示出来。

（4）实现在途透明化管理

按客户要求，以系统定时自动信息提醒、人工电话、网络查询等时刻掌握货物情况。

（5）双向通信功能

即网络 GPS 的用户利用 GMS 的语音功能与司机对话。也可以利用本系统安装在运输工具上的移动设备——汉字液晶显示终端，收发文字消息。驾驶操作人员按下对应的服务控制键，给网络 GPS 信息反馈，质检员就能在网络 GPS 工作站的显示屏上检查工作，掌握整个运输作业的准确程度（到卸货、发车返回时间等）。

（6）动态调度功能

即调度人员在调度中心随时发文字指令，并收到确认的回复信息。

（7）路线规划功能

不同的货物做不同处理，不同的种类、运送地对于运送的时间有不同的需要，GPS 技术能根据货物的特点选择最优的运送路线，已达到最佳的速度将货物运达。对路线进行精准的规划后，通过 GPS 的导航系统功能，按显示器规划的路线进行货物运输。

（8）数据存储、分析功能

即路线计划，车辆运输路线、区域、什么时间应到何地都事先确定好，并把信息记录在库，以备日后查用。

2. 网络 GPS 系统工作流程

货物由物流公司运输后，把提货单和密码给收货人，在网络 GPS 平台中上传货单信息，同时上传货单与货物载运车辆信息；载运车辆（装有 GPS 接收机）工作流程途中实时接收 GPS 卫星定位数据，且系统自动计算所在地坐标，用 GSM 通信机上传到公用数字移动通信网，并通过 DDN 专线上传至 GPS 监控平台，中心处理器接收到坐标信息后还原它，与 GIS 系统中的电子地图相匹配，地图上直观看到车辆的坐标位置。

每个 GPS 用户都有自己的用户权限，能通过互联网了解掌握货物所在车辆的信息收发情况，在电子坐标地图上简捷地了解车辆运输动态（位置、速度、状态），当车辆有意外情况时，可以远程遥控操作。

（二）GPS 应用

1. 冷藏运输车辆定位管理系统

很多车载信息服务设备使用 GPS 测算位置、速度、行动方向。GPS 是美国国防部管辖的 24 个卫星组成的以卫星为基础的导航系统。GPS 是当下业内货物温度监控的最佳选择，可采集记录车厢内温度数据以及超限报警，对此，"RFID 冷链温度管理系统" 及 "GPS +

温度监控冷链管理系统"按照企业的具体要求被研发出来，把领先的 RFID 技术、GPS 技术、无线通信技术及温度传感技术结合。在运输过程中，为了确保生鲜食品和药品质量，需要进行温度管理，在"带温度传感器的 RFID 标签"记下变化的温度，又或者实时在企业管理平台通过"具有 GPS 及温度传感功能的终端结合无线通信技术"上传，精细化管理产品的生鲜度、品质，而食品流通过程中出现的质监问题，也会被解决。

2. GPS 易腐货物跟踪系统

冷链运输企业服务能力可以通过易腐货物跟踪系统来提升。从客户的方面看，只要发送发票号码，即可获得查询的易腐货物信息。从收货人的方面看，能掌握易腐货物运送状态，可提前做准备。从冷链运输企业的方面看，能够依据信息，确定货物能否及时送到，服务能力能随之提高。所以，赢得竞争力的重要方法就是 GPS 易腐货物跟踪系统的运用。

3. GPS 冷链运输车辆温度实时采集系统

利用车载的 GPS 终端无线通信模块，把冷藏车内多个不同温区的温度传感器收集的数据传递到 GPS 服务器上。在冷链运输中，对方只要连接网络，即可根据对应监控平台得到冷藏车内准确的温度信息，还能将其以报表形式输出，运价按冷藏（冷冻）车内的温度等计算。

（三）GPS 与 GIS 的结合应用

GIS 在物流分析领域的应用，主要指通过 GIS 物流分析技术的缺点能被其地理数据填补。物流中运用 GPS 可以实时监控目标地点，观察道路交通状况，随时命令移动目标调整。而 GIS 结合无线通信技术和车辆路线模型、最短路径模型、网络物流模型、分配集合模型和设施定位模型等，能够建造拥有完整功能的物流信息系统。

物流企业利用无线通信、GIS/GPS 设备可以及时了解物流运输车辆的确切位置信息，然后让企业工作的内部人员和企业的客户通过互联网进行访问，简单明了的物流操作过程可以为以后的合作打下基础。

四、RFID 车辆引导系统

RFID 车辆引导系统能够辨别车上所载的货物的信息、车辆进港后作业项目及作业信息并做出场内指引（港内路径指导）。电子车牌就是车上的电子标签，一般在车前挡风玻璃内侧，该车有关信息都在上面，例如车牌号、车自重、所属车队等。车辆出入闸口处有阅读器和天线。

五、车载信息服务

车载信息服务是一个终端，含有计算机技术、移动通信技术。其中，车载信息服务应用有冷藏车和拖车的远程通信设备。冷藏车的车载信息服务系统提供了完备的方案，对冷藏车货物进行把控，与传统的卡车数据记录器或移动数据记录器相比较而言，更有优势。每一拖车安装车载终端后随时都能了解自己应该去哪去、做什么，不再需要人工指挥。当参与车辆多的堆场上架（装船、移箱）作业等情况时，每辆车能确定自己是否清楚命令。

指挥人员和拖车司机不用因为某一车次在计算机上进行输入，最多只需要确定（堆场机械仍需登记车号)。由于作业的缘故,场位可能会发生变化,拖车司机了解后不会盲目地跟着堆场机械,在恰当的地点停住就可以。

由于特殊缘故,拖车也许会长时间作业,作业的顺序与预定的顺序肯定不同,系统会根据具体情况将指令自动分配到时间空闲的拖车上。可以单装单卸,也可以一边装一边卸,同一条船不同的桥吊混装卸,不同的船混着装卸,会提高效率和减少成本。码头自己管理拖车时,若要成本减少,可以开启自由模式、系统自动控制,那么空车行程会有可能减少。每条作业线上的拖车动态(空闲或多余)都能观察到,计算机上预先设置好的模式也能改变,甚至让系统自己做出调整,在尽力保证装卸速度的前提下减少整体作业时间或拖车使用量。

第三方车载信息服务系统能够掌握冷藏车的参数。设置点(Set Point)、排风、回风、运行模式、临界报警、温度、时间表、电池电压、剩余燃料和货物感应器等都包含在内。

六、运输需求计划(TRP)

运输需求计划(Transportation Requirement Planning,TRP)是物流运输管理系统中的新型技术,冷链运输相关的作业信息,由托运人和承运人共同享有,易腐货物的同行转化率也会因此增加。

TRP 系统既能独立,也可以和企业资源计划系统结合。该系统中托运人、销售商、客户以及承运人之间信息可以共享,使货运过程得以优化提升。该系统也支持通过远程数据库,为承运人运费支付系统输入信息。

七、卡车控制系统和数据记录

现代的卡车或者拖车的冷冻/冷藏单元装载的计算机控制系统,既能改善卡车和冷冻/冷藏单元的能源消耗问题,也能根据产品和消费者的需要,调控冷冻或冷藏单元的温度。在产品的温度管理中,可以提前设定 10 种易腐食品的运输要求条件,保证货物运输的环境与运输者或者客户要求没有出入。一种可选的控制系统是 FreshTM,它能在途中改善管理产品品质。系统与一个高性能的数据采集系统可以同一时间工作,也能记录运输途中的参数,例如温度、设定点、运行模式和外在事件等。

八、GPRS 网络

通用分组无线服务技术(General Packet Radio Service,GPRS)是基于全球移动通信系统(Global System for Mobile Communications,GSM)的一种无线通信技术服务。常用"5G"移动通信技术来讲述它。其传输速率快。现在中国移动和中国联通都有一个 GSM 网络,也都在此之上做到了 GPRS 服务,移动通信更加便捷高速。

GPRS 传输速度快,且可以永远在线,几乎不需要时间新就能建立的连接,与网络时刻联系。此外,涉及范围大,花费成本低。中国移动和中国联通的网络都能使用,价格也合理。

GSM 网络是 GPRS 网络,可以理解为只要有 GSM 网络,理论上就可以创建 GPRS 网络服务。中国移动和中国联通都做了 GPRS 升级,完善了原先的 GSM 网络,所以,在 GSM

网络涉及范围内 GPRS 以及远程监控服务都有机会被支持。我国东部和南部绝大多数地方已经被 GSM 网络覆盖范围，并能支持 GPRS 服务。这些地区中涉及的范围都能全方位监控冷链的温度。GPRS 发展快，利用 GPRS 无线通信的终端产品被研发出来，在无线远端监控中应用普遍。这些产品由一些中小企业研发，且仍在发展阶段，但因为灵活、成本低、能良好融合移动或者联通公司网络，近来应用极为广泛。GPRS 数据传输单元（Data Transfer Unit）是这些产品的通称，可以在网络上查到相关产品类别和详细信息。冷藏车和移动公司（中国移动或中国联通）的网络连接后，可以利用这些机器完成监控和记录冷链数据。GPRS 数据传输单元是一个开放型定位监管平台，GPS 或温度检测技术、电子地图和无线传输技术都包括在内。

知识连接：

　　随着世界经济的快速发展和现代科学技术的进步，冷链物流作为国民经济中一个新兴产业已然崛起并正在迅速发展，冷链的崛起标志着地方、行业及消费者的觉醒，认识到冷链对于保障食品安全的重要意义，大力发展冷链物流，有利于保障食品质量安全，更能有效减少食品从生产到消费环节中出现的巨大浪费。

任务四　冷链物流信息管理系统研究

　　冷链物流中心一切信息功能由信息系统负责。可以通过信息系统的大范围应用满足来自不同市场的生产商们的各种需要，并迅速响应。冷链中担负着不同作用的仓储、运输企业，适合选择使用冷链物流信息系统，甚至是第三方物流信息的高度管理系统。

　　目前大部分冷链物流信息系统包括，业务管理模块和企业管理模块。本书的重点是业务管理，比如易腐货物仓储管理、仓储作业、运输及运输作业管理和易腐货物配送。财务管理、人力资源管理等是企业管理的内容。

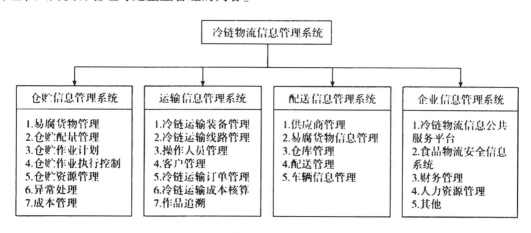

图 6 - 7　冷链物流信息管理系统

一、冷链物流仓储信息管理系统

物流领域中应用的仓储管理以及仓储作业管理系统通常被叫作仓储管理系统（Warehouse

Management System，WMS）。客户需要的易腐产品的类别数量增多，产品的结构也越发复杂，市场对其非同质化要求也越来越高。又因为这类货物自己的特点，需要确定易腐货物的存储计划，做到可追溯，库存也要合适恰当，充分利用库房容积，确定冷库与冷库，以及产地与销售点接洽过程中的装卸作业怎么安排，如何让冷链"不断链"。

（一）易腐货物及其管理

1. 易腐货物的属性与分类管理

一种方法是通过建立一个易腐烂货物的属性分类，采用代码继承式技术分类，对代码分段。国际物品编码协会的国际物品编码协会（Uniform Code Council，UCC）代码、联合国标准产品和服务分类代码（United Nations Standard Products and Services Code，UNSPSC）等都是主要的代表性编码方案。优点是将属性相同的货物排列，容易管理。缺点是货物变多代码压力会大，管理不便、浪费资源。另一种办法是定义物料属性时，选择属性结构表。物料先进行定义分类属性，然后是属性值。Nato Auslang 是比较典型的方法。金字塔形结构分类能使物料代码的编撰独立于物料属性，不同属性类别在统一数据库系统中表达，不会发生字段多的现象。

2. 易腐货物的存储描述

存储描述包括存储地区、低温仓库、低温仓库内的存储区域以及货架储位，易腐货物的存储信息有物料的存储库存以及在途库存。

（二）仓储配置管理

易腐货物的存储要求能配定、识别管理仓储资源，要配置的信息主要包含仓储编号、储位编号和存储规则等众多信息。领先的仓储管理能够对仓储实体进行配置，利用仓储配置，能够根据现实情况需要设计出好的作业计划，充分利用现有的有限的场地和人力、物力。

（三）仓储作业计划

仓储作业计划是在特定设置的时间之内，结合已经存在于系统之中的设定，收集易腐货物订单并且依据系统中仓储配置的数据进行作业，易腐货物的收货上架、拣货等都包括在内。同时，配送要及时、畅通、保质。达标需要有连续补货的计划、管理库存等现代物流管理技术。连续补货计划是指根据准确的销售信息，基于零售商的库存数据和提前设置好的补货程序，安排补多少货，什么时间补，用小批量多品种的方法运输，加速库存周转。供应商库存管理是冷链生产由企业对零售商等下游企业的流通库存进行管理和控制的供应链管理方法，根据供应商库存管理，使冷库利用率变高，总成本减少。

（四）仓储作业执行控制

仓储作业执行控制是对易腐货物冷链作业计划生成后执行情况的一种管理。作业的执行方面，许多的 WMS 系统拥有比较先进的解决方案和产品，比如 EXE 的 Exceed，ES/LAWM 等系统，其中为了匹配自动化水平较低的仓储作业环境，ES/LAWM 提供了以打印工作指令为基础的执行管理系统。

（五）仓储资源管理

仓储资源管理主要的功能就是对于结构的合理配置，尽可能地提高资源的利用率，促进工作人员和程序的有序化，最大限度提高效率，仓储资源除了工作人员、仓储设备之外还有易腐货物；仓储设备的调动要合适，设备检修计划可以提高完好率。

（六）异常处理

在实操中，因为易腐货物的特性和客户小批量、多品种的需求，冷链物流对于仓储管理要求繁复。在仓储的管理过程中，经常会出现突发情况和异常作业的现象，这就要求有一个完备的 WMS 系统进行统筹管理。

（七）作业成本管理

优化仓储作业管理是易腐货物的冷链物流仓储管理信息系统的主要目的，成本变低、效率到最大。WMS 系统主要管理易腐货物，成本通过仓储作业活动来调控。而一般企业里采用的 ERP 系统（Enterprise Resource Planning，企业资源计划）是一种控制成本的活动，围绕物料成本展开，二者有不一样的应用方法。第三方冷链专业物流服务产生后，更全面的基于作业的成本管理功能将由专业先进的 WMS 系统支持，能够更好管理，控制成本，提高效率。铁路、公路、航空及水路冷链运输工具都包括在冷链运输设备中。需要进行考量的有运送能力（包括装载体积、重量）、运输速度、能源消耗计量等。

二、冷链物流运输信息管理系统

（一）冷链运输线路管理

建造冷链运输服务区域数据库是管理冷链的运输线路的原因。分类有三种，即区域型、线路型、混合型运输线路管理。优化线路，保证途中畅通是基本功能，还需要考虑站点之间车流量怎么样、高峰期又如何、站点之间事故频率，以及运输工具等因素。

（二）操作人员管理

运输易腐货物中容易发生意外，所以要综合考量驾驶员的技能、操作经验与人力资源成本三者的关系，选择合适的岗位人员。

（三）客户管理

冷链运输管理主要合作的对象是物流公司，物流公司的货物运输、厂家货物配发和客户提取货物都需要冷链运输。第三方的合作物流公司就是冷链物流公司，货代企业也是。不同用户有不同需要，据此冷链运输管理系统提供运输服务也要不同。

（四）冷链运输订单管理

冷链运输管理中，不同订单来源于不同用户需求，提供最合理、成本最低的最佳运输方案是最终目的。按订单运输组合作业时结合实际，运输的效率会得以提高。最后决定的计划，要尽最大可能保证时效性、经济性及安全性。

（五）冷链运输成本核算

如路径长度、道路通畅能力、驾驶员操作技术以及气候原因等，可变成本中影响能源耗费的因素，是冷链运输管理主要对象。

（六）作业跟踪

实际运输中，作业跟踪是指通过收集运输订单的回单、手机短信、GPS，合理制订运输计划，减少运输中的空车、提高异常事件的应对能力。

三、冷链物流配送信息管理系统

仓库管理主要是设定低温仓库温度、控制库存、盘点易腐货物以及管理货架，按配送安排把易腐货物调出仓库，发至客户所在地。配送管理针对的主要是易腐货物，查询、添加、更新、检验进行配送的易腐货物，管理有关易腐货物的装车、运输情况，发往目的地等信息。车辆信息管理是管理冷链运输装备，管理车辆数量等，及时根据路线变换方案，确保快速、经济、安全地提供给客户所需的易腐货物，安排恰当合适的车辆。

本章练习

一、单项选择题

1. （ ）指的是在市场中从事交易活动的一些组织和个人。

A. 市场主体   B. 市场客体

C. 市场体系   D. 市场定位

2. （ ）是冷链物流产业发展与产业布局研究的组成部分之一。

A. 市场分析   B. 市场调查

C. 市场预测   D. 市场定位

3. （ ）是一个终端，含有计算机技术、移动通信技术。

A. 车载信息服务   B. 运输需求计划

C. GPRS 网络   D. 全球定位系统

4. （ ）是指以乳制品为基本原料加工而成的食品。

A. 蛋类   B. 肉类

C. 乳制品   D. 豆类

二、多项选择题

1. 市场调查与预测内容包括（ ）。

A. 市场分析   B. 市场调查

C. 市场预测   D. 市场定位

2. 冷链物流营销策略有（ ）。

A. 肉制品冷链物流市场营销   B. 速冻品冷藏链物流市场营销

C. 冷饮物流市场营销

D. 食品物流市场营销

3. 冷链物流运输信息管理系统包括(　　)。

A. 冷链运输线路管理

B. 操作人员管理

C. 客户管理

D. 冷链运输订单管理

4. 冷链商品运作模式有(　　)。

A. 果蔬类冷链物流运作模式

B. 花卉类冷链物流运作模式

C. 动物、冷冻产品和鲜活水产品的冷链物流运作模式

D. 乳制品冷链物流运作模式

三、简答题

1. 冷链物流企业有哪些运营模式？

2. 冷链市场营销的概念和特点？

3. 分析冷链物流的信息化。

4. 简述冷链物流信息管理系统。

项目七　配送运输管理

任务导入

　　本章主要介绍配送运输的特点、影响因素，配送运输的基本作业流程、配送车辆装载作业技术，车辆调度方法、配送运输线路优化设计。

学习大纲

1. 了解配送运输的特点、影响因素
2. 掌握配送运输的基本作业流程、配送车辆装载作业技术
3. 能够熟练运用车辆调度方法
4. 能够对配送运输线路进行简单优化设计
5. 能根据具体业务要求，进行配送运输线路优化、车辆积载及车辆调度

任务一　配送运输概述

一、配送运输基本知识

（一）配送运输的概念

　　配送运输是指将被订购的货物使用汽车或其他运输工具从供应点送至顾客手中的活动。其间可能是从工厂等生产地仓库直接送给客户，也可能通过批发商、经销商或由配送中心、物流中心转送至客户手中。配送运输通常是一种短距离、小批量、高频率的运输形式。如果单从运输的角度看，它是对干线运输的一种补充和完善，属于末端运输、支线运输。它以服务为目标，以尽可能满足客户要求为优先。从日本配送运输的实践来看，配送的有效距离最好在半径 50 千米以内，我国的配送中心、物流中心，其配送经济里程大约在 30 千米以内。

（二）配送与运输的区别

　　从配送活动的实施过程看，配送包括"配"和"送"两方面的活动。"配"是对货物进行集中、分拣和组配，"送"是将货物送达指定地点或用户手中。

（三）配送运输的特点

1. 时效性

确保在客户指定的时间内交货是客户最重视的因素，也是配送运输服务性的充分体

现。配送运输是从客户到交货的最后环节，也是最容易引起时间延误的环节。影响时效性的因素有很多，除配送车辆故障外，所选的配送线路不当、中途客户卸货不及时等均会造成时间上的延误，因此，必须在认真分析各种因素的前提下，用系统化的思想和原则，有效协调，综合管理，合理地选择配送线路、配送车辆、送货人员，使每位客户在其所期望的时间内能收到所期望的货物。

2. 安全性

配送运输的宗旨是将货物完好无损地送到目的地。影响配送运输安全性的因素有货物的装卸作业、运送过程中的机械震动和冲击及其他意外事故、客户地点及作业环境、配送人员的素质等，因此，在配送运输管理中必须坚持安全性的原则。

3. 沟通性

配送运输是配送的末端服务，它通过送货上门服务直接与客户接触，是与客户沟通最直接的桥梁，代表着公司的形象和信誉，在沟通中起着非常重要的作用，所以，必须充分利用配送运输活动中与客户沟通的机会，巩固和发展公司的信誉，为客户提供更优质的服务。

4. 方便性

配送以服务为目标，以最大限度地满足客户要求为优先，因此，应尽可能地让顾客享受到便捷的服务。通过采用高弹性的送货系统，如紧急送货、顺道送货与退货、辅助资源回收等，为客户提供真正意义上的便利服务。

5. 经济性

实现一定的经济利益是企业运作的基本目标，因此，对合作双方来说，以较低的费用，完成配送作业是企业建立双赢机制、加强合作的基础。

（四）影响配送运输的因素

影响配送运输效果的因素很多。动态因素，如车流量变化、道路施工、配送客户的变动、可供调动的车辆变动等；静态因素，如配送客户的分布区域、道路交通网络、车辆运行限制等。各种因素互相影响，很容易造成送货不及时、配送路径选择不当、贻误交货时间等问题。因此，对配送运输的有效管理极为重要，否则不仅影响配送效率和信誉，而且将直接导致配送成本的上升。

二、配送运输的基本作业程序

（一）划分基本配送区域

为使整个配送有一个可循的基本依据，应首先将客户所在地的具体位置做系统统计并将其作业区域进行整体划分，将每一个客户囊括在不同的基本配送区域之中，以作为下一步决策的基本参考。如，按行政区域或依交通条件划分不同的配送区域，在这一区域划分的基础上再做弹性调整来安排配送。

（二）车辆配载

由于配送货物品种、特性各异，为提高配送效率，确保货物质量，在接到订单后，首先必须将货物依特性进行分类，然后分别选取不同的配送方式和运输工具，如按冷冻食品、速食品、散装货物、箱装货物等分类配载；其次，配送货物也有轻重缓急之分，必须按照先急后缓的原则，合理组织运输配送。

（三）暂定配送先后顺序

在考虑其他影响因素，做出确定的配送方案前，应先根据客户订单要求的送货时间将配送的先后作业次序做概括的预订，为后面车辆积载做好准备工作。计划工作的目的，是保证达到既定的目标，所以，预先确定基本配送顺序既可以有效地保证送货时间，又可以尽可能提高运作效率。

（四）车辆安排

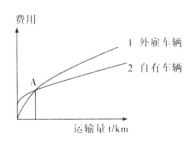

图7-1　经营成本分析

车辆安排要解决的问题是安排什么类型、吨位的配送车辆进行最后的送货。一般企业拥有的车辆有限，当本公司车辆无法满足要求时，可使用外雇车辆。在保证配送运输质量的前提下，是组建自营车队，还是以外雇车为主，则须视经营成本而定，成本分析如图7-1所示。

曲线1表示外雇车辆的运送费用随运输量的变化情况；曲线2表示自有车辆的运送费用随运输量的变化情况。当运输量小于A时，外雇车辆的费用低于自有车辆的费用，所以应选用外雇车辆；当运输量大于A时，外雇车辆的费用高于自有车辆的费用，所以应选用自有车辆。无论是自有车辆还是外雇车辆，都必须首先掌握有哪些车辆可以供调派并符合要求，即这些车辆的容量和额定载重是否满足要求；其次，安排车辆之前，还必须分析订单上货物的信息，如体积、重量、数量等对于装卸的特别要求，综合考虑各方面因素的影响，做出最合适的车辆安排。

（五）选择配送线路

知道了每辆车负责配送的具体客户后，如何以最快的速度完成对这些货物的配送，即如何选择配送距离短、配送时间短、配送成本低的线路，需要根据客户的具体位置、沿途的交通情况等做出优先选择和判断。除此之外，还必须考虑有些客户或其所在地的交通环境对送货时间、车型等方面的特殊要求，如有些客户不在中午或晚上收货，有些道路在高峰期实行特别的交通管制等。

（六）确定最终的配送顺序

做好车辆安排及选择最好的配送线路后，依据各车负责配送的具体客户的先后，即可确定客户的最终派送顺序。

（七）完成车辆积载

明确了客户的配送顺序后，接下来就是如何将货物装车、以什么次序装车的问题，即车辆的积载问题。原则上，知道了客户的配送先后顺序，只要将货物依"后送先装"的顺序装车即可。但有时为了有效利用空间，可能还要考虑货物的性质（怕震、怕压、怕撞、怕湿）、形状、体积及重量等做出弹性调整。此外，对于货物的装卸方法也必须依照货物的性质、形状、重量、体积等来做具体决定。

任务二　配送运输方法

一、整车运输

配送运输一般是较小批量、较短距离、运送次数多的一种运输形式，它可能是从生产厂家直接到客户或其间再经过批发商、零售商，也可能是由配送中心送至客户手中。配送运输要由汽车运输进行，具有城市轨道货运条件的城市可以采用轨道运输，对于跨城市的配送可以采用铁路进行运输，或者在河道水域通过船舶进行。

汽车整车运输是指同一收货人、一次性需要到达同一站点，且适合配送装运 3 t 以上的货物运输，或者货物重量在 3 t 以下，但其性质、体积、形状需要一辆 3 t 以上车辆一次或一批运输到目的地的运输。

图 7-2　汽车运输

（一）整车运输作业基本程序

整车运输作业的基本程序是按客户需求订单备货—验货—配车—配装—装车—发车—运送—卸车交付—运杂费结算—货运事故处理。

整车货物按一次配载的最大载重量计算，最大载重量不足车辆核定载重量时，按车辆核定载重量计算；未装足车辆核定载重量时，按车辆核定载重量核收运费。一个托运人托运整车货物的重量（毛重）低于车辆核定载重量时，为合理使用车辆的载重能力，可以拼装另一托运人托运的货物，即一车两票或多票，但货物总重量不得超过车辆核定载重量。

整车货物运输一般中间环节较少，送达速度快，运输成本较低。通常以整车为基本单位订立运输合同，以便充分体现整车配送运输的可靠、快速、方便、经济等特性。

知识连接：

从江户时代开始，日本的东京就是紧靠运河的城镇，那时的运输手段是以河运为主的。后来，由于建设高速公路的缘故，运河被中断了，有了像毛细血管一样发达的公路网络，因而卡车运输就成了主要的运输方式。

而在美国，由于国土辽阔，航空费也比较便宜，空运就比较发达；在欧洲，从很久以前开始，河流就成为影响城市发展的主要因素，因而船运就很活跃。

运输方式主要是由各地的地理特点、交通基础设施条件等决定的。

（二）整车货物配送运输的生产过程

整车货物运输生产过程是一个多工种的联合作业系统，是社会物流中必不可少的重要过程。这一过程是货物运输的劳动者借助于运输线路、运输车辆、装卸设备、站场等设施，通过各个作业环节，将货物从配送地点运送到客户地点的全过程。它由四个相互关联又彼此有别的过程构成，即运输准备过程、基本运输过程、辅助运输过程和运输服务过程。

1. 运输准备过程

运输准备过程是指在配送货物进行运输之前所做的各项技术性准备工作。包括车型的选择、线路的组合与优化、装卸设备的配置以及运输过程的装卸工艺方案的设计等。

2. 基本运输过程

基本运输过程是运输生产过程的中心环节，是指直接组织货物，从配送点至客户地点完成货物空间位置移动的生产活动，包括起运点装货、车辆途中运行、终点卸货等作业环节。

3. 辅助运输过程

辅助运输过程是指为保证基本运输过程的正常进行，而必须进行的各项辅助性生产活动。它主要包括运输车辆、装卸设备、基础设施的维护及修理作业，以及有关商务事故的预防、处理和费用的结算工作等。

4. 运输服务过程

运输服务过程是指贯穿于基本运输过程和辅助运输过程中的各项服务性工作，如行车燃料、润滑材料及配件的供给，配送货物的包装，储存及保险业务，等等。

整车货物运输生产过程的各个构成部分既是相对独立，又是相互关联的。只有通过运输准备过程、辅助运输过程和运输服务过程，才能使基本运输过程更快捷地与物流的其他环节有机衔接起来，从而保证配送业务的高质量。

二、多点分运

多点分运是在保证满足客户要求的前提下，集多个客户的配送货物进行搭配装载，以充分利用运能、运力，降低配送成本，提高配送效率。

（一）往复式行驶线路

往复式行驶线路一般是指由一个供应点对一个客户的专门送货。从物流优化的角度看，其基本条件是客户的需求量接近或大于可用车辆的核定载重量，需专门派一辆或多辆车一次或多次送货。可以说往复式行驶线路是指配送车辆在两个物流节点间往复行驶的路线类型。根据运载情况，具体可分为三种形式。

1. 单程有载往复式线路

这种行驶线路因为回程不载货，因此其里程利用率较低，一般不到50%。

2. 回程部分有载往复式线路

车辆在回程过程中有货物运送，但货物不是运到线路的终点，而是运到线路的中间某一节点；或是中途载货运到终点。这种行驶线路因为回程部分有载，里程利用率比前一种有了提高，大于50%，但小于100%。

3. 双程有载往复式线路

双程有载往复式线路指车辆在回程运行中全程载有货物运到始点，其里程利用率为100%（不考虑驻车的调空行程）。

（二）环形式行驶线路

环形式行驶线路是指配送车辆在由若干物流节点间组成的封闭回路上，所做的连续单向运行的行驶路线。车辆在环形式行驶路线上行驶一周时，至少应完成两个运次的货物运送任务。由于不同运送任务其装卸作业点的位置分布不同，环形式行驶线路可分为四种形式，即简单环形式、交叉环形式、三角环形式、复合环形式。

（三）汇集式行驶线路

汇集式行驶线路是指配送车辆沿分布于运行线路上各物流节点间，依次完成相应的装卸任务，而且每一运次的货物装卸量均小于该车核定载重量，沿路装或卸，直到整辆车装满或卸空，然后再返回出发点的行驶线路。汇集式行驶线路可分为直线形和环形两类，一般环形的里程利用率可能要高一些。这两种类型的线路各自都可分为分送式、聚集式、分送—聚集式。汇集式直线形线路实质是往复式行驶线路的变形。

1. 分送式

分送式指车辆沿运行线路上各物流节点依次进行卸货，直到卸完所有待卸货物返回出发点的行驶线路。

2. 聚集式

聚集式指车辆沿运行线路上各物流节点依次进行装货，直到装完所有待装货物返回出发点的行驶线路。

3. 分送—聚集式

分送—聚集式指车辆沿运行线路上各物流节点分别或同时进行装、卸货，直到装或卸完所有待运货物返回出发点的行驶线路。车辆在汇集式行驶线路上运行时，其调度工作组织较为复杂。有时虽然完成了指定的运送任务，但其完成的运输周转量却不尽相同。这是因为车辆所完成的运输周转量与车辆沿线上各物流节点的绕行次序有关。

（四）星形行驶线路

星形行驶线路是指车辆以一个物流节点为中心，向其周围多个方向上的一个或多个节点行驶而形成的辐射状行驶线路。

三、快运

（一）快运的含义

根据《道路零担货物运输管理办法》的有关规定，快件货运是指接受委托的当天 15时起算，300 km 运距内，24 h 内送达；1 000 km 运距内，48 h 内送达；2 000 km 运距内，72 h 送达。

快运是对配送中运输基本方法的一种改进，主要有中、短距离的快件运输。送达时间、运费一般由双方协商而定，而且配送中心通常还应配有快速备货通道。有时货物运输量虽不足车辆的核定吨位，但仍需专门运输一趟。因此快运的送达特别及时。

（二）快运的特点

送达速度快；配装手续简单快捷；实行承诺制服务；可随时进行信息查询。

（三）快运业务操作流程

快运业务操作流程是通过电话、传真、电子邮件接受客户的委托—快速通道备货—分拣—包装—发货—装车—快速运送—货到分发—送货上门—信息查询—费用结算。

（四）快运的基本形式

1. 定点运输

定点运输指按发货地点固定车辆专门完成一些相对固定的货物配送任务的运输组织形式。在组织定点运输时，除了根据任务固定车辆或车队外，还应实行有关装卸人员和装卸设备的固定及调度员在该工作点的固定。

2. 定时运输

定时运输指根据客户的需求量计划，车辆按编制的运行计划所拟定的行车时刻表来进行工作的运输组织形式。

3. 特快运输

特快运输指根据客户的临时需求，快速反应，进行快速备货，调用待发车辆，快速送达到客户手中。

4. 联合快运

联合快运指充分利用几种运输方式的网络优势进行优化配送运输，实现快捷性、经济性。

四、其他运输方式

（一）零担货物运输

1. 零担货物运输的特点

零担货物运输是汽车货物运输中相对独立的一个部分，相对于其他汽车运输，零担货物运输有其独有的特点。

（1）货源不确定

零担货物运输的货物流量、货物数量、货物流向具有一定的不确定性，并且多为随机发生，难以通过运输合同方式将其纳入计划管理范围。

（2）组织工作复杂

零担货物运输货运环节多，作业工艺细致，对货物配载和装载要求也相对较高。因此，作为零担货物运输作业的主要执行者——货运站，要完成零担货物质量的确认，货物的积、配、载等大量的业务组织工作。

（3）单位运输成本较高

为了适应零担货物运输的需求，货运站要配备一定的仓库、货栅、站台，以及相应的装卸、搬运、堆置的机具和专用厢式车辆，此外，相对于整车货物运输而言，零担货物周转环节多，更易于出现货损、货差，赔偿费用相对较高，因此，导致了零担货物运输成本较高。

正因为零担货物运输具有与整车货物运输不同的特点，零担货物运输是整车货物运输的重要补充，随着商品经济的发展，适应商品流通需要，零担运输不断完善，这主要表现在以下3个方面：第一，零担货物运输非常适合商品流通中具有品种繁多、小批量、多批次、价高贵重、时间紧迫、到站分散等特点的货物。第二，零担货物运输可承担一定的行李、包裹的运输，成为客运工作的有力支持者。第三，零担货物运输机动灵活，对于具有竞争性、时令性和急需的零星货物运输具有尤为重要的意义，因为零担货物运输可以做到上门取货、就地托运、送货到家、代办中转、手续简便、运送快速，能有效地缩短货物的送达时间，加速资金周转。

2. 零担运输的分类

零担车指装运零担货物的车辆，按照发送时间的不同可分成固定式和非固定式两大类。

（1）固定式零担车

固定式零担车通常称为汽车零担货运班车，这种零担货运班车一般是以营运范围内零担货物流量、流向，以及货主的实际要求为基础组织运行。运输车辆主要以厢式专用车为主，实行定车、定期、定线、定时运行。零担货运班车主要采取以下几种方式运行。

①直达式零担班车

直达式零担班车是指在起运站将各个发货人托运的同一到站，且性质适宜配载的零担货物，同车装运后直接送达目的地的一种货运班车。

②中转式零担班车

中转式零担班车是指在起运站将各个发货人托运的同一线路、不同到达站且性质允许配装的各种零担货物，同车装运至规定中转站，卸后复装，重新组成新的零担班车运往目的地的一种货运班车。

③沿途式零担班车

沿途式零担班车是指在起运站将各个发货人托运同一线路不同到达站，且性质允许配装的各种零担货物，同车装卸后，在沿途各计划停靠站卸下或装上零担货物再继续前进，直至最后终点站的一种货运班车。

在上述三种零担班车运行模式中，以直达式零担班车经济性最好，是零担班车的基本形式，它具有以下4个特点：第一，避免了不必要的换装作业，节省了中转费用，减轻了中转站的作业负担。第二，减少了在途时间，提高了零担货物的运送速度，有利于加速车辆周转和物资调拨。第三，减少了货物在中转站的作业，有利于运输安全和货物完好，减少事故，确保质量。第四，在仓库内集结待运时间少，充分发挥仓库货位的利用程度。

（2）非固定式零担车

非固定式零担车是指按照零担货流的具体情况，临时组织而成的一种零担车，通常在新辟零担货运线路或季节性零担货物线路上使用。

（二）零担货运业务流程

零担货物运输业务是根据零担货运工作的特点，按照流水作业构成的一种作业程序，具体主要业务流程如下。

1. 受理托运

受理托运是指零担货物承运人根据营运范围内的线路、站点、运距、中转车站、各车站的装卸能力、货物的性质及收运限制等业务规则和有关规定接受托运零担货物，办理托运手续。受理托运时，必须由托运人认真填写托运单，承运人审核无误后方可承运。

在受理托运时，可根据受理零担货物数量、运距以及车站作业能力采用不同的受理制度。

（1）随时受理制

这种受理制度对托运日期无具体规定，在营业时间内，发货人均可将货物送到托运站办理托运，为货主提供了很大的方便性。但是这种受理制不能事先组织货源，缺乏计划性。因此，货物在库时间长，设备利用率低。在实际操作中，随时受理制主要被作业量小的货运站、急运货物货运站，以及始发量小、中转量大的中转货运站采用。

（2）预先审批制

预先审批制要求发货人事先向货运站提出申请，车站再根据各个发货方向及站别的运量，结合站内设备和作业能力加以平衡，分别指定日期进货集结，组成零担班车。

（3）日历承运制

日历承运制是指货运站根据零担货物流量和流向规律，编写承运日期表，事先公布，发货人则按规定日期来站办理托运手续。采用日历承运制可以有计划、有组织地进行零担货物运输，便于将去向和到站比较分散的零担货流合理集中，组织直达零担班车，可以均衡安排起运站每日承担零担货物的数量，合理使用货运设备，便于物资部门安排生产和物资调拨计划，提前做好货物托运准备工作。

2. 过磅起票

零担货物受理人员在收到托运单后，应及时验货过磅，认真点件交接，做好记录，按托运单编号填写标签及有关标志，填写"零担运输货票"收取运杂费。

3. 仓库保管

零担货物仓库应严格划分货位，一般可分为待运货位、急运货位、到达待交货位。零担仓库的货位配置方法根据与通车道位置，可分成一列式排列和双列式排列。货物进出仓库要按照清单入库或出货，做到以票对货，票票不漏，货票相符。

零担货物仓库要具备良好的通风能力、防潮能力、防火和灯光设备、安全保卫能力。为了使货物免受雨淋和提高装卸效率，仓库或货栅尽可能设置于站台上。货物装卸站台一般分成直线形和阶梯形，根据车辆进行作业时与站台的相互位置，直线形又可分成平行式和垂直式。

4. 配载装车

零担货物的配载原则：一是中转先运、急件先运、先托先运、合同先运。二是尽量采用直达式方式，必须中转的货物，则应合理安排流向。三是充分利用车辆载货量和容积。四是严格执行货物混装限制规定。五是加强预报中途各站的待运量，并尽可能使同站装卸的货物在质量及体积上相适应。

装车准备工作：一是按车辆容载量和货物的形状、性质进行合理配载，填制配装单和货物交接单。填单时应按货物先远后近、先重后轻、先大后小、先方后圆的顺序填写，以便按清单顺次装车，对不同到达站和中转的货物要分单填制。二是将整理后各种随货单证分附于交接清单后面。三是按清单核对货物堆放位置，做好装车标记。

完成上述工作后，即可按交接清单的顺序和要求点件装车，装车时应注意：一是将贵重物品放在防压、防撞的位置保证运输安全。二是装车完毕后要复查货位，以免错装、漏装。三是驾驶员（或随车理货员）清点随车单证并签章确认。四是检查车辆关锁及遮盖捆扎情况。

5. 车辆运行

零担货运班车必须严格按期发车，按规定线路行驶，在中转站要由值班人员在行车路单上签证。

任务三　配送运输车辆调度

一、车辆运行调度

车辆运行调度是配送运输管理的一项重要的职能，是指挥监控配送车辆正常运行、协调配送生产过程以实现车辆运行作业计划的重要手段。

（一）车辆运行调度工作的内容

1. 编制配送车辆运行作业计划

编制配送车辆运行作业计划包括编制配送方案、配送计划、车辆运行计划总表、分日配送计划表、单车运行作业计划等。

2. 现场调度

根据货物分日配送计划、车辆运行作业计划和车辆动态分派配送任务，即按计划调派车辆，签发行车路单；勘察配载作业现场，做好装卸车准备；督促驾驶员按时出车；督促车辆按计划送修进保。

3. 随时掌握车辆运行信息，进行有效监督

如发现问题，应采取积极措施，及时解决和消除，尽量减少配送生产导致的中断时间，使车辆按计划正常运行。

4. 检查计划执行情况

检查计划执行情况包括检查配送计划和车辆运行作业计划的执行情况。

（二）车辆运行调度工作的原则

车辆运行计划在组织执行过程中常会遇到一些难以预料的问题，如客户需求发生变化、装卸机械发生故障、车辆运行途中发生技术障碍、临时性路桥阻塞等。针对以上情况，需要调度部门有针对性地加以分析和解决，随时掌握货物状况、车况、路况、气候变化、驾驶员状况、行车安全等，确保运行作业计划顺利进行。车辆运行调度工作应贯彻以下原则。

1. 坚持从全局出发、局部服从全局的原则

在编制运行作业计划和实施运行作业计划过程中，要从全局出发，保证重点，统筹兼顾，运力安排应贯彻"先重点、后一般"的原则。

2. 安全第一、质量第一原则

在配送运输生产过程中，要始终把安全工作和质量管理放在首要位置。

3. 计划性原则

调度工作要根据客户订单要求认真编制车辆运行作业计划，并以运行计划为依据，监督和检查运行作业计划的执行情况，按计划配送货物，按计划送修送保车辆。

4. 合理性原则

要根据货物性能、体积、重量、车辆技术状况、道路桥梁通行条件、气候变化、驾驶员技术水平等因素合理调派车辆。在编制运行作业计划时，应科学合理地安排车辆的运行路线，有效地降低运输成本。

（三）车辆调度方法

车辆调度的方法有多种，可根据客户所需货物、配送中心站点及交通线路的布局不同而选用不同的方法。简单的运输可采用定向专车运行调度法、循环调度法、交叉调度法等。如果配送运输任务量大，交通网络复杂时，为合理调度车辆的运行，可运用运筹学中线性规划的方法，如最短路法、表上作业法、图上作业法等。

图上作业法是将配送业务量反映在交通图上，通过对交通图初始调运方案的调整，求出最优配送车辆运行调度方法。运用这种方法时，要求交通图上没有货物对流现象，以运行路线最短、运费最低或行程利用率最高为优化目标。其基本步骤为：第一步，绘制交通图。根据客户所需货物汇总情况、交通线路、配送点与客户点的布局，绘制出交通示意图。第二步，将初始调运方案反映在交通图上。第三步，检查与调整。

（四）经验调度法和运输定额比法

在有多种车辆时，车辆使用的经验原则为尽可能使用能满载运输的车辆进行运输。如运输 5 t 的货物，安排一辆 5 t 载重量的车辆运输。在能够保证满载的情况下，优先使用大型车辆，且先载运大批量的货物。一般而言，大型车辆能够保证较高的运输效率和较低的运输成本。

图 7 - 3　运输配送

二、影响配送运输合理化的因素

影响配送运输合理化的因素包括外部因素和内部因素两个方面。

（一）外部因素

影响配送运输合理化的外部因素主要来自以下两个方面：

1. 交通运输网络布局及交通流状况

配送运输是主要发生在城市内部及城市间经济里程半径为 50～350 km 范围内的运输活动，服务区域内的道路交通布局及交通流状况决定了配送运输的成本、速度及服务的一致性。

2. 配送中心规划布点

配送中心在区域内的规划布点在一定程度上决定了配送运输的距离、时间、客户服务范围，布点不合理可能产生迂回运输和过远运输等不合理运输，会影响配送运输的成本和服务水平。

（二）内部因素

影响配送运输合理化的内部因素包括以下 5 个方面。

1. 运输距离

在配送过程中，运输时间、货损、运费、车辆或船舶周转等运输的若干技术经济指标，都与运输距离有一定的比例关系。因此，运距长短是配送运输是否合理的一个最基本因素，缩短运距既具有宏观的社会效益，也具有微观的企业效益。

2. 运输环节

每增加一次运输环节，不但会增加起运的运费和总运费，而且必然要增加运输的附属活动，如装卸、包装等，各项技术经济指标也会因此下降。所以，减少运输环节，尤其是同类运输工具的环节，对合理运输有促进作用。

3. 运输工具

各种运输工具都有其使用的优势领域，对运输工具进行优化选择，按运输工具特点进行装卸运输作业，最大限度地发挥所用运输工具的作用，是运输合理化的重要一环。

4. 运输时间

在全部配送时间中，运输时间占较大部分，因而运输时间的缩短对整个流通时间的缩短有决定性作用。此外，运输时间短，有利于运输工具的加速周转，充分发挥运力的作用；有利于运输线路通过能力的提高，对运输合理化有很大贡献。

5. 运输费用

运输费用在全部配送成本中占很大比例，运输费用的降低，无论对客户来讲还是对配送中心来讲，都是运输合理化的一个重要指标。运输费用的判断，也是各种合理化配送是否行之有效的最终判断依据之一。

三、配送运输合理化

（一）不合理配送运输的表现形式

1. 迂回运输

由于道路交通网络的纵横交错及车辆的机动性、灵活性，在配送中心与送货地点之间往往有不同的运输路径可供选择。凡不经过最短路径的绕道运输，均称为迂回运输。

2. 过远运输

过远运输是一种舍近求远的配送运输，多发生在多点配送中。在配送作业规划时，当有多个配送据点时，不就地或就近获取某种物资，却舍近求远，拉长运输距离，造成运力浪费。造成过远运输这一不合理现象的原因可能很复杂，其中配送中心规划布点是影响因素之一。另外，配送中心对供应商的选择及商品采购计划的不合理也可能会造成过远运输。

3. 重复运输

重复运输是同一批货物运抵目的地后没有经任何加工和必要的作业，又重新装运到别处的现象。多发生在配送过程中多余的中转、倒装、虚耗装卸费用，造成非生产性停留，增加了货物作业量；延缓了送货速度，增加了货损，也增加了费用。

4. 无效运输

无效运输是指被运输的货物没有进行合理的配送加工作业，造成货物杂质较多，或包装过度、物流容器等辅助工具的不合理，使运输能力浪费于不必要物资的运输，造成运力的浪费。

5. 运输方式及运输工具选择不当

运输方式及运输工具选择不当是指未考虑各种运输工具的优缺点，而进行不适当的选择，所造成的不合理运输。有以下几种常见形式：

（1）违反水陆分工使用，弃水走陆的运输

弃水走陆运输是指从甲地到乙地的货物运输，有铁路、水路、公路等多种运输方式可供选择，但是将适合水路或水陆联运的货物改为用铁路或公路运输，从而使水运的优势得不到充分发挥。

（2）铁路短途运输

铁路短途运输是指不足铁路的经济运行里程却选择铁路进行运输。

（3）水运的过近运输

水运的过近运输是指不足船舶的经济运行里程却选择水路进行运输。载运工具选择不当，实载率过低造成运力的浪费。

（二）合理配送运输措施

1. 推行一定综合程度的专业化配送

通过采用专业设备、设施和操作程序，取得较好的配送效果，并降低配送综合化的复杂程度及难度，从而追求配送合理化。

2. 推行加工配送

通过将加工与配送相结合，充分利用本来应有的中转，而不增加新的中转来求得配送合理化。同时，加工借助于配送，目的更明确，而且与客户的联系更紧密，避免了盲目性。这两者的有机结合，投入增加不太多，却可追求两个优势、两个效益，是配送合理化的重要经验。

3. 推行共同配送

共同配送其实质就是在同一个地区，许多企业在物流运作中互相配合，联合运作，共同进行理货、送货等活动的一种组织形式。通过共同配送，可以最近的路程、最低的配送成本来完成配送，从而追求配送合理化。

4. 实行送取结合

配送企业与用户建立稳定的协作关系。配送企业不仅是用户的供应代理人，而且还是用户的储存据点，甚至为其产品代销人。在配送时，将用户所需的物资送到，再将该用户生产的产品用同一车运回，这种产品也成了配送中心的配送产品之一，或者为生产企业代存代储，免去了其库存包袱。这种送取结合，使运力充分利用，也使配送企业功能有更大的发挥，从而追求配送合理化。

5. 推行准时配送系统

准时配送是配送合理化的重要内容。配送做到了准时，用户才有资源把握，才可以放心地实施低库存或零库存，才可以有效地安排接货的人力、物力，以追求最高效率的工作。另外，保证供应能力，也取决于准时供应。

6. 推行即时配送

即时配送是最终解决用户企业所担心的供应间断问题，大幅度提高供应保证能力的重要手段。即时配送是配送企业快速反应能力的具体化，是企业配送能力的体现。即时配送成本较高，但它是整个配送合理化的重要保证手段。此外，用户实现零库存，即时配送也是其重要的保证手段。

7. 推行产地直接配送

配送产地直送化将有效缩短流通渠道，优化物流过程，大幅度降低物流成本。特别是对于大批量、需求量稳定的货物，产地直送的优势将更加明显。

8. 实现区域配送

配送的区域扩大化趋势突破了一个城市的范围，发展为区间、省间，甚至是跨国的更大范围的配送，即配送范围向周边地区、全国乃至全世界辐射。配送区域扩大化趋势将进一步带动国际物流，使配送业务向国际化方向发展。

9. 实现配送的信息化、自动化

配送信息化就是直接利用计算机网络技术重新构筑配送系统。信息化是其他先进物流技术在配送领域应用的基础。配送作业的自动化突破了体力劳动和手工劳动的传统模式，出现了大量自动化程度相当高的自动化立体仓库，大大提高了配送效率。

10. 提倡多种配送方式最优组合

每一种配送方式都有其优点，多种配送方式和手段的最优化组合，将有效解决配送过程、配送对象、配送手段等复杂问题，以求得配送效益最大化。

11. 提高运输工具实载率

实载率有两个含义：一是单车实际载重与运距之乘积和核定载重与行驶里程之乘积的比率。这在安排单车、单船运输时，是作为判断装载合理与否的重要指标。二是车船的统计指标，即一定时期内车船实际完成的物品周转量（以吨公里计）占车船载重吨位与行驶公里乘积的百分比。在计算车船行驶的公里数时，不但包括载货行驶路程，也包括空驶行程。

提高实载率的意义在于：充分利用运输工具的额定能力，减少车船空驶和不满载行驶的时间，减少浪费，从而求得运输的合理化。配送的优势之一就是将多个客户需要的物品和一家需要的多种物品实行配装，以达到容积和载重的充分合理运用。与以往自家提货或一家送货车辆的回程空驶的状况相比，这是运输合理化的一个进展。在铁路运输中，采用整车运输、整车拼装、整车分卸及整车零卸等具体措施，都是提高实载率的有效途径。

12. 减少动力投入，增加运输能力

这种合理化的要点是少投入，多产出，走高效益之路。配送运输的投入主要是能耗和载运工具的初始投资，在现有的运输能力基础上，大力发展节能型车辆、使用低成本能源可以在一定程度上降低单位运输成本，达到配送运输合理化的目的。

13. 充分合理地利用社会运力，发展合作化配送运输

配送中心使用自有车辆，自我服务，其规模有限，难以形成规模经济效益，经常会出现空驶、亏载等浪费。以合同经营或合作经营方式充分合理地利用社会运输资源，可以在一定程度上降低配送中心的设备投入，提高载运工具的利用率，从而达到降低配送运输成本的目的。

14. 合理规划配送运输线路，运用科学的方法进行运力调度

配送是在合理的区域内进行的短距离运输，配送线路规划是配送运输业务管理的重要内容，合理的线路规划可以减少空驶，缩短运输总里程，提高配送运输的送达速度，提高配送的服务水平。

任务四　配送车辆积载技术

一、影响配送车辆积载的因素

（一）货物特性因素

如轻泡货物，由于车辆容积的限制和运行限制（主要是超高），而无法满足吨位，造成吨位利用率降低。

（二）货物包装情况

如车厢尺寸不与货物包装容器的尺寸成整倍数关系，则无法装满车厢。如货物宽度80 cm，车厢宽度220 cm，将会剩余60 cm。

（三）不能拼装运输

应尽量选派核定吨位与所配送的货物数量接近的车辆进行运输，或按有关规定而必须减载运行，比如有些危险品必须减载运送才能保证安全。

（四）由于装载技术的原因，造成不能装足吨位

车辆核定吨位满载运行时，就表示车辆的载运能力得到充分利用，即吨位利用率达到百分之百，但如果包装或集装不合理会造成吨位不足。

二、车辆积载的原则

（一）轻重搭配原则

车辆装货时，必须将重货置于底部，轻货置于上部，避免重货压坏轻货，并使货物重心下移，从而保证运输安全。

（二）大小搭配原则

货物包装的尺寸有大有小，为了充分利用车厢的内容积，可在同一层或上下层合理搭配不同尺寸的货物，以减少车厢内的空隙。

（三）货物性质搭配原则

拼装在一个车厢内的货物，其化学性质、物理属性不能互相抵触。如不能将散发臭味的货物与具有吸臭性的食品混装；不将散发粉尘的货物与清洁货物混装。

（四）合理化原则

到达同一地点的适合配装的货物应尽可能一次积载。确定合理的堆码层次及方法，可根据车厢的尺寸、容积、货物外包装的尺寸来确定。

装载时不允许超过车辆所允许的最大载重量，装载易滚动的卷状、桶状货物，要垂直摆放，货与货之间、货与车辆之间应留有空隙并适当衬垫，防止货损。

装货完毕，应在门端处采取适当的稳固措施，以防开门卸货时，货物倾倒造成货损，尽量做到"后送先装"。

三、提高车辆装载效率的具体办法

研究各类车厢的装载标准，根据不同货物和不同包装体积的要求，合理安排装载顺序，努力提高装载技术和操作水平，力求装足车辆核定吨位。根据客户所需要的货物品种和数量，调派适宜的车型承运，这就要求配送中心根据经营商品的特性，配备合适的车型结构。凡是可以拼装运输的，尽可能拼装运输，但要注意防止差错。

四、配送车辆装载与卸载

（一）装卸的基本要求

装载、卸载总的要求是"省力、节能、减少损失、快速、低成本"。

1. 装车前应对车厢进行检查和清扫

因货物性质不同，装车前需对车辆进行清洗、消毒，必须达到规定要求。

2. 确定最恰当的装卸方式

在装卸过程中，应尽量减少或根本不消耗装卸的动力，利用货物本身的重量进行装卸。如利用滑板、滑槽等。同时应考虑货物的性质及包装，选择最适当的装卸方法，以保证货物的完好。

3. 合理配置和使用装卸机具

根据工艺方案科学地选择并将装卸机具按一定的流程合理地布局，以达到搬运装卸的路径最短。

4. 力求减少装卸次数

物流过程中，发生货损、货差的主要环节是装卸，而在整个物流过程中，装卸作业又是反复进行的，从发生的频数来看，超过其他环节。装卸作业环节不仅不增加货物的价值和使用价值，反而有可能增加货物破损的概率和延缓整个物流作业速度，从而增加物流成本。

5. 防止货物装卸时的混杂、散落、漏损、砸撞

特别要注意有毒货物不得与食用类货物混装，性质相抵触的货物不能混装。

6. 防止货损、货差

装车的货物应数量准确，捆扎牢靠，做好防丢措施；卸货时应清点准确，码放、堆放整齐，标志向外，箭头向上。

7. 提高货物集装化或散装化作业水平

成件货物集装化、粉粒状货物散装化是提高作业效率的重要手段。所以，成件货物应尽可能集装成托盘系列、集装箱、货捆、货架、网袋等货物单元再进行装卸作业。各种粉粒状货物尽可能采用散装化作业，直接装入专用车、船、库。不宜大量化的粉粒状也可装入专用托盘、集装箱、集装袋内，提高货物活性指数，便于采用机械设备进行装卸作业。

8. 做好装卸现场组织工作

装卸现场的作业场地、进出口通道、作业流程、人机配置等布局设计应合理，使现有的和潜在的装卸能力充分发挥或发掘出来。避免由于组织管理工作不当造成装卸现场拥挤、紊乱现象，以确保装卸工作安全顺利完成。

（二）装卸的工作组织

货物配送运输工作的目的在于不断谋求提高装卸工作质量及效率、加速车辆周转、确保物流效率。因此，除了强化硬件之外，在装卸工作组织方面也要给予充分重视，做好装卸组织工作。

1. 制订合理的装卸工艺方案

用"就近装卸"方法或用"作业量最小"法。在进行装卸工艺方案设计时应该综合考虑，尽量减少"二次搬运"和"临时放置"，使搬运装卸工作更合理。

2. 提高装卸作业的连续性

装卸作业应按流水作业原则进行，工序间应合理衔接，必须进行换装作业的，应尽可能采用直接换装方式。

3. 装卸地点相对集中或固定

装载、卸载地点相对集中，便于装卸作业的机械化、自动化，可以提高装卸效率。

4. 力求装卸设施、工艺的标准化

为了促进物流各环节的协调，就要求装卸作业各工艺阶段间的工艺装备、设施与组织管理工作相互配合，尽可能减少因装卸环节造成的货损货差。

（三）装车堆积

装车堆积是在具体装车时，为充分利用车厢载重量、容积而采用的方法。一般是根据所配送货物的性质和包装来确定堆积的行、列、层数及码放的规律。

1. 堆积的方式

堆积的方式有行列式堆码方式和直立式堆码方式。

2. 堆积应注意的事项

堆码方式要有规律、整齐，堆码高度不能太高，车辆堆装高度一是受道路高度限制，二是道路运输法规规定。如大型货车的高度从地面起不得超过 4 m；载重量 1 000 kg 以上的小型货车不得超过 2.5 m；载重量 1 000 kg 以下的小型货车不得超过 2 m。

货物在横向不得超出车厢宽度，前端不得超出车身，后端不得超出车厢的长度为：大货车不超过 2 m；载重量 1 000 kg 以上的小型货车不得超过 1 m；载重量 1 000 kg 以下的小型货车不得超过 50 cm。

堆码时应重货在下，轻货在上；包装强度差的应放在包装强度好的上面。货物应大小搭配，以利于充分利用车厢的载容积及核定载重量，按顺序堆码，先卸车的货物后码放。

（四）绑扎

绑扎是配送发车前的最后一个环节，也是非常重要的环节，是在配送货物按客户订单全部装车完毕后，为了保证货物在配送运输过程中的完好，以及为避免车辆到达各客户点卸货开箱时发生货物倾倒，而必须进行的一道工序。

绑扎时主要考虑以下几点：一是绑扎端点要易于固定而且牢靠。二是可根据具体情况选择绑扎形式。三是应注意绑扎的松紧度，避免货物或其外包装损坏。

绑扎的形式：单件捆绑；单元化、成组化捆绑；分层捆绑；分行捆绑；分列捆绑。

绑扎的方法：平行绑扎；垂直绑扎；相互交错绑扎。

任务五　配送车辆优化

一、配送线路设计

配送线路设计就是整合影响配送运输的各种因素，适时适当地利用现有的运输工具和道路状况，及时、安全、方便、经济地将客户所需的商品准确地送达客户手中。在配送运输线路设计中，需根据不同客户群的特点和要求，选择不同的线路设计方法，最终达到节省时间、运距和降低配送运输成本的目的。

配送运输由于配送方法的不同，其运输过程也不尽相同，影响配送运输的因素很多，如车流量的变化、道路状况、客户的分布状况和配送中心的选址、道路交通网、车辆定额载重量以及车辆运行限制等。

二、直送式配送运输

直送式配送运输，是指由一个供应点对一个客户的专门送货。从物流优化的角度看，直送式客户的基本条件是其需求量接近于或大于可用车辆的额定重量，需专门派一辆或多辆车一次或多次送货。因此，直送情况下，货物的配送追求的是多装快跑，选择最短配送线路，以节约时间、费用，提高配送效率。即直送问题的物流优化，主要是寻找物流网络中的最短线路问题。

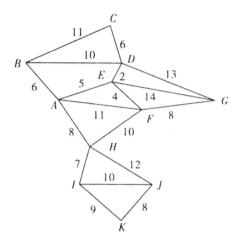

图7－4　物流网络示意图

三、分送式配送运输

分送式配送运输是指由一个供应点对多个客户的共同送货。其基本条件是同一条线路上所有客户的需求量总和不大于一辆车的额定载重量，送货时，由这一辆车装着所有客户的货物，沿着一条精心挑选的最佳路线依次将货物送到各个客户手中，这样既保证按时按量将用户需要的货物及时送到，又节约了车辆，节省了费用，缓解了交通紧张的压力，并减少了运输对环境造成的污染。

（一）节约法的基本规定

利用节约里程法确定配送路线的主要出发点是，根据配送方的运输能力及其到客户之间的距离和各客户之间的相对距离来制定使配送车辆总的周转量达到或接近最小的配送方案。

假设条件：配送的是同一种或相类似的货物，各用户的位置及需求量已知，配送方有足够的运输能力，设状态参数为 t_{ij}。

利用节约法制订出的配送方案除了使总的周转量最小外，还应满足：第一，方案能满足所有客户的到货时间要求。第二，不使车辆超载。第三,，每辆车每天的总运行时间及里程满足规定的要求。

（二）节约法的基本思想

假设 P_0 为配送中心，分别向用户 P_i 和 P_j 送货。P_0 到 P_i 和 P_j 的距离分别为 D_{0i} 和 D_{0j}，两个用户 P_i 和 P_j 之间的距离为 D_{ij}。送货方案只有两种，即配送中心 P_0 向用户 P_i、P_j 分别送货和配送中心 P_0 向用户 P_i、P_j 同时送货。

比较两种配送方案：

方案（a）的配送路线为：$P_0 \rightarrow P_i \rightarrow P_0 \rightarrow P_j \rightarrow P_0$，配送距离为 $D_a = 2D_{0i} + 2D_{0j}$。

方案（b）的配送路线为：$P_0 \rightarrow P_i \rightarrow P_j \rightarrow P_0$，配送距离为 $D_b = D_{0i} + D_{0j} + D_{ij}$。

显然，D_a 不等于 D_b，我们用 S_{ij} 表示里程节约量，即方案（b）比方案（a）节约的配送里程：

$$S_{ij} = D_{0i} + D_{0j} - D_{ij}$$

四、扫描法配送

（一）基本原理

配送路线设计中的扫描法很简单，即使问题规模很大，也可以通过手工计算得出结果。如果利用计算机程序计算，能够很快求出结果，所需的计算机内存也不大。对于各类问题，该方法的平均误差率预计约为10%。如果我们需要很快得出结果，且只要求结果是合理的（而不是最优的），那么该误差水平还是可以接受的。实际上，调度员常常要在接到有关站点和各站点货运量最新数据后一小时内设计出路线。该方法的缺陷与路线构成方式有关。求解过程分为两步：第一步是分派车辆服务的站点；第二步是决定行车路线。因为整个过程分成两步，所以对诸如在途中运行时间和时间窗口等时间问题处理得不好。

（二）扫描法基本步骤

第一步：在地图或方格图中确定所有站点（含仓库）的位置。第二步：自仓库始沿任一方向向外画一条直线，沿顺时针或逆时针方向旋转该直线直到与某站点相交。如果在某线路上增加该站点，是否会超过车辆的载货能力？如果没有，继续旋转直线，直到与下一个站点相交。再次计算累计货运量是否超过车辆的运载能力（先使用最大的车辆）。如果超过，就剔除最后的那个站点，并确定路线。随后，从不包含在上一条线路中的站点开始，继续旋转直线以寻找新路线。继续该过程直到所有的站点都被安排到路线中。第三步：排定各路线上每个站点的顺序使行车距离最短。如果每个经停点的货量只占车辆运力的很小比重，或所有车同样大，或路上没有时间限制，则扫描法可以得到很好的解释。

本章练习

一、判断题

1. 从配送活动的实施过程看，配送包括"配"和"送"两方面的活动。（　　）

2. 多点分运是在不能保证满足客户要求的前提下，集多个客户的配送货物进行搭配装载，以充分利用运力，降低配送成本，提高配送效率。（　　）

3. 迂回行驶线路是指配送车辆在由若干物流节点间组成的封闭回路上，所做的连续单向运行的行驶路线。（　　）

4. 往复式行驶线路指车辆沿运行线路上各物流节点依次进行卸货，直到卸完所有待卸货物返回出发点的行驶线路。（　　）

5. 环形式行驶线路是指车辆以一个物流节点为中心，向其周围多个方向上的一个或

多个节点行驶而形成的辐射状行驶线路。(　　)

二、单项选择题

1. 在货物运输的车辆装载中, 一般货物容重大的货物往往达到车辆载重量时, (　　)。

A. 容积空间剩余甚大

B. 容积空间剩余甚小

C. 没有空间剩余

D. 容积空间足够

2. 影响配送运输的因素有动态因素和(　　)。

A. 静态因素

B. 经济因素

C. 文化因素

D. 客观因素

3. (　　)一般中间环节较少, 送达速度快, 运输成本低。

A. 零担货物运输

B. 整车货物运输

C. 拼厢货物运输

D. 集装货物运输

4. (　　)行驶路线一般是指由一个供应点对一个客户的专门送货。

A. 环形式

B. 垂直式

C. 往复式

D. 汇集式

5. (　　)直线形线路实质是往复式行驶线路的变形。

A. 汇集式

B. 分送式

C. 分送—聚集式

D. 多点分运式

三、简答题

1. 什么是配送运输？

2. 配送运输具有哪些特点？

3. 配送与运输有何区别？

4. 配送运输基本作业程序包括哪些环节？

5. 车辆积载原则是什么？

项目八 生鲜食品的冷链加工与流通

任务导入

生鲜食品是现代生活必需品中一个很重要的部分，与其他物品相比，它的经营方法比较独特，这主要源自产品的易腐易烂性。近年来，随着人们对食品安全的关注，生鲜食品的冷链物流也逐渐引起了人们的关注。通过学习本章的内容，使读者了解生鲜食品的冷链加工与流通的知识。

学习大纲

1. 理解生鲜食品低温保鲜的原理，生鲜食品冷却的目的
2. 阐述不同冷加工方法的原理和冷加工设备的优缺点
3. 掌握生鲜食品冷加工的各种工艺方法及使用的对象、相应的温度要求
4. 了解生鲜食品流通加工的概念、类型，生鲜食品常用的包装材料及其特性，常用的包装技术
5. 能根据实际需要针对不同的生鲜食品采用不同的冷加工工艺，以及不同的包装材料和包装技法

任务一 生鲜食品冷链加工概述

一、生鲜食品冷加工的原理

生鲜食品在常温下贮藏，时间长了会发生腐败变质，其主要原因是食品中的酶进行的生化反应和微生物的生命活动。酶的催化作用和微生物的生命活动，都需要在一定的温度和水分情况下进行。如果降低贮藏温度，酶的活性就会减弱，微生物的生长、繁殖也会减慢，就可以延长生鲜食品的贮藏期。此外，低温下大多数微生物新陈代谢会被破坏，其细胞内积累的有毒物质及其他过氧化物能导致其死亡。当生鲜食品的温度降至 −18℃ 以下时，生鲜食品中90%以上的水分都会变成冰，所形成的冰晶还可以以机械的方式破坏微生物细胞，细胞或失去养料，或因部分原生质凝固，或因细胞脱水等造成微生物死亡。因此，冻结的生鲜食品可以更长期地贮藏。

为了保持果蔬等植物性食品的鲜活状态，一般都在冷却的状态下进行贮藏。果蔬采摘后仍然是具有生命力的有机体，还在进行呼吸活动，并能控制引起食品变质的酶的作用，对外界微生物的侵入也有抵抗能力。降低贮藏环境的温度，可以减弱其呼吸强度、降低物

质的消耗速度，从而延长贮藏期。但是，贮藏温度也不能降得过低，否则会引起果蔬活体的生理病害，以至冻伤。所以，果蔬类食品应放在不发生冷害的低温环境下贮藏。此外，如鲜蛋也是活体食品，当温度低于冻结点，其生命活动也会停止。因此，活体食品一般都是在冷却状态下进行低温贮藏。

鱼、禽、畜等动物性食品在贮藏时，因其细胞都已死亡，其自身不能控制引起食品变质的酶的作用，也无法抵抗微生物的侵袭。因此，贮藏动物性食品时，要求在其冻结点以下的温度保藏，以抑制酶的作用、微生物的繁殖和减慢食品内的化学变化，从而较长时间地维持食品的品质。

图 8 - 1　生鲜食品

二、生鲜食品冷加工工艺

生鲜食品的冷加工工艺主要指生鲜食品的冷却、冻结、冷藏、冰温贮藏、微冻贮藏和解冻的方法，是利用低温保藏生鲜食品和加工生鲜食品的最佳方法。

（一）生鲜食品的冷却

生鲜食品的冷却是指将生鲜食品的温度降低到某一指定的温度，但不低于生鲜食品汁液的冻结点。生鲜食品的冷却温度通常在 10℃ 以下，其下限为 -2 ~ 4℃。冷却贮藏可延长生鲜食品的贮藏期，并能保持其新鲜状态。但由于在冷却温度下，细菌、霉菌等微生物仍能生长繁殖，特别是冷却的动物性食品只能进行短期贮藏。

（二）生鲜食品的冻结

生鲜食品的冻结是指将生鲜食品的温度降低到其汁液的冻结点以下，使生鲜食品中的大部分水分冻结成冰。冻结温度带国际上推荐为 -18℃ 以下。冻结生鲜食品中微生物的生命活动及酶的生化作用均受到抑制、水分活度下降，因此可进行长期贮藏。

（三）生鲜食品的冷藏

生鲜食品的冷藏是指生鲜食品保持在冷却或冻结终了温度的条件下，将其低温贮藏一定时间。根据生鲜食品冷却或冻结加工温度的不同，冷藏又可分为冷却生鲜食品的冷藏和冻结生鲜食品的冷藏两种。冷却生鲜食品的温度范围上限是15℃，下限是0℃～4℃，冻结生鲜食品的冷藏温度一般为－18℃以下。对一些多脂鱼类（如鲱鱼、鲐鱼）和冰淇淋，欧美国家建议冷藏温度为－30℃～－25℃，少脂鱼类（如鳕鱼、黑线鳕）为－20℃，日本用来做生鱼片的金枪鱼，为长期保持其红色，防止氧化，采用了－40℃甚至－70℃的低温。生鲜食品的贮藏在同等条件下，温度越低，贮藏时间越长。例如，鳕鱼在15℃时只能贮藏1天，在6℃时可贮藏5～6天，在0℃时可贮藏15天，在－18℃时可贮藏6～8个月，在－23℃时可贮藏8～10个月，在－30～－25℃时可贮藏1年。

（四）生鲜食品的冰温贮藏

生鲜食品的冰温贮藏是将生鲜食品贮藏在0℃以下至各自的冻结点范围内，它属于非冻结冷藏。冰温保鲜的原理就是将生鲜食品的温度控制在冰温带内，使组织处于将冻而未冻的状态以保持其鲜活，从而使生鲜食品的后熟过程在一个特定的低温环境下进行，不会出现冻结生鲜食品在解冻过程中产生的冻结损伤，而且各种理化变化极度降低，可以延缓生鲜食品腐败，使固有品质得以保持，同时，还能逐渐积累与鲜度有关的氨基酸。

作为继冷藏及气调贮藏之后的第三代保鲜技术，生鲜食品的冰温贮藏优势明显。利用冰温贮藏保存的生鲜食品，比0℃以上保存方法的时间长一倍左右，比－8℃保存方法的营养流失率低。冰温贮藏的优点主要有：第一，不破坏食品细胞；第二，有害微生物的活动及各种酶的活性受到抑制；第三，能够降低食品呼吸活性，减少食品营养物质流失，延长食品的保质期；第四，能够提高水果、蔬菜的品质。其中第四点是冷藏及气调贮藏方法都不具备的优点。但冰温贮藏也有缺点：第一，可利用的温度范围狭小，一般为－0.5℃～2.0℃，故温度带的设定十分困难；第二，配套设施的投资较大。

（五）生鲜食品的微冻贮藏

微冻贮藏又叫部分冷冻或过冷却贮藏，一般用于水产品的贮藏。微冻贮藏是将水产品的温度降低到冰点和冰点以下1℃～2℃进行保藏。作为水产品的主要腐败微生物，嗜冷菌在0℃生长缓慢，温度继续下降，生长繁殖受到抑制，低于－10℃时生长繁殖完全停止。另外，经过微冻鱼体中的水分会发生部分冻结，鱼体中的微生物中水分也会发生部分冻结，从而影响微生物的生理生化反应，抑制了微生物的生长繁殖。因此，水产品微冻保鲜的保鲜期是4℃冷藏的2.5～5倍。

（六）生鲜食品的解冻

生鲜食品的解冻是指将冻结的生鲜食品溶解，恢复到冻结前新鲜状态的过程。解冻可以看成是冻结的逆过程，对于作为加工原料的冻结品，一般只需升温至半解冻状态即可。

任务二 生鲜食品冷却方法与装置

一、生鲜食品冷却的目的

冷却是对水果、蔬菜等植物性食品进行冷加工的常用方法。采收后的水果、蔬菜等植物性食品仍是有生命的有机体，在贮藏过程中还在进行呼吸作用，放出的呼吸热如果不能及时排出会使其温度升高而加快衰老过程，因此，水果、蔬菜自采收起就应及时进行冷却，以除去田间热和呼吸热，并降低其呼吸作用，从而延长其贮藏期。例如，对于草莓、葡萄、樱桃、生菜、胡萝卜等品种，采收后早一天冷却处理，往往可以延长储藏期半个月至一个月。但是，马铃薯、洋葱等品种由于收获前生长在地下，收获时容易破皮、碰伤，因此需要在常温下进行愈伤呼吸，养好伤后再进行冷却贮藏。值得注意的是，果蔬类植物性食品的冷却温度不能低于发生冷害的临界温度，否则会破坏果蔬正常的生理机能，出现冷害。

冷却也是短期保存肉类的有效手段。目前受到国内外广泛关注的冷鲜肉，又叫冷却肉、排酸肉、冰鲜肉，准确地说应该叫"冷却排酸肉"，就是严格执行兽医检疫制度，对屠宰后的畜胴体迅速进行冷却处理，使胴体温度（以后腿肉中心为测量点）在 24 小时内降为 0~4℃，并在后续加工、流通和销售过程中始终保持在 0~4℃ 范围内的生鲜肉。由于始终处于低温控制下，酶的活性和大多数微生物的生长繁殖被抑制，肉毒梭菌和金黄色葡萄球菌等病原菌分泌毒素的速度大大降低。另外，冷鲜肉经历了较为充分的成熟过程，质地柔软有弹性，汁液流失少，口感好，滋味鲜美。同时，冷鲜肉在冷却环境下表面形成一层干油膜，不仅能够减少肉体内部水分蒸发，使肉质柔软多汁，而且可阻止微生物的侵入和繁殖，延长肉的保藏期限。冷鲜肉的保质期可达一星期以上，而一般热鲜肉的保质期只有 1~2 天。再者，经过冷却"后熟"以后，冷鲜肉肌肉中肌原纤维的连接结构会变得脆弱并断裂成小片段，会使肉的嫩度增加，肉质得到改善。如果想长期贮藏，必须把肉类冻结，使温度降到 -18℃ 或以下，才能有效地抑制酶、非酶及微生物的作用。另外，冷却肉与冻结肉相比较，由于没有经过冻结过程中水变成冰晶和解冻过程中冰晶融化成水的过程，因此在品质各方面更接近于新鲜肉，因而更受消费者的欢迎。发达国家的超级市场里基本上都是冷鲜肉，甚至提出不吃冻结肉的观念。随着消费者对食品安全和质量的重视，我国肉类行业也存在着由低温肉制品和冷鲜肉取代传统生鲜肉的消费趋势。中国少数大型肉类加工企业已经觉醒，如双汇、金锣等已经开设肉类连锁店，大批量生产销售冷鲜肉，冷鲜肉经济、实惠、方便，深受消费者的欢迎，有放心肉之称，市场反应强烈，发展势头迅猛。

二、生鲜食品冷却的方法

生鲜食品的冷却方法有真空冷却、差压式冷却、通风冷却、冷水冷却、碎冰冷却等。根据生鲜食品的种类及冷却要求的不同，可以选择合适的冷却方法。

三、生鲜食品冷却的原理与设备

（一）真空冷却的原理与设备

真空冷却又名减压冷却，是通过制造低压环境强迫水分从食品表面和内部快速蒸发以获取冷量的一种快速制冷技术。它的原理是水在不同压力下有不同的沸点，如在正常的101.3 kPa压力下，水在100℃沸腾，当压力为0.66 kPa时，水在1℃就沸腾。生鲜食品中的水在沸腾汽化时会吸收热量，从而达到使之冷却的目的。标准的真空冷却过程为：一是把食品放进真空室，关上真空门并开启真空泵；二是当压力达到与食品初始温度对应的饱和压力时（"闪点"），水分开始快速蒸发，并吸收大量热量使得食品迅速被冷却，"闪点"之前的制冷量很小，通常被忽略；三是当真空室压力降到终压并维持一段时间之后，食品的最高温部分达到目标温度，真空冷却过程结束。

真空冷却不仅仅适用于生菜、蘑菇、卷心菜、菠菜等蔬菜，也适用于切花、烘焙食品、米饭、小块熟肉、水产品。近年来，茶叶蛋、豆腐、草莓、水果切片、面制品、水煮汤圆等生产商也都尝试着将真空冷却技术作为冷却替代技术之一。收获后的蔬菜经挑选、整理，装入打孔的塑料箱内，然后推入真空槽，关闭槽门，开动真空泵和制冷机。当真空槽内压力下降至0.66 kPa时，水在1℃下沸腾，需吸收约2496 kJ/kg的热量，大量的汽化热使蔬菜本身的温度迅速下降到1℃。因冷却速度快，水分汽化量仅为2%～4%，不会影响到蔬菜新鲜饱满的外观。真空冷却是蔬菜的各种冷却方式中冷却速度最快的一种。冷却时间虽然因蔬菜的种类不同稍有差异，但一般用真空冷却设备需20～30 min；差压式冷却装置需4～6 h；通风冷却装置约需12 h；冷藏库冷却需15～24 h。真空冷却设备具有冷却速度快、冷却均匀、品质高、保鲜期长、损耗小、干净卫生、操作方便、可包装后冷却等优点。但也存在设备初次投资大，运行费用高等缺点。

真空冷却设备的核心部件是真空室和真空泵。真空冷却设备需配有冷冻机，这不是用于直接冷却蔬菜的，而是因为常压下1 ml的水，当压力变为599.5 Pa、温度为0℃时，体积要增大近21万倍，此时就要使用二级真空泵来抽，消耗很多电能，也不能使真空槽内压力快速降下来，用了制冷设备，就可以使大量的水蒸气重新凝结成水，保持了真空槽内稳定的真空度。必要时，也会在真空室上安装喷水装置和渗气装置。对于鱼香肉丝等熟食快餐的快速冷却，必须安装油过滤装置和易更换的快速清洗装置，必要时可以考虑安装紫外线杀菌装置。

（二）空气冷却方式及其装置

真空冷却设备对表面水分容易蒸发的叶菜类，以及部分根菜和水果可发挥较好的作用，但对难以蒸发水分的苹果、胡萝卜等水果、根菜以及禽、蛋等食品就不能发挥作用了。这些食品的冷却就得利用空气冷却及后面介绍的冷水冷却等。空气冷却的方式主要有以下三种。

1. 冷藏间冷却

将需冷却食品放在冷藏库内预冷却，称为室内冷却。这种冷却主要以冷藏为目的，库内由自然对流或小风量风机送风。它的优点是操作简单，但存在冷却速度慢，冷却对象有限的缺点。一般只限于苹果、梨等产品，对易腐和成分变化快的水果、蔬菜不合适。冷藏间冷却生鲜食品时冷却与冷藏同时进行。

2. 通风冷却

又称为空气加压式冷却。它与自然冷却的区别是配置了较大风量、风压的风机，所以又称为强制通风冷却方式。这种冷却方式的冷却速率比冷藏间冷却快，但不及差压式冷却。

3. 差压式冷却

这是近几年开发的新技术，如图 8 - 2 所示的为差压式冷却的装置。将食品放在吸风口两侧，并铺上盖布，使高、低压端形成 2 ~ 4 kPa 压差，利用这个压差，使 -5℃ ~10℃的冷风以 0.3 ~ 0.5 m/s 的速度通过箱体上开设的通风孔，顺利地在箱体内流动，用此冷风进行冷却。根据食品种类不同，差压式冷却一般需 4 ~ 6h，有的可在 2 h 左右完成。一般最大冷却能力为 70m² 的货物占地面积，若大于该值，可对贮藏空间进行分隔，在每个小空间设吸气口。

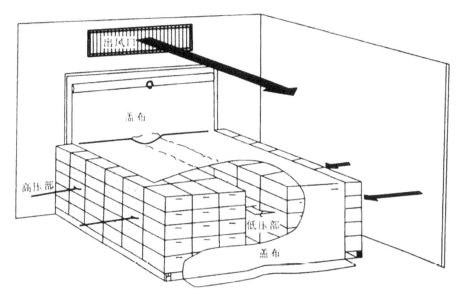

图 8 - 2 差压式冷却装置

差压式冷却具有能耗小、冷却速度快（相对于其他空气冷却方式）、冷却均匀、可冷却的品种多、易于由强制通风冷却改建的优点。但也有食品干耗较大、货物堆放（通风口要求对齐）麻烦、冷库利用率低等缺点。

（三）冷水冷却及其设备

冷水冷却是用 0℃ ~3℃ 的低温水作为冷媒，把被冷却食品冷却到要求温度。水与空气相比，热容量大，冷却效果好。冷水冷却设备一般有三种形式：喷水式、浸渍式、混合式。

喷水式冷水冷却设备主要由冷却水槽、传送带、冷却隧道、水泵和制冷系统等部件组成。在冷却水槽内设冷却盘管，由压缩机制冷，使盘管周围的水部分结冰，因而冷却水槽中放的是冰水混合物，泵将冷却的水抽到冷却隧道的顶部，被冷却食品则从冷却隧道的传送带上通过。冷却水从上向下喷淋到食品表面，冷却室顶部的冷水喷头根据食品不同而大小不同：对耐压产品，喷头孔较大，为喷淋式；对较柔软的品种，喷头孔较小为喷塞式，以免由于水的冲击造成食品损坏。

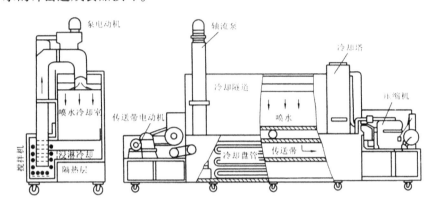

图8-3　喷水式冷水冷却设备

浸渍式冷却设备中，一般在冷水槽底部有冷却排管，上部有放冷却食品的传达带。将欲冷却食品放入冷却槽中浸没，靠传送带在槽中移动，经冷却后输出。冷水冷却设备适用于家禽、鱼、蔬菜、水果的冷却，冷却速度较快，无干耗。但冷水被污染后，就会通过冷水介质传染给其他食品，影响食品冷却质量。

（四）碎冰冷却

冰是一种很好的冷却介质，冰融化成水，要吸收334 kJ/kg的相变潜热。用碎冰冷却生鲜食品时，碎冰与生鲜食品直接接触，冰在融化时从生鲜食品吸收热量而使生鲜食品冷却。碎冰冷却主要用于鱼的冷却，此外它也可以用于水果、蔬菜等的冷却。此方法操作简单，成本低，但冷却速度较慢。为了提高碎冰冷却的效果，应使冰尽量细碎，以增加冰与被冷却食品的接触面积。碎冰冷却中可以用淡水冰，也可以用海水冰，不过用海水冰冷却鱼类比淡水冰的好，因海水冰融点比淡水冰的低（-1℃），并有较强的抑制酶活性的作用，用海水冰保藏的鱼类可不失去天然色泽和硬度，海水冰可在渔船出海过程中在船上自行产生，有片状、柱状、雪花状等多种。用冰冷却的鱼不能长期保藏，一般为8～10天，最多不超过13～14天。用防腐冰或抗生素冰可延长冷却鱼的贮藏期。例如，用次氯酸钠冰冷却鱼，可保藏17～18天。

四、生鲜食品冷却时的变化

（一）水分蒸发（干耗）

食品在冷却时，不仅食品的温度下降，而且食品中汁液的浓度会有所增加，食品表面水分蒸发，出现干燥现象。当食品中的水分减少后，不但造成质量损失（俗称干耗），而且使植物性食品失去新鲜饱满的外观。当减重达到5％时，水果、蔬菜会出现明显的凋萎现象。肉类食品在冷却贮藏中也会因水分蒸发而发生干耗，同时肉的表面收缩、硬化，形成干燥皮膜，肉色也有变化。鸡蛋在冷却贮藏中，因水分蒸发而造成气室增大，使蛋内组织挤压在一起而造成质量下降。

为了减少水果、蔬菜类食品在冷却时的水分蒸发量，要根据它们各自的水分蒸发特性，控制其适宜的湿度、温度及风速。

（二）冷害

在冷却贮藏时，有些水果、蔬菜的品温虽然在冻结点以上，但当贮藏温度低于某一界限温度时，果蔬正常的生理机能遇到障碍，失去平衡，这称为冷害。冷害症状随品种的不同而各不相同，最明显的症状是表皮出现软化斑点和核周围肉质变色，像西瓜表面凹斑、鸭梨的黑心病、马铃薯的发甜等。

另有一些水果、蔬菜，在外观上看不出冷害的症状，但冷藏后再放到常温中，就丧失了正常的促进成熟作用的能力，这也是冷害的一种。例如，香蕉放入低于11.7℃的冷藏室内一段时间，拿出冷藏室后表皮变黑成腐烂状，俗称"见风黑"，而生香蕉的成熟作用能力则已完全失去。一般来说，产地在热带、亚热带的果蔬容易发生冷害，必须强调的是，需要在低于界限温度的环境中放置一段时间冷害才能显现，症状出现最早的品种是香蕉，而像黄瓜、茄子一般则需要10～14天的时间。

（三）移臭（串味）

有强烈香味或臭味的食品，与其他食品放在一起冷却贮藏，这香味或臭味就会传给其他食品。这样，食品原有的风味就会发生变化，使品质下降。有时，一间冷藏室内放过具有强烈气味的物质后，在室内留下的强烈气味会串给接下来放入的食品。要避免上述两种情况，就要求在管理上做到专库专用，或在一种食品出库后严格消毒和除味。另外，冷藏库还具有一些特有的臭味，俗称冷臭，这种冷臭也会串给冷却食品。

（四）生理作用

水果、蔬菜在收获后仍是有生命的活体，为了运输和贮藏的便利，一般在尚未完全成熟时收获，因此收获后有一个后熟过程。在冷却贮藏过程中，如果条件合适，水果、蔬菜的呼吸作用使后熟作用仍能继续进行，体内所含的成分也不断发生变化。如淀粉和糖的比例，糖和酸的比例，果胶物质的变化，维生素C的减少等，还可看到香味、颜色、硬度的变化。

（五）成熟作用

刚屠宰的动物的肉是柔软的，并具有很高的持水性，经过一段时间放置后，就会进入僵硬阶段，此时肉质变得粗硬，持水性也大大降低。继续延长放置时间，肉就会进入解僵阶段，此时肉质又变软，持水性也有所恢复。进一步放置，肉质就进一步柔软，口味、风味也有极大的改善，达到了最佳食用状态。这一系列变化是体内进行的一系列生物化学变化和物理化学变化的结果。由于这一系列的变化，使肉类变得柔嫩，并具有特殊的鲜、香风味。肉的这种变化过程称为肉的成熟，是一种受人欢迎的变化。由于动物种类的不同，成熟作用的效果也不同。对猪、家禽等肉质原来就较柔嫩的品种来讲，成熟作用不十分重要，但对牛、绵羊、野禽等，成熟作用就十分重要，它对肉质的软化与风味的增加有显著的效果，提高了它们的商品价值。但是，必须指出的是，成熟作用如果进行得过分的话，肉质就会进入腐败阶段，一旦进入腐败阶段，肉类的商品价值就会下降甚至丧失。

（六）脂类的变化

冷却贮藏过程中，食品中所含的油脂会发生水解、脂肪酸的氧化、聚合等复杂的变化，其反应生成的低级醛、酮类物质会使食品的风味变差、味道恶化，使食品出现变色、酸败、发黏等现象。这种变化进行得非常严重时，就被人们称为"油烧"。

（七）淀粉老化

普通淀粉大致由20%的直链淀粉和80%的支链淀粉构成，这两种成分形成微小的结晶，这种结晶的淀粉称为β-淀粉。淀粉在适当温度下，在水中溶胀分裂形成均匀的糊状溶液，这种作用称为糊化作用。糊化作用实质上是把淀粉分子间的氢键断开，水分子与淀粉形成氢键，形成胶体溶液。糊化的淀粉又称为α-淀粉。食品中的淀粉是以α-淀粉的形式存在的，但是在接近0℃的低温范围内，糊化了的α-淀粉分子又自动排列成序，形成致密的高度晶化的不溶性淀粉分子，迅速出现了淀粉的老化，老化的淀粉不易为淀粉酶作用，所以也不易被人体消化吸收。水分含量在30%~60%的淀粉最易老化，含水量在10%以下的干燥状态及在大量水中的淀粉都不易老化。

淀粉老化作用的最适温度是2~4℃，例如，面包在冷却贮藏时淀粉迅速老化，味道就变得很不好吃。又如土豆放在冷藏陈列柜中贮存时，也会有淀粉老化的现象发生。当贮存温度低于-20℃或高于60℃时，均不会发生淀粉老化现象。因为低于-20℃时，淀粉分子间的水分急速冻结，形成冰结晶，阻碍了淀粉分子间的相互靠近而不能形成氢键，所以不会发生淀粉老化的现象。

（八）微生物的增殖

食品中的微生物若按温度划分，可分为低温细菌、中温细菌和高温细菌。在冷却、冷藏状态下，微生物特别是低温微生物，它的繁殖和分解作用并没有被充分抑制，只是速度变得缓慢了一些，其总量还是增加的，如时间较长，就会使食品发生腐败。

低温细菌的繁殖在0℃以下变得缓慢，但如果要它们停止繁殖，一般温度要降低到-10℃以下，对于个别低温细菌，在-40℃的低温下仍有繁殖现象。

（九）寒冷收缩

宰后的牛肉在短时间内快速冷却，肌肉会发生显著收缩，以后即使经过成熟过程，肉质也不会十分软化，影响品质，这种现象称为寒冷收缩。一般来说，快速冷却容易发生寒冷收缩，以牛、羊肉最为明显。一般来说，宰后10 h内，肉温降低到8℃以下，容易发生寒冷收缩现象。但这温度与时间并不固定，成牛与小牛，或者同一头牛的不同部位的肉都有差异。例如，成牛发生寒冷收缩的肉温低于8℃，而小牛的肉温则低于4℃。按照过去的概念，肉类宰杀后要迅速冷却，但近年来由于冷却肉的销售量不断扩大，为了避免寒冷收缩的发生，国际上正研究不引起寒冷收缩的冷却方法。

任务三 生鲜食品的冻结方法与装置

一、生鲜食品冻结的目的

生鲜食品冻结的目的是移去生鲜食品中的显热和潜热，在规定的时间内将生鲜食品的温度降低到冻结点以下，使生鲜食品中的可冻水分全部冻结成冰。达到冻结终了温度后，送往冻结物冷藏间贮藏。因为生鲜食品可近似看作溶液，而溶液在冻结的过程中，随着固相冰不断析出，剩余液相溶液的浓度不断提高，冰点不断下降，其完全冻结温度远低于0℃。

对于生鲜食品材料，因含有许多成分，冻结过程从最高冻结温度（或称初始冻结温度）开始，在较宽的温度范围内不断进行，一般至 -40℃才完全冻结（有的个别生鲜食品到 -95℃还没有完全冻结）。目前，国际上推荐的冻结温度一般为 -18℃或 -40℃。冻结生鲜食品中微生物的生命活动及酶的生化作用均受到抑制，水分活度下降，冷冻生鲜食品可以作长期贮藏。

生鲜食品在冻结过程中所含水分要结冰，鱼、肉、禽等动物性食品若不经前处理直接冻结，解冻后的感官品质变化不大，但水果、蔬菜类植物性食品若不经前处理直接冻结，解冻后的感官品质就会明显恶化。所以蔬菜冻前需进行烫漂，水果要进行加糖或糖液等前处理后再去冻结。如何把食品冻结过程中水变成冰结晶及低温造成的影响减小或抑制到最低限度，是冻结工序中必须考虑的技术关键。

二、生鲜食品冻结的方法与装置

（一）食品的冻结方法

1. 冻结的基本方式

按生鲜食品在冷却、冻结过程中放出的热量被冷却介质（气体、液体或固体）带走的方式进行如下分类。

（1）鼓风式冻结

鼓风式冻结是用空气作冷却介质，使其强制循环以冻结生鲜食品的方法。鼓风式冻结是目前应用最广泛的一种冻结方法。由于空气的表面传热系数较小，在静止空气中冻结的速度很慢，故工业生产中已不大采用。增大风速，能使冻品表面传热系数增大，这样冻结速度可以加快。

（2）接触式冻结

这种冻结方法的特点是将被冻食品放置在两块金属平板之间，依靠导热来传递热量。因为金属的热导率比空气的表面传热系数大数十倍，所以接触式冻结法的冻结速度快。它主要适用于冻结块状或规则形状的食品。

半接触式冻结法主要是指被冻生鲜食品的下部与金属板直接接触，靠导热传递热量。上部由空气强制循环，进行对流换热，加快食品冻结。

（3）液化气体喷淋冻结

液化气体喷淋冻结，又称为深冷冻结。这种冻结方法的主要特点是，将液态氮或液态二氧化碳直接喷淋在食品表面进行急速冻结。用液氮或液态二氧化碳冻结生鲜食品时，其冻结速度很快，冻品质量也高，但要注意防止生鲜食品的冻裂。

（4）沉浸式冻结

沉浸式冻结的主要特点是将被冻生鲜食品直接沉浸在不冻液（盐水、乙二醇、丙二醇、酒精溶液或糖溶液）中进行冻结。由于液体的表面传热系数比空气的大好几十倍，故沉浸式冻结法的冻结速度快，但不冻液需要满足食品卫生要求。

2. 快速冻结与慢速冻结

国际制冷学会对食品冻结速度的定义做了如下规定：食品表面至热中心点的最短距离与食品表面温度达到0℃后，食品热中心点的温度降至比冻结点低10℃所需时间之比，称为该食品的冻结速度 v（cm/h）。

目前国内使用的各种冻结装置，由于性能不同，冻结速度差别很大。一般鼓风式冻结装置的冻结速度为0.5 ~ 3 cm/h，属中速冻结；流态化冻结装置的冻结速度为5 ~ 10 cm/h，液氮冻结装置的冻结速度为10 ~ 100 cm/h，均属快速冻结装置。

（二）食品的冻结装置

1. 鼓风式冻结装置

鼓风式冻结装置发展很快、应用很广，有间歇式、半连续式、连续式三种基本形式。在气流组织、冻品的输送传递方式上，均有不同的特点与要求，因此就有不同形式的冻结装置。下面介绍几种连续式鼓风冻结装置。

（1）钢带连续式冻结装置

这种冻结装置是在连续式隧道冻结装置的基础上发展起来的。钢带连续式冻结装置换热效果好。被冻食品的下部与钢带直接接触，进行导热换热，上部为强制空气对流换热，故冻结速度快。在空气温度为 - 35℃ ~ - 30℃时，冻结时间随冻品的种类、厚度不同而异，一般在8 ~ 40 min。为了提高冻结速度，在钢带的下面加设一块铝合金平板蒸发器（与钢带相紧贴），这样换热效果比单独钢带的要好，但安装时必须注意钢带与平板蒸发器的紧密接触。

另一种结构形式是用不冻液（常用氯化钙水溶液）在钢带下面喷淋冷却，代替平板蒸发器。虽然可起到接触式导热的效果，但是不冻液盐水系统需增加盐水蒸发器、盐水泵、管道、喷嘴等许多设备，同时盐水对设备的腐蚀问题需要很好解决。

由于网带或钢带传动的连续冻结装置占地面积大，进一步研究开发出多层传送带的螺旋式冻结装置。这种传送带的运动方向不是水平的，而是沿圆周方向做螺旋式旋转运动，这就避免了水平方向传动因长度太长而造成占地面积大的缺点。

螺旋冻结装置主要由转筒、不锈钢网带（传送带）、空气冷却器（蒸发器）、网带（传送带）清洗器、变频调速装置、隔热外壳等部件组成。不锈钢网带的一侧紧靠在转筒上。靠摩擦力和转筒的传送力，使网带随着转筒一起运动。网带需专门设计，它既可直线运行，也可缠绕在转筒的圆周上在转筒的带动下做圆周运动。当网带脱离转筒后，依靠链轮带动。因此，即使网带很长，网带的张力却很小，动力消耗不大。网带的速度由变频调速装置进行无级调速。冻结时间可在 20 min ~ 2.5 h 范围内变化，故可适应多种冻品的要求，从食品原料到各种调理食品，都可在螺旋冻结装置中进行冻结，这是一种发展前途很大的连续冻结装置。

（2）气流上下冲击式冻结装置

气流上下冲击式冻结装置是连续式隧道冻结装置的一种最新形式，因其在气流组织上的特点而得名。在这种冻结装置中，由空气冷却器吹出的高速冷空气，分别进入上、下两个静压箱。在静压箱内，气流速度降低，由动压转变为静压，并在出口处装有许多喷嘴，气流经喷嘴后，又产生高速气流（流速在 30 m/s 左右）。此高速气流垂直吹向不锈钢网带上的被冻食品，使其表层很快冷却。被冻食品的上部和下部都能均匀降温，达到快速冻结。这种冻结装置是 20 世纪 90 年代美国约克公司开发出来的。我国目前也有类似产品，并且将静压箱出口处设计为条形风道，不用喷嘴风道，出口处的风速可达 15 m/s。

（3）流态化冻结装置

流态化冻结的主要特点是将被冻食品放在开孔率较小的网带或多孔槽板上，高速冷空气流自下而上流过网带或槽板，将被冻食品吹起呈悬浮状态，使固态被冻食品具有类似于流体的某些表现特性。在这样的条件下进行冻结，称为流态化冻结。

流态化冻结的主要优点为：换热效果好，冻结速度快，冻结时间短；冻品脱水损失少，冻品质量高；可实现单体快速冻结（IQF），冻品相互不黏结；可进行连续化冻结生产。

流态化冻结装置按机械传送方式，可分为以下三种基本形式。

①带式（不锈钢网带或塑料带）流态化冻结装置

这是一种使用最广泛的流态化冻结装置，大多采用两段式结构，即被冻食品分成两区段进行冻结。第一区段主要为食品表层冻结，使被冻食品进行快速冷却，将表层温度很快降到冻结点并冻结，使颗粒间或颗粒与转送带间呈离散状态，彼此互不黏结；第二区段为冻结段，将被冻食品冻结至热中心温度 -18℃ ~ -15℃。带式流态化冻结装置具有变频调速装置，对网带的传递速度进行无级调速。蒸发器多数为铝合金管与铝翅片组成的变片距结构，风机为离心式或轴流式（风压较大，一般在 490 Pa 左右）。这种冻结装置还附有振动滤水器、斗式提升机和布料装置、网带清洗器等设备。

②振动式流态冻结装置

这种冻结装置的特点，是被冻食品在冻品槽内，由连杆机构带动做水平往复式振动，以增加流化效果。它具有气流脉动机构，由电动机带动的旋转式风门组成，按一定的速度旋转，使通过流化床和蒸发器的气流流量不断增减，搅动被冻食品层，从而可更有效地冻结各种软嫩和易碎食品。风门的旋转速度是可调的，可调节至各种被冻食品的最佳脉动旁通气流量。

③斜槽式（固定板式）流态冻结装置

斜槽式（固定板式）流态冻结装置的特点是无传送带或振动筛等传动机构，主体部分为一块固定的多孔底板（称为槽），槽的进口稍高于出口，被冻食品在槽内依靠上吹的高速冷气流，使其得到充分流化，并借助于具有一定倾斜角的槽体，向出料口流动。料层高度可由出料口的导流板进行调节，以控制冻结时间和冻结能力，这种冻结装置具有构造简单、成本低、冻结速度快、流化质量好、冻品温度均匀等特点。在蒸发温度为 −40℃ 以下、垂直向上风速为 6 ~ 8 m/s、冻品间风速为 1.5 ~ 5 m/s 时，冻结时间为 5 ~ 10 min。这种冻结装置的主要缺点是：风机功率大，风压高（一般在 980 ~ 1370 Pa），冻结能力较小。

2. 接触式冻结装置

平板冻结装置是接触式冻结方法中最典型的一种。它是由多块铝合金为材料的平板蒸发器组成，平板内有制冷剂循环通道。平板进出口接头由耐压不锈钢软管连接。平板间距的变化由油压系统驱动进行调节，将被冻食品紧密压紧。由于食品与平板间接触紧密，且铝合金平板具有良好的导热性能，故其传热系数高。当接触压力为 7 ~ 30 kPa 时，传热系数可达 98 ~ 120 W/（m² · K）。

3. 液氮喷淋冻结装置

与一般的冻结装置相比，液氮或液态二氧化碳冻结装置的冻结温度更低，所以常称为低温或深冷冻结装置。这种冻结装置中，没有制冷循环系统，冻结设备简单、操作方便、维修保养费用低，冻结装置功率消耗很小，冻结速度快（比平板冻结装置快 5 ~ 6 倍），冻品脱水损失少，冻品质量高。

三、新冷冻技术在食品中的应用

（一）被膜包裹冻结技术

被膜包裹冻结技术，也称为冰壳冻结技术，包括被膜形成、缓慢冷却、快速冷却、冷却保存四个步骤。该方法具有较多的优点：食品冻结时形成的被膜可以抑制食品膨胀变形；限制冷却速度，形成的冰晶细微，不会产生大的冰晶；防止细胞破坏，产品可以自然解冻食用；食品组织口感好，没有老化现象。

（二）超声冷冻技术

超声冷冻技术是利用超声波作用改善食品冷冻过程。其优势在于超声可以强化冷冻过程传热、促进食品冷冻过程的冰结晶、改善冷冻食品品质等方面。超声波作用引发的各种效应，能使边界层减薄，接触面积增大，传热阻滞减弱，有利于提高传热速率，强化传热过程。研究表明，超声波能促进冰结晶的成核和抑制晶体生长。

（三）高压冷冻技术

高压冷冻技术利用压力的改变控制食品中水的相变行为，在高压条件（200 ~ 400

MPa）下，将食品冷却到一定温度，此时水仍不结冰，然后迅速解除压力，在食品内部形成粒度小而均匀的冰晶体，而且冰晶体积不会膨胀，能够减少对食品组织内部的损伤，获得能保持原有食品品质的冷冻食品。

（四）冰核活性细菌冻结技术

对生物冰核的研究领域正不断拓宽和深入，已从冰核细菌发展到冰核真菌，目前已报道了 4 属 11 种冰核真菌，除 3 种为地衣真菌外，其余的 8 种均属于镰刀菌属。利用冰核细菌辅助冷冻的优势在于：可以提高食品物料中水的冻结点，缩短冷冻时间，节省能源；促进冰晶的生长，形成较大尺寸的冰晶，在降低冷冻操作成本的同时，使后续的冰晶与浓缩物料的分离变得容易；使食品物料在冰晶上的夹带损失降低，提高了冰晶纯度，减少固形物损失。在待冷冻食品物料中添加冰核细菌的冷冻技术在食品冷冻干燥和果汁冷冻浓缩中已有应用。

（五）生物冷冻蛋白技术

生物冷冻蛋白技术是在食品物料中直接添加胞外生物冷冻蛋白聚体。细菌胞外冷冻蛋白的活性比整个冰核细胞的更高，可获得有序的纤维状薄片结构的冰晶体，有效改善了冷冻食品的质地和提高了冷冻效率。

（六）即时冻结系统

即时冻结系统是由动磁场与静磁场组合，从壁面释放出微小的能量，使食品中的水分子呈细小且均一化状态，然后将食品从过冷却状态立即降温到 −23℃ 以下而被冻结。由于最大限度地抑制了冻晶膨胀，食品的细胞组织没有被破坏，解冻后能恢复到食品刚制作时的色、香、味和鲜度，且无液汁流失现象，口感和保水性都得到较好保持。

（七）减压冷冻技术

减压冷冻技术是由真空冷却、低温保存和气体贮藏组成，它具有低温和低氧的特点，抑制了微生物生长和呼吸，减少了氧气和二氧化碳对食品的影响（损害）。因此，减压冷冻保藏不仅有快速冷冻、延长保藏时间和提高贮藏质量的优点，也延长了食品的货架期。

四、食品冻结时的变化

（一）物理变化

1. 体积膨胀、产生内压

水在 4℃ 时体积最小，因而密度最大，为 1000 kg/m³。0℃ 时水结成冰，食品冻结时，体积约增加 9%，在食品中体积约增加 6%。冰的温度每下降 1℃，体积收缩 0.005% ~ 0.01%。两者相比，膨胀比收缩大得多，所以含水分多的食品冻结时体积会膨胀。食品冻结时，首先是表面水分结冰，然后冰层逐渐向内部延伸，产生的内压称为冻结膨胀压，纯理论计算其数值可高达 8.7 MPa。食品越厚，食品的含水量越多，冻结膨胀压越大。当外层受不了这样的压力时就会破裂，逐渐使内压消失。如采用－196℃的液氮冻结金枪鱼时，由于厚度较大，冻品发生的龟裂就是由内压造成的。食品厚度大、含水率高、表面温度下降极快时易产生龟裂。另外，在压力作用下可能使内脏的酶类挤出、红细胞崩溃、脂肪向表层移动等，并因红细胞膜破坏，血红蛋白流出，从而加速肉的变色。日本为了防止因冻结内压引起冻品表面的龟裂，采用均温处理的二段冻结方式，即先将鱼体降温至中心温度接近冻结点，取出并放入－15℃的空气或盐水中使鱼体各部位温度趋于均匀，然后再用－40℃的氯化钙盐水浸渍或喷淋冻结至终点，可防止鱼体表面龟裂现象的发生。此外，冻结过程中水变成冰晶后，体积膨胀使体液中溶解的气体从液相中游离出来，加大了食品内部的压力。冻结鳕鱼肉的海绵花，就是由于鳕鱼肉的体液中含有较多的氮气，随着水分冻结的进行成为游离的氮气，其体积迅速膨胀产生的压力将未冻结的水分挤出细胞外，在细胞外形成冰结晶所致。这种细胞外的冻结，使细胞内的蛋白质变性而失去保水能力，解冻后不能复原，成为富含水分并有很多小孔的海绵状肉质。严重的时候，其肉的断面像蜂巢，食味变淡。

2. 比热容

比热容是单位质量的物体温度升高或降低 1 K（℃）所吸收或放出的热量。食品的冻结过程是内部水分转变为冰结晶的过程。水的比热容是最大的，而食品的比热容大小与食品的含水量有关，因此，含水量多的食品比热容大，含脂量多的食品则比热容小。另外，对一定含水量的食品，冰点以上的比热容比冰点以下的大。比热容大的食品冷却和冻结时需要的冷量大，解冻时需要的热量亦多。

3. 热导率

水在生鲜食品中的含量很高，冰的热导率约为水的 4 倍，其他成分的热导率基本上是一定的。所以当温度下降时，随着冰结晶向食品内部的移动，食品的热导率增大，从而加快了冻结速度，解冻时随着冰结晶由内向外逐渐融化成水，热导率减少，从而减慢了解冻速度。此外，食品的热导率还受含脂量的影响，含脂量高则热导率小。热导率还与热流方向有关，当热的移动方向与肌肉组织垂直时热导率小，平行时则大。

4. 冰结晶的分布

食品冻结时，冰结晶的分布与冻结速度有很密切的关系，冻结速度越快，冰结晶越大。动植物组织是由无数细胞构成，水分存在于细胞和细胞间隙，或结合或游离。细胞内的水分与细胞间隙之间的水分由于其所含盐类等物质的浓度不同，冻结点也有差异。当温度降低时，那些和亲水胶体结合较弱或存在于低浓度部分中的水分，主要是处于细胞间隙内的水分，会首先形成冰晶体。如果快速冻结，细胞内、外几乎同时达到形成冰晶的温度条件，组织内冰层推进的速度也大于水分移动的速度，食品中冰晶的分布接近冻前食品中液态水的分布状况，冰晶呈针状，数量多，体积小，分布均匀。如果缓慢冻结，由于细胞外溶液浓度低，冰晶首先产生，而此时细胞内的水分仍以液相形式存在，而同温度下水的蒸气压大于冰的蒸气压，在蒸气压差作用下，细胞内的水分透过细胞膜向细胞外的冰晶移动，使大部分水冻结于细胞间隙内，这样存在于细胞间隙内的冰晶体就不断增大，形成较大的冰晶且分布不均匀。由于食品冻结过程中细胞汁液浓缩，引起蛋白质冻结变性，保水能力降低，使细胞膜的透水性增加。缓慢冻结过程中，因晶核形成数量少，冰晶生长速度快，所以生成大冰晶。图8-4所示的是不同温度下冻结西红柿细胞的状态。

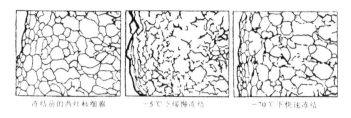

冻结前的西红柿细胞　　　　-5℃下缓慢冻结　　　　-70℃下快速冻结

图8-4　冻结西红柿细胞的状态

冰结晶分布会影响食品解冻时流失液的多少。食品解冻时，内部冰结晶融化成水，如果这部分水分不能被组织细胞吸收，就会分离出来成为流失液，体液的流出是因为冻结过程中产生冰结晶，使食品组织结构受到机械损伤造成的。一般来说，食品冻结速度快，冻藏温度高且波动大，冷藏时间越长，冰结晶就越大，对组织结构造成的机械损伤就越大。损伤严重时，组织细胞间的间隙大，内部冰晶融化的水通过这些空隙向外流出；机械损伤轻微时，内部冰晶融化的水因毛细管作用被保留在食品组织中，加压时才向外流失。一般来说，食品水分含量越多，流失液就越多。如鱼比肉流失液多，叶菜类比豆类流失液多。经冻结前处理如加盐、糖、磷酸盐时流失液少。食品原料切得越细小，流失液就越多。流失液的成分不仅是水，还包括能溶于水的蛋白质、盐类、维生素等成分。食品一旦发生体液流失现象，食品的质量、营养成分、风味亦会损失，因此，流失液的产生率是评定冻结食品质量的指标之一。

5. 干耗

食品冻结过程中，食品中的水分从表面蒸发，造成食品的质量减少，俗称"干耗"。干耗不仅会造成企业很大的经济损失，还给冻品的品质和外观带来影响。例如，日宰2000头猪的肉联厂，干耗以2%或3%计算，年损失600多吨肉，相当于15000头猪。影响干耗的因素有：冻结室内空气与食品表面的蒸气压差、食品表面积、冻结时间、冻结室中的温度与风速等。

（二）组织学变化

植物组织一般比动物组织解冻时损伤大。差异的原因：一是植物组织有大的液泡，液泡使植物细胞保持高的含水量，含水量高结冰时损伤大；二是植物细胞有细胞壁，动物细胞只有细胞膜，壁比膜厚又缺乏弹性，冻结时易胀破；三是两者细胞内成分不同，特别是高分子蛋白质、碳水化合物含量不同，它的有机物组成是不一样的。由于这些差异，在同样冻结条件下，冰晶的生成量、位置、形状不同，造成的机械损伤及胶体的损伤程度亦不同。

植物组织缓慢冻结时，最初在细胞间隙及微管束处生成冰晶。同温度下细胞液的蒸气压大于冰的蒸气压，于是细胞内的水向细胞间隙的冰上移动，在细胞外冻结起来。这种在细胞外结冰引起的细胞脱水，植物还能生存，如果冷却速度快，在细胞内形成冰晶，则植物要致死，故植物细胞致死与冰晶在细胞内形成有关，而与冷却温度和冻结时间无关，植物因冻结致死后氧化酶活性增强而出现褐变。故植物性食品如蔬菜在冻结前还须经烫漂工序以破坏酶的活性，防止褐变。动物性食品因是非活性细胞则不需要此工序。

（三）化学变化

1. 蛋白质变性

食品冻结后的蛋白质变化是造成质量、风味下降的原因，这是蛋白质变性所致。造成蛋白质变性的原因有以下几点。

（1）盐类、糖类及磷酸盐的作用

冰结晶生成时无机盐浓缩，使蛋白质变性。盐类中 Ca、Mg 等水溶性盐类能促进蛋白质变性，而磷酸盐等则能减缓蛋白质变性，按此原理将鱼肉搅碎，水洗以除去水溶性的 Ca、Mg 等盐类，然后再加 5% 磷酸盐（焦磷酸盐和多聚磷酸钠等量混合）和 5% 葡萄糖，调节 pH 值到 6.5 ~ 7.2 进行冻结，效果较好。

（2）脱水作用

冰结晶生成使蛋白质分子失去结合水，蛋白质分子受压集中，相互凝集。

（3）脂肪分解氧化产物的作用

脂肪对肌肉蛋白质的变性也有影响。脂肪水解产生游离脂肪酸，很不稳定，氧化效果产生低级醛、酸等产物，促使蛋白质变性。脂肪的氧化水解是在脂肪酶的作用下进行的，这些酶在低温下活性仍很强。

2. 食品的变色

食品在冻结时的变色主要是指水产品的褐变、黑变、褪色等。水产品变色的原因包括自然色泽的分解和产生新的变色物质两方面。自然色泽被破坏，如红色鱼皮的褪色、冷冻金枪鱼等。产生新的变色物质，如虾类的黑变、鲭鱼肉的褐变等。变色不但使水产品的外观变差，有时还会产生异味，影响冻品质量。

（四）生物和微生物的变化

生物是指寄生虫和昆虫之类的小生物，经过冻结都会死亡。牛肉、猪肉中寄生的钩绦虫的胞囊在冻结时会死亡，猪肉中旋毛虫的幼虫在 -15℃ 下 5 天后死亡。因此，冻结对肉类所带的寄生虫有杀死作用。

微生物包括细菌、霉菌、酵母菌。对食品腐败影响最大的是细菌，引起食物中毒的一般是中温菌，它们在 10℃ 以下繁殖减慢，4.5℃ 以下不繁殖。鱼类的腐败菌一般是低温菌，它们在 0℃ 以下繁殖减慢，-10℃ 以下则停止繁殖。

冰结晶阻止了细菌的发育、繁殖，但有些细菌产生的酶还有活性，尽管活性很小但还有作用。它使生化过程仍在缓慢进行，降低了品质。所以冻结食品，储藏期仍有一定期限。

冻结食品在冻结状态下储藏，冻结前污染的微生物数随着储藏时间的延长会减少。但各种食品差别很大，有的几个月，有的一年才能消灭，对冻结的抵抗力细菌比霉菌、酵母菌强，这样不能期待利用冻结低温来杀死污染的细菌。所以要求在冻结前尽可能减少污染或杀灭细菌后进行冻结。

食品在 -10℃ 时大部分水已经冻结成冰，剩下溶液浓度增高，水分活性降低，细菌不能繁殖。所以 –10℃对冻结食品是个最高的温度限度。国际制冷学会建议为防止微生物繁殖必须在 –12℃下储藏，为防止酶及物理变化必须低于 –18℃。

任务四　生鲜食品的解冻方法

一、生鲜食品解冻的概念

冻结食品在消费或加工前必须解冻，解冻可分为半解冻（–5℃～–3℃）和完全解冻，视解冻后的用途来选择。冻结食品的解冻是将冻品中的冰结晶融化成水，力求恢复到原先未冻结前的状态。解冻是冻结的逆过程。作为食品加工原料的冻结品，通常只需要升温至半解冻状态。

解冻过程虽然是冻结过程的逆过程，但解冻过程的温度控制却比冻结过程困难得多，也很难达到高的复温速率。这是因为在解冻过程中，样品的外层首先被融化，供热过程必须先通过这个已融化的液体层；而在冻结过程中，样品外层首先被冻结。因此，冻结过程的传热条件要比融化过程好得多，在融化过程中，很难达到高的复温速率。此外，在冻结过程中，人们可以将库温降得很低，以增大与食品材料的温度差来加强传热，提高冻结速率。但在融化过程中，外界温度却受到食品材料的限制，否则将导致组织破坏。所以融化过程的热控制要比冻结过程更为困难。

二、生鲜食品的解冻方法

解冻是食品冷加工后不可缺少的环节。由于冻品在自然条件下也会解冻，所以解冻这一环节往往不被人们重视。然而，要使冷冻食品经冻结、冷藏以后，尽可能地保持其原有的品质，就必须重视解冻这一环节。这对于需要大量冻品解冻后进行深加工的企业尤为重要。

在解冻的终温方面，作为加工原料的冷冻肉和冷冻水产品，只要求其解冻后适宜下一加工工序（如分割）的需要即可。冻品的中心温度升至 –5℃左右，即可满足上述要求。此时，冷冻食品内部接近中心的部位，冰晶仍然存在，尚未发生相变，但仍可以认为解冻已经完成。解冻已不单纯是冷冻食品冰晶融化、恢复冻前状态的概念，还包括作为加工原料的冷冻食品，升温到加工工序所需温度的过程。

解冻后，食品的品质主要受两方面的影响：一是食品冻结前的质量；二是冷藏和解冻过程对食品质量的影响。即使冷藏过程相同，也会因解冻方法不同有较大的差异。好的解冻方法，不仅解冻时间短，而且应解冻均匀，以使食品液汁流失少，TBA 值（脂肪氧化率）、K 值（鲜度）、质地特性、细菌总数等指标均较好。不同食品应考虑选用适合其本身特性的解冻方法，至今还没有一种适用于所有食品的解冻方法。

下面介绍几种典型解冻方法。

1. 空气解冻

这是以空气为传热介质的解冻方法，它又分为以下几种类型。

（1）静止空气解冻

静止空气解冻，也称为低温微风型空气解冻，是将冷冻食品（如冻肉）放置在冷藏库（通常库温控制在4℃左右）内，利用低温空气的自然对流来解冻。一般冻牛胴体在这样的库内4~5天可以完全解冻。

（2）流动空气解冻

流动空气解冻法是通过加快低温空气的流速来缩短解冻时间的方法。解冻一般也在冷藏库内进行，用0℃~5℃、相对湿度90%左右的湿空气（可另加加湿器），利用冷风机使气体以1 m/s左右的速度流过冻品，解冻时间一般14~24 h。

（3）高湿度空气解冻

这是利用高速、高湿的空气进行解冻的方法。该方式采用高效率的空气与水接触装置，让循环空气通过多层水膜，水温与室内空气温度相近，充分加湿，空气湿度可达98%以上，空气温度可在-3℃~20℃范围调节，并以2.5~3.0 m/s的风速在室内循环。这种解冻方法，使解冻过程中的干耗大大减少，而且可以防止解冻后冻品色泽变差。

（4）加压空气解冻

在铁制的筒形容器内通入压缩空气，压力一般为0.2~0.3 MPa，容器内温度为15℃~20℃，空气流速为1~1.5 m/s。这种解冻方法的原理是：由于压力升高，使冻品的冰点降低，冰的溶解热和比热容减小，而热导率增加。这样，在同样解冻介质温度条件下，它就易于融化，同时又在容器内槽以上使空气流动，就将加压和流动空气组合起来，因压力和风速，使热交换表面的传热状态改善，使解冻速度得以提高。如对冷冻鱼糜，其解冻速度为室温25℃时的5倍。

2. 水解冻

这是以水为传热介质的解冻方法。它与空气相比，解冻速度快，无干耗。水解冻的分类如下：

（1）水浸渍解冻

一种为低温流水解冻，是将解冻品浸没于流动的低温水中，使其解冻，解冻时间由水温、水的流速决定。另一种为静水解冻，是将解冻品浸没于静止水中进行解冻，解冻速度与水温、解冻品量和水量有关。

（2）水喷淋解冻

利用喷淋水所具有的冲击力来提高解冻速度。选择对被解冻品最适合的冲击力的喷淋，而不是越猛烈越好。影响解冻速度的因素除喷淋冲击力外，还有喷淋水量、喷淋水温。喷淋解冻具有解冻快（块状鱼解冻时间为30~60 min）、解冻后品质较好、节水等优点，但这种方法只适合于小型鱼类冻块，不适用于大型鱼类的解冻。

（3）水浸渍和喷淋相结合解冻

将水喷淋和浸渍两种解冻形式结合在一起，以提高解冻速度，提高解冻品的质量。

（4）水蒸气减压解冻

水蒸气减压解冻，又称为真空解冻。在低压下，水在低温即会沸腾，产生的水蒸气遇到更低温度的冻品时，就会在其表面凝结成水珠，这个过程会放出凝结潜热。该热量被解冻品吸收，使其温度升高而解冻。这种解冻方法适用的品种多、解冻快、无解冻过热。

3. 电解冻

以空气或水为传热介质进行解冻，是将热量通过传导、对流或辐射的方法，使食品升温，热量是从冷冻食品表面导入的，而电解冻属于内部加热。电解冻适用的种类很多，具有解冻速度快、解冻后品质下降少等优点。

（1）远红外辐射解冻

这种解冻方法目前在肉制品解冻中已有一定的应用，目前多用于家用远红外烤箱中食品解冻。构成物质的分子总以自己的固有频率在运动，当投射的红外辐射频率与分子固有频率相等时，物质就具有最大的吸收红外辐射的能力，要增大红外辐射穿透力，辐射能谱必须偏离冻品主吸收带，以非共振方式吸收辐射能。对冻品深层的加热，主要靠热传导方式。

（2）高频解冻

这种解冻方法是给予冷冻品高频率的电磁波。它与远红外辐射一样，也是将电能转变为热能，但频率不同。当电磁波照射食品时，食品中极性分子在高频电场中高速反复振荡，分子间不断摩擦，使食品内各部位同时产生热量，在极短的时间内完成加热和解冻。电磁波加热使用的频率，一般高频波（1~50 MHz）是 10 MHz 左右，微波（300 MHz~30 GHz）是 2450 MHz 或 915 MHz。实验表明，高频波比微波的解冻速度快，也不会发生如微波解冻那样使冻品局部过热的现象，高频感应还可以自动控制解冻的终点，因此高频解冻比微波解冻更适用于大块冻品的解冻。

（3）微波解冻

与高频解冻原理一样，微波解冻是靠物质本身的电性质来发热，利用电磁波对冻品中的高分子和低分子极性基团起作用，使其发生高速振荡，同时分子间发生剧烈摩擦，由此产生热量，它的优点是：速度快，效率高，解冻后肉的质量接近新鲜肉；营养流失少，色泽好；操作简单，耗能少，可连续生产。国家标准规定，工业上用较小频率的微波，只有 2450 MHz 和 915 MHz 两个波带。

（4）低频解冻

低频解冻，又称为欧姆加热解冻、电阻加热解冻。这种方法将冻品作为电阻，靠冻品的介电性质产生热量，所用电源为 50~60 Hz 的交流电。欧姆加热解冻是将电能转变为热能，通电使电流贯穿冻品容积时，将容积转化为热量。加热穿透深度不受冻品厚度的影响，这与高频解冻、微波解冻不同，加热量由冻品的电导和解冻时间决定。低频解冻比空气和水解冻速度快 2~3 倍，但只能用于表面平滑的块状冻品解冻，冻品表面必须与上下电极紧密接触，否则解冻不均匀，并且易发生局部过热现象。

（5）高压静电解冻

高压静电（电压 5000~10000 V）强化解冻，是一种有开发应用前景的解冻新技术。该解冻方法在日本已应用于肉类解冻。这种解冻方法是将冻品放置于高压电场中，电场设置在 -3℃~0℃ 的低温环境中，以食品为负极，利用电场效应，使食品解冻。在环境温度在 -3℃~-1℃ 下，7 kg 金枪鱼解冻，从中心温度 -20℃ 升至中心温度 -4℃ 约需 4 h，且一个显著优点是内外解冻均匀。

4. 其他解冻方法

（1）接触传热解冻

这是将冷冻食品与传热性能优良的铝板紧密接触，铝制中空水平板中流动着温水，冻品夹在上下水平铝板间解冻。接触传热解冻装置的结构与接触冻结装置的结构相似，中空铝板与冻品接触的另一侧带有肋片，以增大传热面积，装置中还设有风机。

（2）超高压解冻

超高压是指范围在 50～1000 MPa 的压力。高压解冻具有解冻速度快的优点，而且不会有加热解冻造成的食品热变性；高压还有杀菌作用，解冻后液汁流失少，色泽、硬度等指标均较好。超高压解冻过程中影响因素主要是压力大小和处理时间，压力越大，冻肉制品中心部位温度越低，但当温度低于 -24℃ 或 -25℃ 时，压力再高，冻肉制品也不能解冻。因此从节省能源的角度考虑，完全没必要使用大于 280 MPa 的压力。在解冻过程中，合理的加热是有必要的，用于促进冰的融化，并且防止减压时发生重结晶。

（3）喷射声空化场解冻

喷射声空化场是一种通过压电换能器形成传声介质（溶液）喷柱，在喷柱的前端界面处聚集了大量的空化核，这种聚集现象可认为是空化核因喷射而集中，具有可"空化集中"的效应。

（4）超声波解冻

超声波解冻是利用超声波在冻肉内的衰减而产生的热量来进行解冻的。超声波在冷冻肉中的衰减要高于在未冻肉中的衰减，因此与微波解冻相比表面温度更低。从超声波的衰减温度曲线来看，超声波比微波更适用于快速稳定地解冻。理论计算表明，在食品不超温情况下，超声波解冻后局部最高温度与超声波的加载方向、超声波频率和超声波强度有关。超声波解冻可以与其他解冻技术组合在一起，为冷冻食品的快速解冻提供新的手段。解冻过程中要实现快速而高效的解冻，可以选择合适频率和强度的超声波。

（5）射频解冻

近年来，法国、美国等国公司的解冻设备开始使用基于 27.12 MHz 的射频解冻系统，以解决微波解冻、高频解冻、远红外解冻、超声波解冻等存在的解冻不均匀、时间长和其他解冻质量问题。射频解冻效果优于微波解冻和一般常用的解冻方法，具有很好的推广应用前景。由于射频功率较大，需要采用合理的密封屏蔽结构，但目前的结构设计屏蔽效果不是很理想，近场干扰相对较大，需要进一步改进完善。

任务五　生鲜食品冷链流通

冷链是在 20 世纪随着科学技术的进步、制冷技术的发展而建立起来的一项系统工程，生鲜食品冷链是建立在食品冷冻工艺学的基础上，以制冷技术为手段，使生鲜食品从生产者到消费者之间的所有环节，即从原料（采摘、捕、收购等环节）、生产、加工、运输、贮藏、销售流通的整个过程中，始终保持合适的低温条件，以保证食品的质量，减少损耗。这种连续的低温环节称为冷链（cold chain）。因此，冷链建设要求把所涉及的生产、运输、销售、经济和技术性等各种问题集中起来考虑，协调相互间的关系，以确保生鲜食品的加工、运输和销售。

一、生鲜食品冷链的主要环节

生鲜食品冷链由冷冻加工、冷冻贮藏、冷藏运输和冷冻销售四个方面构成。

（一）冷冻加工

原料前处理、预冷、速冻这三个环节都是生鲜食品冷加工环节，可称其为冷链中的"前端环节"。具体包括肉禽类、鱼类和蛋类的冷却与冻结，以及在低温状态下的加工作业过程；果蔬的预冷；各种速冻食品和奶制品的低温加工等。在此环节主要涉及冷链装备的冷却、冻结装置和速冻装置。

（二）冷冻贮藏

冷冻贮藏包括生鲜食品的冷却储藏和冻结储藏，以及水果蔬菜等食品的气调贮藏，是保证食品在储存和加工过程中的低温保鲜。此环节主要涉及各类冷藏库/加工间、冷藏柜、冻结柜及家用冰箱等。

（三）冷藏运输

冷藏运输包括生鲜食品的中、长途运输及短途配送等物流环节。它主要涉及铁路冷藏车、冷藏汽车、冷藏船、冷藏集装箱等低温运输工具。在冷藏运输过程中，温度波动是引起食品品质下降的主要原因之一，所以运输工具应具有良好性能，在保持规定低温的同时，更要保持稳定的温度，特别对长途运输更为重要。

（四）冷冻销售

冷冻销售包括各种冷链生鲜食品进入批发零售环节的冷冻储藏和销售，它由生产厂家、批发商和零售商共同完成。随着大中城市各类连锁超市的快速发展，各种连锁超市正在成为冷链食品的主要销售渠道，在这些零售终端中，大量使用了冷冻冷藏陈列柜和储藏库，由此逐渐成为完整的食品冷链中不可或缺的重要环节。

二、生鲜食品冷链主要设备构成

贯穿在整个冷链各个环节中的各种装备、设施，主要有原料前处理设备、预冷设备、速冻设备、冷藏库、冷藏运输设备、冷冻冷藏陈列柜（含冷藏柜）、家用冰柜、电冰箱等。食品冷链中的主要设备：各种冷却设备（含预冷设备）、冻结设备、冷藏库、冷藏运输设备、冷冻冷藏陈列柜（含冷藏柜）、家用冷柜及电冰箱等。

三、生鲜食品冷链的特点

由于生鲜食品冷链是以保证生鲜食品品质为目的，以保持低温环境为核心要求的供应链系统，所以它比一般常温物流系统的要求更高，也更加复杂。

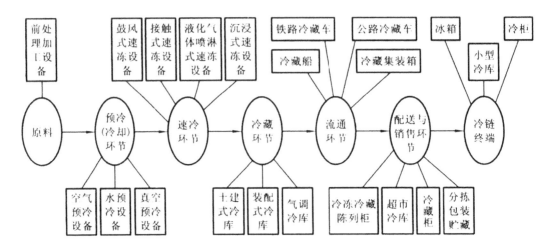

图 8-5　生鲜食品冷链主要设备构成示意图

首先，它比常温物流的建设投资要大很多，是一个庞大的系统工程。其次，生鲜食品的时效性要求冷链各环节具有更高的组织协调性。最后，生鲜食品冷链的运作始终是与能耗成本相关联，有效控制运作成本与生鲜食品冷链的发展密切相关。

任务六　生鲜食品流通加工

生鲜食品的流通加工活动是生鲜食品冷链物流活动中的至关重要的环节，它关系到日常生活中人们所食用生鲜食品的新鲜度、营养性、安全性和多样化。生鲜食品主要是通过流通加工来保持并提高食品的保藏性，在提供给消费者时保持新鲜。同时，生鲜食品的流通加工也担负着提高物流系统的服务水平、提高物流效率和使物流活动增值的作用。

一、生鲜食品流通加工的概念

生鲜食品流通加工是指生鲜食品在从生产地到使用地的过程中，根据需要施加包装、分割、计量、分拣、刷标志、拴标签、组装等简单作业的总称。它是发生在生鲜食品流通过程中的加工活动，包括在途加工和配送中心加工，是为了方便生鲜食品流通、运输、贮存、销售、方便顾客以及资源的充分利用和综合利用而进行的加工活动。生鲜食品流通加工以保存产品为主要目的，是为适应多样化的需要、方便消费、提高产品利用率、实现配送而进行的。合理的生鲜食品流通加工能显著提高食品附加值、提高物流效率、降低物流损失、衔接不同输送方式，使其物流活动更加合理。同时，生鲜食品的流通加工是生鲜食品物流活动的重要利润源泉，属于增值服务范围。

生鲜食品企业经常采用配送流通加工一体化的策略来提高食品配送效率和效益。如属于低温保鲜食品范畴的生鲜食品，对新鲜度、营养、安全均有很高要求，因此在物流上可采取"当天加工，当天配送"的原则，设置一条从进货、分割、加工、包装、配送运输直至销售的供应链，使流通加工与配送一体化。这种组织形式无论是对流通加工的有效运转，还是对配送活动的完善与发展，都有积极推动作用。

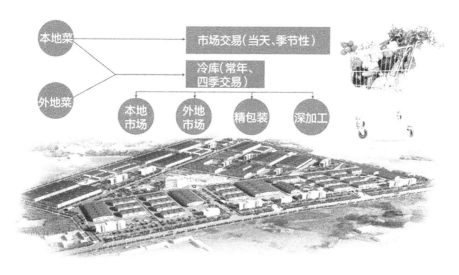

图 8-6 生鲜食品流通加工

二、生鲜食品流通加工的类型

生鲜食品流通加工的类型根据不同的目的呈现出多样化。

（一）为提高生鲜食品的贮藏性

这种加工形式的目的是使生鲜产品的使用价值得到妥善的保存，延长生鲜产品的生产和使用之间的时间。如水产品、蛋、肉的保鲜、保质的冷冻加工、防腐加工，各种干果的防潮、吸湿加工，果蔬的采后冷藏处理，并采用气调贮藏、减压贮藏等各种贮藏方式来提高生鲜产品的贮藏期。

（二）为适应多样化需要

生产部门为了实现高效率、大批量生产，其产品往往不能完全满足客户的要求。为了满足客户对产品多样化的需要，同时又保证高效率的社会化大生产，将生产出来的标准产品进行多样化的改制加工是流通加工中占有重要地位的一种加工形式。例如，蛋类产品的腌制、糟渍加工，肉类产品的腌制、烟熏、蒸煮等加工。

（三）为方便销售

这种生鲜产品的流通加工形式与上述加工类似，只是在加工的深度上更接近于消费者，使消费者感到更加省时省力，更加方便。如属于牛肉的流通加工活动之一的分割加工过程，是先选取符合分割要求，即无病变、肉质新鲜清洁且修割平整美观的牛肉，将其分割为符合分割规格的牛腱、牛胸、牛柳、牛脯、针扒、尾龙扒、膝圆肉、三角肌肉和牛碎肉等；然后将分割后的牛肉包装成适合家庭购买的小包装，并标上价签；最后储存在超市冷柜中的过程。顾客买回去后即可根据个人口味进行简单的加工后食用。对肉类的其他加工形式，如切碎、斩拌等都具有方便销售和方便消费者的作用。

（四）为提高生鲜食品的利用率

利用在流通领域的集中加工代替分散在各使用部门的分别加工，可以大大地提高生鲜食品的利用率，有明显的经济效益。集中加工可以减少原材料的消耗、提高加工质量，同时对于加工后的副产品也可得到充分利用。例如，鸡肉产品的分割加工，就是将符合分割要求的鸡分割为翅、腿、爪、头、脖及胸腔架，实行差别定价，消费者可根据个人喜好购买，这就达到了提高生鲜食品的利用率的目的。

（五）为提高物流效率，降低损失

生鲜食品一般都具有易腐败变质的特点，所以很多生鲜食品在产地即可进行简单的流通加工，以提高物流效率、降低损失。例如，将各种鱼类加工成罐头，既可提高运输工具的运载效率，又可降低由于鲜鱼易变质导致的损失。另外，有些生鲜食品，由于自身的形状特殊，在流通过程中极易发生损失，效率较低，则应进行适当的流通加工以弥补这些产品的物流缺陷。如肉类产品在消费地的流通加工可防止由于需求信息不足、需求预测不准确导致的库存积压或销售损失，零售商可根据需求情况，灵活调整各种肉制品的加工量。

（六）为衔接不同运输方式，使物流更加合理

生鲜食品生产的相对集中和消费的相对分散之间的矛盾，可以用适当的流通方式来解决，以衔接不同的运输方式。一般在产地至流通加工环节采用大批量运输的形式，从流通加工地点到消费者则是采用多品种、少批量运输的形式。例如，将大规模散装面粉在中转仓库中进行分装，转化成小规模包装的面粉的流通加工，就衔接了面粉大批量运输和需求的小批量。再如，葡萄酒、果汁类的液体，从产地批量地将原液运至消费地配制、装瓶、贴商标，包装后出售，既可以节约运费，又安全保险，以较低的成本，卖出较高的价格，附加值大幅度增加。

任务七　生鲜食品的包装

一、生鲜食品包装概述

（一）生鲜食品包装的概念

《中华人民共和国国家标准：物流术语》（GB/T 18354—2021）对包装（packaging/package）的定义是：包装是指为在流通过程中保护产品、方便储运、促进销售，按一定技术方法而采用的容器、材料和辅助物等的总体名称，也指为了达到上述目的而采用容器、材料和辅助物的过程中施加一定技术方法等的操作活动。

生鲜食品包装就是通过采用适当的包装材料、容器和包装技术，最大限度地保持食品自身具有的鲜度与价值，也就是为了保鲜而采用的包装。

科学合理的包装不仅能保护商品，避免或减少其在贮运、销售、消费等流通过程中受

到各种不利条件及环境因素的破坏和影响，还能为生产、流通、消费等环节提供诸多方便。同时，包装也是提高商品竞争能力、促进销售的重要手段。

生鲜食品包装的功能与一般包装的功能一样，包括保护功能、方便功能和促销功能，但更主要的是体现在保护功能上。也就是说，生鲜食品包装功能主要在于最大限度地保护食品的寿命和品质，防止天然（自然）因素的破坏，以保护其内容、形态、品质和特性。其次才是实现其方便功能和促销功能。有时生鲜食品包装只能实现其保护功能，达到货架寿命延长或保质的目的；而便利与促销可通过其他包装来实现（如外包装或包装附件等）。

衡量生鲜食品包装功能的量化指标主要有形、质地、色、香、味、营养、污染残毒等。形就是生鲜食品包装到达规定的保质期或保鲜期后，包装对象的外观形状与最初外观形状的差异，这种差异越小就说明其保鲜功能越强。质地则是包装对象（物质）内部的成分所具备的物理特性，如内部密度、硬度、脆度及组织的粗糙度等。质地与前面的形是刚好相反的性能特征表现，一个是外表，一个是内部。色、香、味都是可由感官体会到的生鲜食品包装完成保质或保鲜期前后的指标。污染残毒指在进行保鲜包装之后，不能因包装材料或包装辅料导致污染和残留有毒物质。

（二）生鲜食品包装的安全与卫生

提供安全卫生的包装食品是人们对食品厂商的最基本要求。生鲜食品包装材料的安全与卫生问题主要来自包装材料内部的有毒、有害成分对包装食品的迁移和溶入，这些有毒有害成分主要包括：材料中的有毒元素，如铅、砷等；合成树脂中的有毒单体、各种有毒添加剂及黏合剂；涂料等辅助包装材料中的有毒成分。

塑料作为食品包装材料已有几十年历史，因具有优异的包装性能而得到广泛应用，但塑料本身所具有的特性和缺陷，用于食品包装时会带来诸如卫生安全等方面的问题。例如，用于包装的大多数塑料树脂是无毒的，但它们的单体分子却大多有毒性，且有的毒性相当大，有明确的致畸致癌作用，当塑料树脂中残留有单体分子时，用于食品包装即构成卫生安全问题。而塑料添加剂（增塑剂、着色剂和油墨、润滑剂、发泡剂、稳定剂等）一般都存在着卫生安全方面的问题，选用无毒或低毒的添加剂是塑料能否用作食品包装的关键。包装材料的安全与卫生直接影响包装食品的安全与卫生，为此世界各国对食品包装的安全与卫生制定了系统的标准和法规，用于解决和控制食品包装的安全卫生及环保问题。

二、生鲜食品的包装材料

生鲜食品包装材料可以从材料的物理特性来划分：第一，片材类，包括塑料板材、瓦楞纸板、金属板材及复合板材等；第二，软材类，包括纸、塑料及金属等膜类与箔类柔性材料；第三，刚性类，包括玻璃、陶瓷及塑料与复合材料；第四，散材类，包括粉剂、水剂与气体等。

而作为食品保鲜包装材料发展较快的主要是纸包装、塑料包装、金属包装、玻璃及陶瓷包装四大类。木包装主要用于重型产品（如机电产品）包装，木包装有逐渐被纸和塑料包装取代的趋势，再加上国际上强调环保与资源的问题，木包装一般情况下不提倡，故木包装用得越来越少，在此也不作研究，而陶瓷包装因制作工艺与速度等问题，用量也较少。

图 8-7　生鲜食品包装

（一）传统包装材料

1. 塑料包装材料

塑料是一种以高分子聚合物树脂为基本成分，再加入一些用来改善其性能的各种添加剂制成的高分子材料，分子量通常在 104～106 以上，其大分子具有特殊结构，使其具有一系列特殊性能，如化学惰性、难溶、强韧性等。塑料因其原料来源丰富、成本低廉、性能优良，成为近 40 年来世界上发展最快、用量巨大的包装材料。塑料包装材料及容器逐步取代了玻璃、金属、纸类等传统包装材料，是食品保鲜包装用得最多的材料与容器。而塑料保鲜膜是食品保鲜包装中最值得关注的方面。其缺点是对某些品种的食品还存在着某些卫生安全方面的问题，以及包装废弃物的回收处理对环境的污染等问题。我国用于食品包装的塑料也多达十五六种，如 PE、PP、PS、PET、PA、PVDC、EVA、PVA、EVOH、PVC、离子键树脂等。其中高阻氧的有 PVA、EVOH、PVDC、PET、PA 等，高阻湿的有PVDC、PP、PE 等；耐射线辐照的有 PS、芳香尼龙等；耐低温的有 PE、EVA、PET、PA等；阻油性和机械性能好的有离子键树脂、PA、PET 等；既耐高温灭菌又耐低温的有PET、PA 等。各种塑料的单体分子结构不同、聚合度不同、添加剂的种类和数量不同，其性能也不同，即使同种塑料但不同牌号，其性质也会有差别。

2. 纸质包装材料

作为食品保鲜包装材料，纸包装占有相当的比重。其包装容器的结构和形式多种多样，而且随着人们的求新心理与包装产品的不断推陈出新，纸包装的种类层出不穷。特别是用于食品包装的纸箱、纸袋、纸盘及纸托盘占了很大的比例，而且其比例正在扩大。

纸具有许多优良的特性，这些特性在食品保鲜包装上发挥了重要作用，主要表现如下。

（1）透气性

这是纸包装最大的保鲜特性。在保鲜包装中，鲜活食品具有呼吸作用，会产生呼吸热，纸包装可以让热气透出，从而防止食品的腐烂。

（2）吸湿性

这又是纸包装的又一大保鲜优点，如超市中的鲜肉托盘包装，其可吸走鲜肉表面析出的少量水分，延缓鲜肉的变质。

（3）保鲜性

加入相关性原料与成分还可提高纸包装的保鲜性。如在纸箱内部加入中草药或抗氧化成分等，可大大提高食品保鲜效果。

（4）韧性与保护性

纸包装表面具有退让性和韧性，同时有一定的厚度对食品特别是鲜活食品会起到保护作用。

3. 金属包装材料

金属材料是一种历史悠久的包装材料，用于食品包装已有近200年的历史。金属包装材料及容器是以金属薄板或箔材为原材料，再加工成各种形式的容器来包装食品。目前金属包装材料及制品多用于加工农产品的包装。作为保鲜包装主要用作罐头农产品的包装，也有许多农产品半成品的包装使用金属包装。而最能体现金属保鲜包装的是一些周转箱及活鲜动物（鱼类及禽类）圈养容器（笼等）。另外，金属箔与纸复合包装材料被广泛用于农产品的保鲜包装，还有许多长途贮运的农产品保鲜包装容器就离不开金属包装。

金属包装材料的优良特性如下。

（1）优良的阻隔性能

金属材料具有阻气、隔光、保香等隔离性能。对许多气体（O_2、CO_2及水蒸气等）有阻隔效果，还能对包括紫外光在内的许多光线予以阻隔。这些都是保鲜所必需的性能。

（2）良好的热传导性能

良好的热传导性体现在加热与散热。作为加热所需的特性表现为加热灭菌，使所包装物品不受包装的污染。而散热可使热处理工序提高效率，且合理的结构使鲜活食品得以在包装中散去热量。

（3）卫生安全性能

金属包装的材质不易变质腐烂，也不易产生细菌，同时还可通过加热使表皮得以杀菌，最终使所要包装的物品得到良好卫生条件。

（4）良好的保护性

强度和加工适应性是金属包装良好保护性的体现。金属包装可根据不同的包装物性能要求做成不同结构和厚度，以提高强度来保护包装物。适应性指金属包装可根据大部分物品的性能要求进行设计、加工和处理，以适应其包装要求。同时还表现在为适应不同大小、结构等要求制成相应的结构和大小。这些对于易腐、怕挤压和重压的农产品包装贮藏及运输是十分有意义的。

但是，由于金属包装材料的化学稳定性差、不耐酸碱，特别是用其包装高酸性食物时易被腐蚀，同时金属离子易析出而影响食品风味，这在一定程度上限制了它的使用范围。

4. 玻璃包装材料

玻璃是由石英石、纯碱、石灰石、稳定剂为主要原料，加入澄清剂、着色剂、脱色剂等，经调温熔炼再经冷凝而成的一种非晶体材料。玻璃是一种古老的包装材料，用于食品包装已有 3000 多年的历史。食品罐藏技术就是食品的保鲜包装技术，罐头就是玻璃保鲜的结果。生鲜食品保鲜中能体现玻璃包装材料保鲜应用的是半成品或腌制品的包装，如泡菜类食品就多为玻璃或陶瓷容器包装，还有果汁类也多用玻璃包装。

由于玻璃自身的优点，使其作为包装材料时显示出显著的特点：高阻隔、光亮透明、化学稳定性好、易成型，但玻璃容器重量大且容易破碎，这一性能缺点影响了它在食品包装上的使用与发展，尤其是受到塑料和复合包装材料的冲击。随着玻璃产业生产技术的发展，现在已研制出高强度、轻量化的玻璃材料及其制品，目前我国玻璃使用量占包装材料总量的 10% 左右，玻璃仍是食品包装中的重要材料之一。

(二) 新型生鲜食品包装材料

1. 纳米包装材料

在包装材料（如塑料及复合材料）中加入纳米微粒，使其产生了除异味、杀菌消毒的作用。现在一些企业就是利用这一技术特性，将纳米微粒加入冰箱材料（塑料）中，生产出抗菌冰箱，大大延长了冰箱内食物的保存期。同样也可将纳米微粒加入纸、塑料及复合材料中用于包装食品，可延长包装食品的货架期。

2. 新型高阻隔包装材料

高阻隔包装材料是食品包装材料的发展趋势，主要有三种包装材料：非结晶性尼龙，阻气性为尼龙 6 倍；SaranHB，其阻气性为 Saran 膜的 10 倍；金属化镀膜。

新型高阻隔性塑料在国外已广泛使用，因为这种包装材料不仅可以提高对食品的保护，而且可以减少塑料的用量，甚至可以重复使用。对于要求高阻隔性保护的加工食品以及真空包装、充气包装等情况一般都要用复合材料包装。而在多层复合材料中必须有一层以上高阻隔性材料。现在国内常用的高阻隔性材料有铝箔、尼龙、聚酯树脂等。随着食品对保护性要求的提高，阻隔性更好的 EVOH（乙烯 – 乙烯醇共聚物）、聚乙烯醇等也开始应用。

EVOH 是一种链状结构的结晶性聚合物，集乙烯聚合物良好的加工性和乙烯醇聚合物极高的气体阻隔性于一体，是一种新型的阻隔材料，其阻气性比 PA（聚酰胺）高 100 倍，比 PE、PP 高 10000 倍，比目前常用的高阻隔性材料 PVDC 高数十倍以上。在食品包装方面，用 EVOH 制成的塑料容器可以完全替代玻璃和金属容器。

目前发达国家开发并有少量应用的 PEN（聚萘二甲酸乙二醇酯）将会给食品包装带来巨大的变化。PEN 的化学结构与 PET（聚对苯二甲酸乙二醇酯）相似，但刚性大大提高，阻氧性、阻水性比 PET 高数倍，而且紫外线吸收性好、耐水解性好、气体吸附性低，装过食品后不残留异味，可重复使用。

无机高阻隔微波食品包装材料将成为新宠。近几年研发的镀有 SiOx 材料是在 PET、PA、PP 等材料上镀一层薄的硅氧化物，它不仅有更好的阻隔性，而且有极好的大气环境适应性,它的阻隔几乎不受环境温度和湿度变化的影响。SiOx 镀膜有高阻隔性、高微波透过性、透明性,可用于高温蒸煮、微波加工等软包装,也可制成饮料和食用油的包装容器。

3. 可食性包装薄膜

可食性包装薄膜是由多糖类物质合成的,无毒副作用,既可食用又不影响食感。主要是葡甘露聚糖,它吸水后可膨胀 100 倍,具有高弹性、高黏度、耐热、防水、防潮等特点,食后即可消除饥饿,又不被人体吸收。可食性薄膜既可制成溶于水的薄膜,也可制成溶于温水而不溶于冷水的薄膜,还可制成耐热、可塑封的薄膜,可与食品一块煮烧,方便又卫生,保鲜作用极好。

目前已研制的可食性薄膜有:可食性淀粉包装膜,以玉米淀粉、马铃薯淀粉为主料,辅以可食性添加剂而成的食用薄膜,用于糖果、果脯、蜜饯的内包装,产品的抗机械拉力、韧性、透明度、速溶性都优于目前食品厂使用的糯米纸;可食性蛋白质膜,以动物或植物蛋白为原料制成的蛋白质薄膜可减少抗氧化剂和防腐剂的用量,又能延长货架期。另外,魔芋精粉及改性产物膜、纤维素及改性产物膜、甲壳素可食膜都是新型的可食性包装薄膜。

总之,食品包装材料今后发展主流趋势是功能化、环保化、简便化。无菌包装采用高科技和分子材料,保鲜功能将成为食品包装技术开发重点,无毒包装材料更趋安全,塑料包装将逐步取代玻璃制品;采用纸、铝箔、塑料薄膜等包装材料制造的复合柔性包装袋,将呈现高档化和多功能化。社会生活节奏的加快将使快餐包装面临巨大发展机遇。食品工业是 21 世纪的朝阳工业,食品包装材料更为飞速发展,食品包装材料领域一定能抓住这个商机发展壮大起来。

三、生鲜食品的包装技术

(一) 冷却与冷藏包装技术

冷却与冷藏包装是将物品包装后处于冷却与冷藏温度下进行贮藏的技术,它要考虑包装材料、包装工艺、包装环境等多种因素,特别是包装用的辅料不能在低温状态下降低其性能。冷却与冷藏包装的基本原理是利用鲜活产品在 0℃时处于低的呼吸强度,即 0℃ ~ 5℃呼吸量很低。

冷却与冷藏包装应使生鲜食品生命代谢过程尽量缓慢进行,使其生物反应速度降低,以保持其新鲜度。这种包装贮藏方法时间不宜太长,不像冷却和冻藏包装处理那样可长时间保存。但在现代包装中,这种方法能满足市场流通的需要。

1. 瓦楞纸箱

冷却与冷藏的大包装多为瓦楞纸箱。考虑冷却与冷藏低温的影响,纸板材料要求高强度,胶黏剂要求在低温条件下不失黏,同时考虑在印刷时会降低强度,因此印刷面积不宜过大。粘箱或钉箱也要求牢固。过去也有的用木箱,但现在已逐渐少用。

2. 塑料类包装材料

一般用于冷却与冷藏的小包装多为塑料包装。

聚乙烯（PE），可制成袋或直接用其软材料对生鲜食品进行捆扎、裹包。玻璃纸（PT），制成包装袋或直接用软材裹包。PT加聚苯乙烯（PS）浅盘，主要是用于肉和蔬菜的超市包装冷藏。PT加纸板浅盘，用于新鲜净菜类的超市冷藏包装。收缩膜，主要用于中小包装的扭结袋或热封裹包。

冷却与冷藏包装主要适用于果蔬产品、肉类鲜产品和鲜奶及鲜蛋等生鲜食品。特别是鲜肉的包装，应用冷却与冷藏技术后，使其保鲜期延长，且品质也得到提高，从而大大提高了鲜肉的价值。

（二）物理包装技术

物理包装法的原理主要是利用光、电、运动速度、压力等物理参数对生鲜食品进行作用，使之对环境反应迟缓，改变其原来的生物规律，最终实现保鲜。这里重点介绍高压放电所产生的臭氧保鲜方法和减压保鲜方法。

1. 臭氧保鲜包装技术

臭氧保鲜是当前在冷藏生鲜食品中应用得较多的一种物理方法。臭氧（O_3）是19世纪40年代被发现的，是一种氧的元素异型体，性质极为活泼。臭氧的生物学特征表现在强烈的氧化性和消毒效果上，能杀死空气中的病菌和酵母菌等，对果蔬农产品表面病原微生物生长也有一定抑制作用。但是臭氧无穿透作用，无选择特异性。臭氧的保鲜包装特性是利用它极强的氧化能力。臭氧极不稳定，易分解为初生态的氧原子和氧分子，即 $O_3 \rightarrow$ [O] + O_2，[O] 称为初生态氧原子，它氧化能力极强。当初生态的氧原子和霉菌等微生物接触时，就会使微生物的细胞氧化并破坏，导致微生物死亡。臭氧能抑制酶活性和乙烯的形成，降低乙烯的释放率并可使贮藏环境中的乙烯氧化失活，从而延缓果蔬产品的衰老，降低腐烂率。臭氧对果蔬采后生理的影响还有待研究。

（1）臭氧保鲜包装的应用效果

臭氧可作为净化空气和生鲜食品的消毒剂。应当指出，臭氧可以降低空气中的霉菌孢子数量，减轻墙壁和包装物表面的霉菌生长，减少贮藏库内的异味，但它对防止腐烂无效。由于真菌潜伏的位置存在大量的还原性物质，臭氧在损伤组织处迅速失去活性，不可能抑制损伤处病原菌的浸染，阻止病原建立寄生浸染关系，更不能抑制潜藏在表皮下的病菌。因此，实际上臭氧对控制水果和蔬菜腐烂的作用不大，甚至无效。

（2）应用中应注意的问题

一是臭氧配合低温在生鲜食品保鲜包装上具有较好的效果。二是臭氧可对冷库中贮藏的生鲜食品进行杀菌，并可把某些腐败的有机物氧化，去除臭味和异味。试验表明，当臭氧浓度达到 $4 \sim 5 \ mg/cm^3$ 时，环境中的霉菌可减少一半。三是臭氧难溶于水，且穿透力弱。因此，在生鲜食品进行保鲜包装时，应分别对生鲜食品均匀地摊放后，再进行臭氧处理。同时对包装材料与容器的内外进行臭氧处理后，马上进行包装。四是最好在生鲜食品的贮藏或货架上定期进行表面臭氧处理。五是将臭氧、酶制剂、低温三者相结合会更有效果。

2. 减压保鲜包装技术

减压保鲜包装就是将包装的生鲜食品置于低大气压环境中贮藏保鲜，也可简称减压贮藏，属气调冷藏的进一步发展。具体方法就是将贮藏环境（如贮藏库）中的气压降低，造成一定的真空度，一般是降到 10 kPa 以下。这种减压方法最先在番茄、香蕉等水果类果蔬上试验，取得成效后现已被用于其他生鲜食品的保鲜贮藏。在减压方法处理后的条件下，可使果蔬的保鲜期比常规冷藏的保鲜期延长几倍，是一种具有广阔前景的保鲜包装技术。

（1）减压保鲜的原理

减压保鲜的原理是使包装贮藏环境中的气压降低，便于生鲜食品（果蔬）组织中的气体成分向外扩散，使体内或环境中气体更新，从而抑制了微生物生长，最终达到保鲜的目的。

①降低气压

减压贮藏的原理是降低气压，使空气中的各种气体组成成分的浓度都相应地降低。例如，气压降至正常的 1/10，空气中的各种气体组成成分也降为原来的 1/10，此时氧浓度仅为 2.1%，这就创造了一个低氧浓度的条件，从而可起到类似气调贮藏的作用。

②组织内气体向外扩散

减压处理能促使植物组织内气体成分向外扩散，这是减压贮藏更重要的作用。组织内气体扩散对保鲜起关键作用的是使乙烯这类有害气体向外扩散。植物组织内气体向外扩散的速度，与该气体在组织内外的分压差及其扩散系数成正比；扩散系数又与外部的压力成反比，所以减压处理能够大大加速组织内乙烯向外扩散，减少内部乙烯的含量。

③消除气味物质在组织中积累

减压气流法不断更新空气，各种气味物质不会在空气中积累。低压还可以抑制微生物的生长发育和孢子形成，由此而减轻某些浸染性病害。在 13.60 kPa 的气压下，真菌孢子的形成被抑制，气压越低，抑制真菌生长和孢子形成的效果就越明显。减压处理的产品移入正常的空气中，后熟仍然较缓慢，因此可以有较长的货架期。

（2）减压保鲜包装中存在的问题

如果在包装容器中减压就变为了减压保鲜包装。目前，减压贮藏也存在着一些不足之处。对生物体来说，减压是一种反常的逆境条件，会因此而产生新的生理障碍，发生新的生理病害，产品对环境压力的急剧改变也会有反应，如急剧减压时青椒等果实会开裂，在减压条件下贮藏的产品，有的后熟不好，有的味道和香气较差。由于减压贮藏要求贮藏室经常处于比大气压低的状态，这就要求贮藏室或贮藏库的结构是耐压建筑，在建筑设计上还要求密闭程度高，否则达不到减压目的，这就使得减压库的造价比较高。

（三）气调保鲜包装技术

1. 气调包装定义

气调包装（modified atmosphere packaging，MAP）的定义有各种表达形式。国际上通用的气调包装定义为：通过改变包装内气氛，使食品处于不同于空气组分的气氛环境中来延长保藏期的包装。

根据上述定义，有很多种包装技术都可认为是气调包装，如真空包装、充气包装、气体气味吸收包装等。但随着技术的深入和演变，这些包装技术已成为独立体系。而更为确切地理解气调包装，则是先将包装内空气抽出后再充入所要求的气体。这种包装才是人们目前所认可的气调包装，即 MAP。

MAP 的英文含义是改善气氛的包装，它比较确切地表达了气调包装技术的定义。CAP 的英文含义是控制气氛的包装，由于软包装材料的透气性和食品与包装内气体相互作用使包装内气氛不可能控制，因而被认为是误称。虽然国际上 MAP 与 CAP 有时通用，但包装业界已逐步统一将气调包装称为 MAP。MAP 有时也称为气体包装（gas packaging），包装内充入单一气体，也可充入两种气体。而气体种类和组分可根据各类食品防腐保鲜要求确定。这种通过充入单一气体或多种混合气体来改变包装内气氛的气调包装是食品气调包装的主要包装形式。

2. 气调包装技术原理

气调包装就是通过对包装中的气体进行置换，使食品得以在改性的气体环境中达到保质保鲜的目的。该包装方法从产生至今已有几十年的历史。20 世纪 70 年代生鲜食品在西欧、日本已经普遍采用此包装。20 世纪 80 年代以来，由于消费者希望得到少用防腐剂等化学物质的无污染食品，因此在保质的前提下应尽可能保鲜（颜色、味道、硬度），而且生产者、经营者也期望食品能有较长的货架期。

气调包装防腐保鲜的基本原理是用保护性气体（单一或混合气体）置换包装内的空气，抑制腐败微生物繁殖、降低生物活性、保持产品新鲜色泽以及减缓新鲜果蔬的新陈代谢活动，从而延长产品的货架期或保鲜期。气调包装内保护气体种类和组分要根据不同产品的防腐保鲜要求来确定，才能取得最佳的防腐保鲜效果。

气调包装技术原理的核心就是利用气体对微生物细菌、病菌的抑制，减缓生物反应速度来延长产品货架寿命。

3. 气调包装方法

气调包装方法主要是根据包装产品特性、所用包装容器（材料）和包装后贮运条件进行包装。具体方法是清洁包装和包装产品再配制气调，同时抽出包装容器内空气，紧接着充入配制气调，封口密封，成型，最终进入装箱贮运。其方法的关键在于根据产品特性选择包装材料和包装气体。如果包装已定，则关键就是在于选择和配制气体（比例）。

4. 气调包装材料

气调包装常用材料有以下三大类。

（1）纸箱类

一般配合冷库，多用瓦楞纸箱包装，主要用五层瓦楞纸板所制纸箱。同时箱内单个实体用纸或聚乙烯塑料薄膜进行裹包。

（2）塑料类

多为单质的聚乙烯、聚氯乙烯制成的包装袋进行包装，聚氯乙烯主要用作大袋。

（3）复合材料

以聚乙烯、聚氯乙烯薄膜为基材与纸箱复合的纸塑包装，另外也有用聚丙烯作基材进行复合制袋的包装品。另外还有多层聚合物共挤的复合塑料类包装材料，这类复合塑料类包装材料成为应用最多的气调包装材料。其中聚乙烯复合包装在小袋气调包装中应用最广。

为了保持包装内混合气体给定的浓度，对食品气调包装包括新鲜果蔬的包装材料有以下几点要求：一是包装材料的机械强度。包装材料有一定的抗撕裂和抗戳破的强度，尤其是包装新鲜的鱼和带骨的肉。二是包装材料的气体阻隔性。由于大多数塑料包装材料对 CO_2 的透气率比对 O_2 的透气率大 $3\sim5$ 倍，所以食品气调包装要求采用对气体高阻隔性的多层塑料复合包装材料，高阻隔性的 PVDC 和 EVOH 是塑料复合包装材料的最佳阻隔层。三是包装材料的水汽阻隔性。为了避免包装产品因失水而损失重量，食品气调包装的包装材料要求有一定的水汽阻隔性，推荐采用透湿量为 0.1（$m^2 \cdot 24\ h \cdot 38℃$）的包装材料。四是包装材料的抗雾性。大多数的气调包装食品都要求冷藏贮藏，包装内外温差使水分在包装膜内产生雾滴而影响产品外观。因此必须采用抗雾性塑料包装材料，使包装内水分不形成雾滴。五是包装材料的热封性。为了保持包装内的混合气体，包装袋或盒的封口要求有一定强度，而且完全密封，无微小的泄露。聚乙烯的热封性最可靠。

新鲜果蔬的塑料包装膜用作包装内外的气体交换膜，便于从大气中补充包装内被果蔬需氧呼吸所消耗的 O_2 和从包装内排出果蔬呼吸所产生的过多的 CO_2，因此要求采用透气性的塑料包装材料，而不是阻气性的包装材料。

（四）生物包装技术

生物技术包括传统生物技术和现代生物技术两部分。传统生物技术指已有的制造酱、醋、酒、面包、奶酪、酸奶及其他食品的传统工艺；而现代生物技术则指以现代生物学研究成果为基础、以基因工程为核心的新兴学科。当前学者们谈论的生物技术均指现代生物技术。现代生物技术主要包括：基因工程、细胞工程、酶工程、发酵工程、蛋白质工程。这五项工程中，最有希望用于食品包装领域的是酶工程。

生物酶是一种催化剂，可用于食品包装而产生特殊的保护作用。研究表明，食品（包括很多生鲜食品和农副产品）都是由于生物酶的作用而产生变质霉烂的。将现代生物技术用于食品包装也就是"以酶治酶、以酶攻酶"来实现其包装作用。生物酶用于农产品包装是生物技术在食品包装上的典型应用。生物酶在农产品包装上的应用主要是制造一种有利于农产品保质的环境。它主要根据不同农产品所含酶的种类而选用不同的生物酶，使农产品所含不利于农产品保质的酶受到抑制或降低其反应速度，最终延长农产品的货架期。

生鲜食品的生物酶保鲜包装技术就是将某些生物酶制剂用于生鲜食品的保鲜包装。其技术工艺体现在三个方面：酶钝化处理；生物酶制剂处理；包装装料密封处理。酶钝化处理是利用空气放电的方式产生臭氧和负离子，使生鲜物料表面的酶产生钝化。其作用是使生鲜食品表面酶的活性降低，使之对周围环境失去灵敏性，降低其呼吸强度，以提高其保鲜效果。生物酶制剂处理是配制酶为主要原料的组合体，将这种酶组合体与所要进行保鲜包装的农产品一道装入包装中。包装装料密封处理是将包装材料、包装农产品、酶组合体用密封或非完全密封方式进行包装，又简称为装料密封的包装处理。所谓装料密封的包装处理就是将经过多道工序处理后的生鲜食品（食物、物料）进行包装。其包装是利用包装材料（如包装膜及包装片材、软材等）或包装容器按一定的量包装后再进行密封。其容器由多种材料制成，如聚酯瓶、玻璃瓶、陶瓷瓶等。作为大批量使用包装材料的以密封性薄膜为多。有关包装处理工序中所用到的包装薄膜，可根据密封性要求和材料本身性能加以选择。一般来说，应选择透气性和密封性较好的塑料薄膜或复合薄膜。但还需要有一定的透气性，否则包装成品膨胀得太大而影响包装成型与占体积。

本章练习

一、单项选择题

1. (　　)是指将生鲜食品的温度降低到某一指定的温度，但不低于生鲜食品汁液的冻结点。

A. 生鲜食品的冷却

B. 生鲜食品的冻结

C. 生鲜食品的冷藏

D. 生鲜食品的冰温贮藏

2. 一般热鲜肉的保质期为(　　)天。

A. 1 天

B. 1 ~ 2 天

C. 3 天

D. 3 ~ 5 天

3. 水果蔬菜的保鲜温度范围为(　　)。

A. −15℃ ~0℃

B. −5℃ ~5℃

C. 0℃ ~15℃

D. 10℃ ~20℃

4. 冷却水的温度在(　　)。

A. 0℃ ~3℃

B. −2℃ ~5℃

C. 2℃ ~15℃

D. 10℃ ~20℃

二、多项选择题

1. 空气冷却的方式主要有以下几种(　　)。

A. 冷藏间冷却

B. 通风冷却

C. 差压式冷却

D. 冷水冷却

2. 生鲜食品冷却时的变化有(　　)。

A. 水分蒸发

B. 冷害

C. 移臭

D. 生理作用

3. 新冷冻食品的技术有(　　)。

A. 被膜包裹冻结技术

B. 超声冷冻技术

C. 高压冷冻技术

D. 冰核活性细菌冻结技术

4. 生鲜食品冷链的环节有（　　）。

A. 冷冻加工

B. 冷冻贮藏

C. 冷藏运输

D. 冷冻销售

三、简答题

1. 简述生鲜食品冷链加工的含义。

2. 生鲜食品冷却方法与装置有哪些？

3. 生鲜食品的冻结方法与装置是什么？

4. 生鲜食品的解冻方法都包括什么？

5. 简述生鲜食品冷链流通、加工与包装。

项目九　肉类冷链物流

任务导入

肉类冷链物流是农产品冷链物流最大的部分之一，做好肉类冷链物流是关系农产品冷链物流发展的大事。通过本章学习，掌握肉类冷却加工技术，是做好肉类冷链物流环节中的管理重点。

学习大纲

1. 了解肉类冷链物流知识
2. 掌握肉类加工技术
3. 掌握肉类的冷藏与保鲜知识
4. 了解肉品的鲜度管理与陈列

任务一　肉类冷链物流概述

肉类营养价值丰富，是人类食物蛋白的重要来源，含有人体必需的氨基酸、钙、磷、铁及维生素等成分。同时，肉中含有的糖原、氨基酸等丰富的营养成分，也是微生物生长繁殖的良好基质。健康动物的血液和肌肉通常是无菌的。动物屠宰后，由于血液循环停止，吞噬细胞的作用停止，动物表面滋生的微生物就会沿着血管进入肉的内层，进而深入到肌肉组织，造成肉的腐败变质。肉类生产消费过程中，任何不适当的操作和贮运都可能造成肉类的腐败变质，从而危害人们的身体健康。冷藏或冷冻是肉类生产和消费中抑制微生物生长繁殖的重要手段之一。

一、肉及肉类冷链物流概念

（一）肉的定义

肉是指各种动物宰杀后所得可食部分的总称，包括肉尸、头、血、蹄和内脏部分。在肉品工业中，按其加工利用价值，把肉理解为胴体，即畜禽经屠宰后除去毛（皮）、头、蹄、尾、血液、内脏后的肉尸，俗称白条肉，它包括肌肉组织、脂肪组织、结缔组织和骨组织。肌肉组织是指就骨骼肌而言，俗称"瘦肉"或"精肉"。胴体因带骨又称为带骨，肉剔骨以后又称其为净肉。胴体以外的部分统称为副产品，如胃、肠、心、肝等称作脏器，俗称下水。脂肪组织中的皮下脂肪称作肥肉，俗称肥膘。

（二）肉类冷链物流

是指在肉类屠宰、分割加工、包装、贮藏、运输、销售，直至最终消费过程中，使肉保持在0℃~4℃的冷藏条件或−20℃~−30℃的冷冻条件所需要的，包括车间冷却、冷藏间贮存、冷藏车运输、批发或零售等中间周转冷库或冰柜临时贮存，以及家庭冰箱贮存等的全程温度控制系统。现代肉类冷链物流解决了肉类生产、运输销售及消费过程对于温度的需求。

图9−1　肉

二、肉的分类

肉的分类方法有很多，从肉的冷藏保鲜程度可以分成热鲜肉、冷却肉和冻结肉三大类。

（一）热鲜肉

热鲜肉是指凌晨宰杀，清早上市的"热鲜肉"，未经任何降温处理的畜肉。刚宰的畜肉即刻烹调，即使利用一等烹调技法，味道也并不鲜美，而且肉质坚韧，不易煮烂，难以咀嚼。这是因为宰杀后畜肉需要经过一定时间的"后熟"过程，才使肉质逐渐变得柔软、多汁、味美。刚杀的猪肉酸碱度为中性，在肉中酶的作用下使动物淀粉转为乳酸，使肉质开始僵硬，此过程夏季一般为1.5小时，冬季为3~4小时。此后肉中三磷酸腺苷迅速分解，形成磷酸，使pH值降至5.4时肉呈酸性，使肉质完全僵硬。从开始僵硬到完全僵硬的时间越长，则保持鲜度的时间也越长，而处于僵硬期的鲜肉既不易煮烂，也缺乏风味。在酶的继续作用下，肉质开始变软，产生一定弹性与肉汁，并具芳香滋味，此过程称为肉的"后熟"过程。肉的"后熟"过程的快慢与效果，取决于环境的温度与牲畜的体质。环境气温越高，"后熟"过程越快，衰老体弱的牲畜，组织中缺乏糖原，酶活力不强，致使"后熟"过程延长，甚至"后熟"效果不好，这是老牲畜、瘦牲畜肉味不美的原因。

2. 冷鲜肉

冷鲜肉，又叫冷却肉、冰鲜肉，是指严格执行兽医检疫制度，对屠宰后的畜胴体迅速进行冷却处理，使胴体温度（以后腿肉中心为测量点）在 24 小时内降为 0℃~4℃，并在后续加工、流通和销售过程中始终保持 0℃~4℃ 范围内的生鲜肉。

发达国家早在 20 世纪二三十年代就开始推广冷鲜肉，在其目前消费的生鲜肉中，冷鲜肉已占到 90% 左右。

冷鲜肉克服了热鲜肉、冷冻肉在品质上存在的不足和缺陷，始终处于低温控制下，大多数微生物的生长繁殖被抑制，肉毒梭菌和金黄色葡萄球菌等病原菌分泌毒素的速度大大降低。另外，冷鲜肉经历了较为充分的成熟过程，质地柔软有弹性，汁液流失少，口感好，滋味鲜美。冷鲜肉有以下特点。

（1）安全系数高

冷鲜肉从原料检疫、屠宰、快冷分割到剔骨、包装、运输、贮藏、销售的全过程始终处于严格监控下，防止了可能的污染发生。屠宰后，产品一直保持在 0℃~4℃ 的低温下，这一方式，不仅大大降低了初始菌数，而且由于一直处于低温下，其卫生品质显著提高。而热鲜肉通常为凌晨宰杀，清早上市，不经过任何降温处理。虽然在屠宰加工后已经卫生检验合格，但在从加工到零售的过程中，热鲜肉不免要受到空气、昆虫、运输车和包装等多方面污染，而且在这些过程中肉的温度较高，细菌容易大量繁殖，无法保证肉的食用安全性。

（2）营养价值高

冷鲜肉遵循肉类生物化学基本规律，在适宜温度下，使屠体有序完成了尸僵、解僵、软化和成熟这一过程，肌肉蛋白质正常降解，肌肉排酸软化，嫩度明显提高，非常有利于人体的消化吸收。且因其未经冻结，食用前无须解冻，不会产生营养流失，克服了冻结肉的这一营养缺陷。冷冻肉是将宰杀后的畜禽肉经预冷后在 -18℃ 以下速冻，使深层温度达 -6℃ 以下。冷冻肉虽然细菌较少，食用比较安全，但在加工前需要解冻，会导致大量营养物质流失。除此之外，低温还减缓了冷鲜肉中脂质的氧化速度，减少了醛、酮等小分子异味物的生成，并防止其对人体健康的不利影响。

（3）感官舒适性高

冷鲜肉在规定的保质期内色泽鲜艳，肌红蛋白不会褐变，此与热鲜肉无异，且肉质更为柔软。因其在低温下逐渐成熟，某些化学成分和降解形成的多种小分子化合物的积累，使冷鲜肉的风味明显改善。冷鲜肉的售价之所以比热鲜肉和冷冻肉高，原因是生产过程中要经过多道严格工序，需要消耗很多的能源，成本较高。

合格与不合格的冷鲜肉，单从外表上很难区分，两者仅在颜色、气味、弹性、黏度上有细微差别，只有做成菜后才能明显感觉到不同，合格的冷鲜肉更嫩，熬出的汤清亮醇香。

3. 冷冻肉

冷冻肉是指畜肉宰杀后，经预冷，继而在 -18℃ 以下急冻，深层肉温达 -6℃ 以下的肉品。经过冻结的肉，其色泽、香味都不如新鲜肉或冷却肉，但保存期较长，故仍被广泛采用。

冷冻肉由于水分的冻结，肉体变硬，冻肉表面与冷冻室温度存在差异，引起肉体水分蒸发，肉质老化干枯无味，称作"干耗"现象。冷冻肉的肌红蛋白被氧化，肉体表面由色泽鲜明逐渐变为暗褐色。随着温度渐降，肉组织内部形成个别冰晶核，并不断从周围吸收水分，肌细胞内水分也不断渗入肌纤维的间隙内，冰晶加大，从而使细胞脱水变形。由于大冰晶的压迫，造成肌细胞破损，从而使解冻时肉汁大量流失，营养成分减少，风味改变。若将刚宰杀的新鲜肉在 −23℃快速结冻，则肉体内部形成冰晶小而均匀，组织变形极少，解冻后大部分水分都能再吸收，故烹调后口感、味道都不错，营养成分损失亦少。如果冻结时间过长，也会引起蛋白质的冻结变性。解冻后，蛋白质丧失了与胶体结合水再结合的可逆性，冻肉烹制的菜肴口感、味道都不如新鲜肉。

冷却肉与鲜肉相比，多数微生物受到抑制，更加安全卫生；它与 −18℃以下冻结保存的冷冻肉相比，又具有汁液流失少、营养价值高的优点。因此，冷却肉是比新鲜肉卫生，比冷冻肉更富营养的肉，值得大力推广。

三、肉的化学成分

肉的成分因动物种类有所不同，一般成分主要包括水分、蛋白质、脂肪及少量碳水化合物等物质。另外肉中还会有其他各种非蛋白质含氮化合物，无氮有机化合物及维生素 A、B_1、B_2、C 等。

四、肉在流通中的质量变化

（一）死后僵直

肌肉变得僵硬和收缩，失去柔软特性的现象。

（二）解僵成熟（排酸）

僵直达到顶点并保持一段时间后，肌肉再行逐渐软化，解除僵直状态并持续嫩化的过程。

（三）肉的自溶

成熟后的肉仍在不停地变化，肌肉组织成分继续发生分解，致使肉的鲜度下降，风味消失，这时即进入了肉的自溶阶段。自溶阶段的肉应尽快加工食用，不宜再作贮藏。

（四）肉的腐败

自溶阶段进一步发展，微生物作用逐步加剧，肉中营养物质被分解成各种最低级产物，致使肉在外观上、肉质上失去原来的性质，进而不适合食用，这是肉的腐败。

肉腐败的外观特征主要表现为表面发黏，颜色变化，气味恶化。腐败菌从肉的表面开始大量繁殖，继而沿着结缔组织向深层扩散。

蛋白质在微生物的作用下，发生复杂的生物化学变化，产生各种胺类、有机酸、有机碱低级化合物。严重腐败后期会产生吲哚、甲基吲哚、二氧化碳、硫化氢、氨、甲烷、三甲胺、酚、腐胺等，使肉发生腐败恶臭味并具有毒性。

因而，肉在流通中要保持肉品的新鲜，就必须把肉的成熟阶段保持到消费的最后阶段。肉类保鲜的关键是延长死后僵直阶段的时间，采用食品冷冻技术和冷链物流。

五、我国肉类冷链物流状况及存在问题

（一）我国肉类冷链物流状况

1. 肉类冷链物流日益普及

运用冷链设施进行肉类产品的运输、储存，在保持肉类新鲜度的同时还可以减少由于肉类腐败变质等带来的损耗，降低经营成本。在我国，大多数肉类是在没有冷链条件下运输和销售的。但近年来，由于冷却肉的高品质、高安全性，使其在投入市场后很快就得到了消费者的认可。冷却肉是指在0℃~4℃的温度下加工处理并流通贮存，被公认为是世界上最好的生鲜肉。在冷却肉生产过程中，要求在屠宰后的24小时内将胴体温度降至0℃~4℃，然后在此温度下进行分割、剔骨、包装，并在贮藏、运输直至到达最终消费者的冷藏箱或厨房的过程中温度要始终保持在0~4℃的范围内，这种肉在嫩度、口感、风味、营养、多汁性和安全性等方面都优于无任何冷却条件下加工的热鲜肉。随着消费者对冷却肉的逐渐青睐，肉类冷链物流也逐渐从屠宰、加工、运输、销售等环节一直延伸至普通消费者家庭。

2. 肉类冷链体系逐渐改善

人类利用低温条件来贮藏食品的历史可追溯到古代，早在公元前1000年前，我国劳动人民就开始利用天然冰雪贮藏肉类。但这种原始的冷藏方法无法有效地控制肉类在贮藏过程中的温度。到了19世纪，人工冷源开始逐渐代替了天然冷源，使冷藏的技术手段发生了根本性的变革。20世纪，冷冻机用于肉类冷藏的方法在我国也迅速得到推广。新中国肉类冷链建设始于20世纪50年代，主要应用在肉品出口方面，除了贮藏过程采用冷藏手段外，还改装了一部分冷藏运输车作为运输工具。20世纪90年代，我国颁布了《食品卫生法》，推动了食品冷链，尤其肉类冷链的发展。近些年来，我国肉类冷链也不断发展，冷链不仅应用于肉类贮存，还应用于肉类屠宰、分割加工及运输、销售等过程，肉类冷库建设，公路、铁路、港口、航空等肉类冷藏运输的冷链物流配送中心已初具规模，一些中小型冷藏设备如冰箱、冰柜等普及到超市、农贸市场、商店和家庭。尤其是形成了以一些大型肉类龙头企业自身为先导的，涵盖屠宰、分割加工、贮藏、运输、销售等全过程的完善的肉类冷链体系。

3. 政府日益重视

从政府层面来看，改变国内落后的冷链物流面貌已经被提到议事日程。"十五"期间，政府为适应食品，尤其肉类，小包装和冷鲜产品生产的需要，坚持向社会开放、市场化经营、增加配送功能的指导原则，在城市尤其是大城市，配套发展了储藏、运输、销售不中断的"冷链化"物流，加速冷库的技术改造、经营管理和全方位服务工作，提高冷库利用

率和社会服务面；在运输和销售环节，大力倡导冷藏集装箱运输和按规定温度展示销售产品的新形式。

（二）肉类冷链物流存在问题

1. 肉类冷链基础设施建设不足

原有设施设备陈旧，各地区的发展和分布不均衡，很难为肉类流通系统提供低温保障。在我国，建于 20 世纪 80 年代以前的冷库约占全国冷库容量的一半，这部分冷库库龄大都在 30 年以上。随着企业改革转制，冷库作为自负盈亏的企业被推向市场，不少企业都未能按时足额提留冷库维修基金，致使不少冷库年久失修，设备老化，制冷系统锈蚀严重的管道不能得到及时更换，磨损渗漏的阀门也无法更新，整个冷库制冷系统氨制冷剂跑、冒、漏的现象严重。随着肉类工业快速发展，冷库安全隐患不断出现，事故频频发生，不仅对企业、行业造成相当大的经济损失，而且对人身安全造成伤害，目前已经引起全社会的密切关注。

2. 肉类保鲜及冷链物流技术手段落后

"新鲜"是鲜活农产品的生命和价值所在，但由于鲜活农产品存在含水量高、保鲜期短、极易腐烂变质等问题，大大限制了运输半径和交易时间，因此，对运输效率和流通保鲜条件就提出了很高的技术要求。长期以来，农民备受"丰产不丰收，增产不增收"之苦，主要原因就是没有发展农产品贮运加工以及农产品保鲜技术与手段，其中肉类精深加工量占肉类总产量的不足 5%，使得易腐产品在流通过程造成巨大损耗，肉类损耗达 10%~15%。此外，相应的肉类冷链物流技术也很落后。冷却肉最重要的是保证肉品经济、安全、按时、保鲜地从生产者抵达消费者，因此，从农户到最终消费者的整条物流链上，还要利用先进的低温物流控制技术，如温度记录与跟踪、商品验收、温度监控点设定、SOP建立等，并与电子商务技术相结合，为生产、供应、运输和销售提供冷链技术支持。目前我国肉类冷链温度的监控大多采用人工记录方式，信息传递技术比较落后。

3. 肉类冷链物流缺乏整体规划和有效衔接且完善独立的冷链体系尚未建立

就肉类冷链体系整体而言，肉类冷链缺乏整体规划。肉类冷链物流量大、点多、面广、时间性强，牵扯的部门、人员也多，包括综合计划部门、业务主管部门、交通部门、发运、中转、接收地政府部门和肉类企业等，这些特点决定了各部门必须统一协调，才能确保肉类冷链体系的有效运转，而目前缺少这种统一协调性。在冷库建设方面，国家缺乏统筹规划，长期以来重视城市经营性冷库建设，轻视产地加工型冷库建设；重视大中型冷库建设，轻视批发零售冷库建设，使得有的地区或企业冷库容量过剩，大多时候处于闲置状态，而有些地区或企业的冷库容量则严重不足。此外，上游的生产企业和下游的零售商的冷链系统不能有效衔接，存在相互脱节的问题，给肉类的卫生保鲜造成了一些不稳定因素，带来潜在的安全隐患。

4. 肉类冷链的市场化程度很低且第三方介入很少

我国肉类销售的物流配送业务多由生产企业和销售企业完成，第三方物流发展十分滞后，肉类销售服务网络和信息系统不够健全，信息的及时性和准确性差，同时肉类冷链的成本和商品损耗亦很高。长期以来，大多肉类企业从采购、生产到销售的整个供应链还停留在传统的储运模式上，由于一些企业不具备专业的冷链物流运作体系，也没有冷链物流配送中心，而冷链物流中心的建设是一项投资巨大、回收期长的服务性工程，建立冷链物流中心不仅使企业不能集中财力、物力、人力进行产品研发和市场竞争，而且还使产品成本居高不下。据有关部门测算，生鲜产品的物流成本占产品售价的七成以上。另一方面，从整个肉类产销业来看，企业各自建立自身的冷链系统，也往往造成了肉类流通设备的重复投资建设。

5. 肉类冷链的相关配套措施不完善

一个完善的肉类冷链体系，除了拥有冷链加工、冷藏设施、冷链运输设施和先进技术等基础条件外，其他相关的配套措施也是必不可少的，如冷链专业人才、冷链管理法规与标准等。我国目前缺乏冷链方面的专业人才，现有从业人员对冷链物流理论研究、冷链操作及冷链管理认识不足。对于整个冷链系统，只有有了统一的标准，才能对冷链质量实施过程性监督和控制，才能保障冷链质量。目前与肉类冷链相关的国家标准仍为空白，也缺乏相应的法律法规。从冷链物流管理角度来看，我国冷链各环节间缺乏沟通或联合，有关法律法规不健全，使冷链物流的规划、管理十分困难，整个市场状况显得较为混乱。冷链物流过程中无法可依、无标准可循，即使有也缺乏监控和管理。

（三）发展对策建议

1. 鼓励和支持大型肉类生产企业发展企业冷链物流设施

各级政府应从政策上为大型肉类企业冷藏物流业的发展创造良好的政策环境。对于企业的冷链设施建设，国家应给予财政支持或给予倾向性优惠经济政策。国家除了支持大型肉类企业新建冷链设施外，还应鼓励大型肉类企业利用现有国有冷藏设施。现有国有冷藏设施应对外开放，搞好承包和租赁服务，但不能削弱其他食品行业的发展需要。

2. 积极投资大型中继性肉类冷链物流中心建设，搞好统筹规划与实施

按照国家流通设施标准，一些大型的中继性冷链物流中心属于公益性的流通基础设施，建议由国家投资兴建，或由国家集资建设，并在政策上给予投资方一定的优惠。对于按经济区划规划在全国范围建立的中继性低温冷藏物流中心，应进行统筹安排与实施。

3. 积极支持发展第三方肉类冷链物流企业

在肉类冷链模式方面，要积极发展多种形式的肉类冷链流通模式，重点要发展一大批大型的专门独立从事肉类流通与批发的第三方肉类冷链物流企业，包括中继性肉类冷藏物流中心和城市肉类冷链物流配送中心等。国家应该对现有肉类冷库资源进行调查，结合肉类大物流节点规划，制定流通冷链布局方案。采取多种融资渠道，整合物流资源，利用现有大中型冷库，将其改造为城市肉类冷藏配送中心，建立专业化、社会化的物流企业，成为对社会服务的"第三方物流"。提倡肉类企业物流外包，提高第三方物流的比重，推动第三方物流产业的发展。

4. 大力推动肉类食品的现代流通方式的发展

现代流通方式是指连锁经营、物流配送、电子商务。在肉类冷链物流产业政策导向上应提倡推行现代流通方式，推进连锁经营和物流配送，加快建立配送信息管理系统。现代流通方式不仅关系到能否适应不断变化的消费结构，也将对肉类生产方式的选择产生重要

的引导作用。我国传统的农贸市场多是销售非工业化肉类加工厂点的肉品，而超市等先进零售业一般出售机械化肉类加工企业的品牌肉品，流通方式与生产方式相互匹配的特点十分突出。要大力推进肉类流通的工业化进程，适应消费升级的要求，提倡和发展肉类食品现代流通方式。

5. 加大肉类冷链技术与设备的科研投入

针对我国肉类冷链技术落后和冷链设备不先进的问题，国家应在科学研究上给予资助。对先进肉类冷藏保鲜技术进行积极研究，对新型高效节能的冷藏运输装备、冷却装置等技术设备要集中攻关研制，其中在大型先进冷藏车、大型高效节能冷却装置以及节能冰柜等技术装备的研制与应用方面要优先进行。

6. 加快肉类冷链专业人才队伍建设

我国现有冷链专业人才严重不足。国家要在部分高校设置冷链技术专业，并在部分专业开设冷链技术课程，培养一大批专业冷链技术人才。

任务二　肉类冷却加工工艺

一、肉的冷却

（一）冷却的目的

冷却即是将食品的温度降低到指定的温度，但不低于其冻结点。畜禽屠宰后，胴体的温度较高，一般在37℃左右，由于肉体的温度高和表面潮湿，最适宜于微生物的生长繁殖，这对于肉的保藏是极为不利的。

肉类冷却的目的，在于迅速排除肉体内部的含热量，降低肉体深层的温度，并在肉的表面形成一层干燥膜（干壳）。肉体表面的干燥膜可以阻止微生物的生长和繁殖，延长肉保藏时间，并减缓肉体内部水分的蒸发。

此外，冷却也是冻结的准备过程。对半胴体的冻结，由于肉层厚度较厚，若用一次冻结，常常是表面迅速冻结，使肉内层的热量不易散发，从而使肉的深层产生"变黑"等不良现象，影响成品质量；同时一次冻结，温差过大，引起肉体表面的水分大量蒸发，从而影响肉体重量和质量的变化。

（二）冷却条件的选择

1. 温度的选择

肉的冰点在-1℃左右，冷却终温以0℃～4℃为好。因而冷却间在进肉之前，应使空气温度保持在-4℃左右。在进肉结束之后，即使初始放热快，冷却间温度也不会很快升高，使冷却过程保持在0℃～4℃。对于牛肉、羊肉来说，在肉的pH值尚未降到6.0以下时，肉温不得低于10℃，否则会发生冷收缩。

2. 空气相对湿度（Rh）的选择

冷却间的Rh对微生物的生长繁殖和肉的干耗起着十分重要的作用。在整个冷却过程中，水分不断蒸发，总水分蒸发量的50％以上是在冷却初期（最初1/4冷却时间内）完成的。因此在冷却初期，空气与胴体之间温差大，冷却速度快，Rh宜在95％以上；之后，宜维持在90％~95％之间；冷却后期Rh以维持在90％左右为宜。这种阶段性地选择相对湿度，不仅可缩短冷却时间，减少水分蒸发，抑制微生物大量繁殖，而且可使肉表面形成良好的皮膜，不致产生严重干耗，达到冷却目的。

3. 空气流速的选择

空气流动速度对干耗和冷却时间也极为重要。为及时把由胴体表面转移到空气中的热量带走，并保持冷却间温度和相对湿度均匀分布，要保持一定速度的空气循环。冷却过程中，空气流速一般应控制在0.5~1米/秒，最高不超过2米/秒，否则会显著提高肉的干耗。

（三）肉类冷却方法和设备

方法：空气强制冷却。

设备：落地式或吊顶式冷风机。

冷却间条件如下：第一，肉体与肉体之间有3~5米距离，气流速度适当、均匀。第二，最大限度地利用冷却间的有效容积。第三，全库胴体在相近时间内冷却完毕。第四，控制冷却时间和冷却后食品中心点温度。第五，在肉的最厚部位——大腿处附近适当提高空气流速。第六，冷却间灭菌。

二、肉的冷却工艺

（一）冷却肉工艺流程

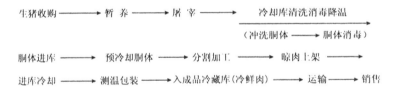

1. 畜肉冷却

目前国内外对畜肉冷却主要采用一次冷却法、二次冷却法和超高速冷却法。

（1）一次冷却法

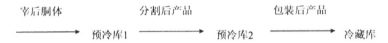

国内的冷却方法是：进肉前冷却库温度先降到-1℃~-3℃，肉进库后开动冷风机，使库温保持在0℃~3℃，10小时后稳定在0℃左右，开始时相对湿度为95％~98％，随着肉温下降和肉中水分蒸发强度的减弱，相对湿度降至90％~92％，空气流速为0.5~1.5米/秒。

（2）二次冷却法

宰后胴体　　　　　　　　快速冷却后胴体　　　　　　　快速冷却后胴体
───────→　快速冷却间　───────→　冷却间　───────→

第一阶段，空气的温度相当低，冷却库温度多在 -10℃ ~ -15℃，空气流速为 1.5 ~ 3 米/秒，经 2 ~ 4 小时后，肉表面温度降至 0℃ ~ -2℃，大腿深部温度在 16℃ ~ 20℃。第二阶段空气的温度升高，库温为 0℃ ~ -2℃，空气流速为 0.5 米/秒，10 ~ 16 小时后，胴体内外温度达到平衡，约 2℃ ~ 4℃。

①快速冷却间

进料前库温 -10℃ ~ -15℃并恒温 10 分钟，每米轨道挂放猪胴体 3 个（两轨道之间胴体品字排列），进料时间 1 小时间，冷风机风速 20 米/秒，相对湿度 92% ~ 95%，进料后库温 -8℃ ~ -10℃，冷却时间 3 ~ 4 小时，胴体冷却后平均温度 <12℃。

②恒温冷却间

进料前库温 -2℃ ~ -1℃；进料后库温 0℃ ~ 4℃；冷风机风速 15 ~ 20 米/秒；相对湿度 90% ~ 92%；冷却时间 >12 小时；胴体冷却后平均温度 <2℃ ~ 4℃；胴体冷却总损耗 16%。

③速冻隧道

锁气室通过时间 5 分钟，室温 -15℃，空气平均流速 2 米/秒；第一部分通过时间 45 分钟，室温 -18℃，空气平均速 2 米/秒；第二部通过时间 65 分钟，室温 -10℃，空气平均流速 2 米/秒。

经速冷隧道 115 分钟冷却后，胴体平均温度降到 8℃ ~ 10℃，胴体表面温度为 0℃ ~ -1℃，再经 0℃ ~ 4℃冷却间冷却 12 小时，使整个胴体温度 2℃ ~ 4℃，整个过程胴体冷却总损耗在 12% ~ 14%。

采用两阶段快速冷却法的优点是冷却肉的质量优于一般冷却法，肉表面干燥，外观良好，肉味佳；肉品干耗少，比一般冷却法减少 40% ~ 50%，平均为 1%；快速冷却肉在分割时汁液流失减少 50%；在相同的生产面积下生产量比一般方法快 1.5 ~ 2 倍。缺点是快速冷却会引起牛羊肉的寒冷收缩现象，导致肉在后熟时也不能得到充分软化。另外，冷却肉在 0℃左右的冷藏间只能贮藏 1 ~ 2 周。

（3）超高速冷却法

库温 -30℃，空气流速为 1 米/秒，或库温 -20℃ ~ -25℃，空气流速 5 ~ 8 米/秒，大约 4 小时即可完成冷却。此法能缩短冷却时间，减少干耗，缩减吊轨的长度和冷却库的面积。

2. 禽肉的冷却

禽肉的冷却方法很多，如用冷水、冰水或空气冷却等。

在国内，一般小型家禽屠宰加工厂常采用冷水池冷却。采用这种方法冷却时，应注意经常换水，保持冷水的清洁卫生，也可加入适量的漂白粉，以减少细菌污染。在中型和较大型的家禽屠宰加工厂，一般采用空气冷却法。进肉前库温降至 -1℃ ~ -3℃，肉进库后开动冷风机，使库温保持在 0℃ ~ 3℃，相对湿度 85% ~ 90%，空气流速 0.5 ~ 1.5 米/秒，经 6 ~ 8 小时肉最厚部中心温度达 2℃ ~ 4℃时，冷却即告结束。在冷却过程中，因禽体吊挂在挂钩上而下垂，往往引起变形，冷却后需人工整形，以保持外形丰满美观。

三、肉的冻结

经过冷却的肉虽能保藏一定的时期，但不能长时间的贮藏，因为冷却肉的温度在冰点以上，细胞组织中的水分尚未结冻。这样的温度和湿度，对于微生物和酶的活动能力虽有一定程度的抑制，但不能使其终止。因此，要使肉能长期贮存并适于长途运输，必须将肉冻结，也就是将肉的温度降低到低于汁液冻结温度，一般在 -15℃ ~ -20℃，使肉中大部分汁液冻结，以造成不利于微生物生长、繁殖和延缓肉内各种生化反应的条件。

（一）冻结的目的与冻结前肉的选择

1. 冻结

将肉的温度降低到 -18℃ 以下，肉中的绝大部分水分（80% 以上）形成冰结晶。该过程称为肉的冻结。

2. 目的

冻结是使肉类保持在低温下防止肉体内部发生微生物的、化学的、酶的以及一些物理的变化，以防止肉类的品质下降。

3. 冻结前肉的选择

屠宰后肉的变化，从热鲜肉到变质肉要经过尸僵、成熟、腐败三个连续变化的阶段。冻结肉的质量与肉在冻结前所处的状态有关。

热鲜肉：不能直接进行冻结，这是因为：一是肉深层的温度在一定时间内很高，产生"变黑"不良现象；二是温差过大，肉表面潮湿使水分大量蒸发，这些水汽会在冷冻装置上结成厚厚的冰霜，降低冷冻装置的传热系数；三是易使肉产生冷收缩和解冻僵直现象，使肉的嫩度下降。

尸僵阶段的肉：肌肉处于强直阶段，蛋白质水化作用程度最低，肉的保水性也最低，肉中出现不同程度的"离浆"现象。即水分在肉中组织胶体结构中的分布处于最不利的状态，肉在冻结后，解冻时会丧失大量肉汁，降低持水能力。

成熟阶段的肉：肌肉的组织结构发生了明显的变化，肌纤维的小片化，肌原纤维的解离，冻结时，其组织结构破坏更加明显，解冻时，会丧失大量肉汁。

死后僵直结束阶段的肉：这时的肉由于保水性得到部分恢复，硬度降低，肉汁流失较少，在冻结时发生的自溶属于成熟阶段，并在长期保管过程中，自溶变化不会超出不良的范围。

因此，用以冻结的肉应当是死后僵硬结束后的肉，即冷却肉。

（二）冻结的过程与条件

随着冻结的进行，肉内的温度逐渐下降，首先表层迅速冻结，接着结冻层和未结冻层之间的界限不断地向中心移动，使得肉中可溶性物质逐渐集中到剩余的液相中，液相的浓度逐渐增大，使液相的冰点逐渐下降。根据拉乌乐（Roult）第二法则，冰点降低与摩尔浓度成正比，每增加 1 摩尔浓度冰点下降 1.86℃。

通常温度在 -0.5℃ ~ -2.5℃时肉开始冻结出现冰晶,这时的温度称为肉的冻结点。随着温度继续降低水分的冻结量逐渐增多,当温度降到 -62℃ ~ -65℃时肉中水分全部冻结成冰,这时温度称为肉的冰晶点。这样低的温度工艺上一般不用,只要绝大部分水冻结,就能达到贮藏的要求,所以一般是 -18℃ ~ -30℃。

冻结的条件:根据肉类在冻结过程中的变化规律,知道冻结速度愈快愈好,特别是应尽快通过最大冰结晶生成带,因此,冻结室的气温不得高于 -15℃,一般以 -23℃ ~ -25℃为宜(国外多采用 -30℃ ~ -40℃),冻肉的最终温度以 -18℃为最适宜,因这时蛋白质变性程度最小。空气相对湿度以90% ~95%左右为宜,风速以1.5 ~2米/秒为宜。

(三)冻结的程度和冻结速度

肉内水分的冻结量可用冻结率表示,其近似值为:

$$冻结率 = 1 - \frac{肉的冻结点}{肉的温度}$$

肉的结冻速度,一般按单位时间内肉体结冻的速度(厘米/小时)来表示,通常分为以下三种:一是冻结速度为0.1 ~1厘米/小时,称为缓慢冻结;二是冻结速度为1.1 ~5厘米/小时,称为中速冻结;三是冻结速度为 >5厘米/小时,称为快速冻结。

缓慢冻结与快速冻结之比较如下。

肉如果在 -4℃以下进行缓慢结冻,由于细胞外液可溶性物质比细胞内液少而先结冰,则肌细胞内的水分因周围渗透压的变小而渗透到肌细胞周围的结缔组织中,使结缔组织中的冰晶越来越大,肌细胞脱水变形。肉中冰晶大,往往造成肌细胞膜破损,解冻后使肉汁大量流失。冻结时,肉的局部还会发生盐类浓缩吸水现象,破坏蛋白质水化状态,而使水分、养分减少。因此,缓慢冻结不但会改变肉的组织结构,也会降低营养价值。

在 -23℃下进行快速冻结,组织液和肌细胞内液同时冻结,形成的冰晶小而均匀,许多超微冰晶都位于肌细胞内。肉解冻后,大部分水分都能被再吸收而不致流失。所以,快速冻结较理想。

(四)肉类冻结工艺

1. 畜肉冻结

畜肉的冻结方法有两步冻结法、一次冻结法和超低温一次冻结法。

(1)两步冻结法

鲜肉先行冷却,而后冻结。冻结时,肉应吊挂,库温保持 -23℃,如果按照规定容量装肉,24小时内便可能使肉深部的温度降到 -15℃。这种方法能保证肉的冷冻质量,但所需冷库空间较大,结冻时间较长。

(2)一次冻结法

肉在冻结时无须经过冷却,只需经过4小时风凉,使肉内热量略有散发,沥去肉表面的水分,即可直接将肉放进冻结间,保持在 -23℃下,冻结24小时即成。这种方法可以减少水分的蒸发和升华,减少干耗1.45%,冻结时间缩短40%,但牛肉和羊肉会产生冷收缩现象。该法所需制冷量比两步冻结法约高25%。

（3）超低温一次冻结法

将肉放在 -40℃ 冻结间中，只需数小时至 10 小时，肉的中心温度达到 -18℃ 即成。此法冻结后的肉，色泽好，冰晶小，解冻后的肉与鲜肉相似。

2. 禽肉冻结

禽肉的冻结一般是在空气介质中进行的，采用吊挂式强冷风冻结或搁架式低温冻结。

冻结间的空气温度一般为 -23℃，空气相对湿度为 85% ~ 90%。当禽体最厚部肌肉中心温度达 -16℃ 时，冻结即告结束，这一过程需 12 ~ 18 小时。

采用快速冻结工艺，即悬架连续输送式冻结装置，使吊篮在 -28℃ 的冻结间连续缓慢运行，从不同角度受到冷风吹，只需 3 小时左右，即可使禽肉中心温度达 -16℃。快速冻结的禽肉质量好，外形美观，干耗小（低于 1%），效益高。

3. 直接冻结工艺的几点要求

肉胴体必须先放到凉肉间分级暂存，待累积到相当于一间冻结间容量时，一次性迅速送入冻结间。进货前冻结间的冷风机必须冲好霜，库温需降到 -15℃ 以下时，才可以进货。

在进货时，要求边进货，边开冷风机，边开供液阀进行供液降温。进完货后，要求冻结间的室温在 0℃ 以下。在冻结期间，为了充分发挥冷风机的工作效率，保证冻结质量，要求在肉温降到 0℃ 时再一次进行水冲霜。

配备适应的冷风机和机器设备，保证制取足够的冷量，使肉体温度能在 16 ~ 20 小时内达到 -8℃ ~ -15℃。

4. 直接冻结工艺的优点

冻结时间比两阶段冻结工艺缩短 40% ~ 50%；干耗减少，比两阶段冻结可降低 40% ~ 45%；耗电量减少，经测定，每冻结一吨肉，直接冻结工艺耗电量为 63 度，两阶段冻结工艺耗电量为 80.6 度，直接冻结比两阶段冻结每吨肉省电 17.6 度。

减少建筑面积，降低投资，不需再建冷却间，约可减少建筑面积 30%。节约劳动力，由于不经冷却，直接冻结节约劳动力约 50% 左右。

5. 冻结的设备

吹风式冻结设备：冷风机。

半接触式冻结设备：搁架排管加鼓风设备或平板冻结器。

知识连接：

现代肉类冷链物流系统对于确保肉类生产安全和消费安全，促进肉类产业，乃至畜牧业、食品工业及相关产业的发展具有重要的意义。我国应加快肉类冷链发展，减少肉类损耗，保证肉类卫生安全，更新消费者饮食观念，顺应肉类食品发展的安全化、方便化、功能化的变革趋势。

任务三 肉类的冷藏与保鲜

低温保藏是现代肉类贮藏的最好方法之一，它不会引起肉的组织结构和性质发生根本变化，却能抑制微生物的生命活动，延缓由组织酶、氧以及热和光的作用而产生的化学的和生物化学的过程，可以较长时间保持肉的品质。在众多贮藏方法中，低温冷藏是应用最广泛、效果最好、最经济的方法。

一、肉的冷藏原理

肉的腐败变质，主要是由微生物的生命活动和肉自身中的酶所进行的生物化学反应所造成的。我们知道，微生物的繁殖、酶的催化作用，都需要有适当的温度和水分等条件，环境不适宜，微生物就会停止繁殖，甚至死亡，酶也会丧失催化能力，甚至被破坏。如果把肉放在低温（-18℃以下）条件下，则微生物和酶对肉的作用就变得很微小了。肉在冻结时，生成的冰结晶使微生物细胞受到破坏而不能繁殖，酶的反应受到严重抑制，另外氧化等反应的速度，也因温度低而显著减慢。因此肉就可较长时间地贮藏而不会腐败变质。

利用低温冷藏肉与肉制品的优缺点可以概述如下：低温可以减缓或完全抑制微生物的发展，但却不能使微生物完全死亡，因而冻结不能保证肉的完全灭菌；低温保藏食品可使食品的结构、成分和性质变化最小，与其他方法相比是一种比较理想的保藏方法；低温能急剧地减慢肉的自溶过程的发展，但在实际中采用的温度范围内，都不能使其发展停止；低温保藏具有临时性，低温中止时，作用就随之消失。

二、冷却肉的冷藏

经过冷却的肉类，一般存放在 -1℃~1℃ 的冷藏间（或排酸库），一方面可以完成肉的成熟（或排酸），另一方面达到短期储藏的目的。冷藏期间温度要保持相对稳定，进肉或出肉时的温度不得超过3℃，相对湿度保持在90%左右，空气流速保持自然循环。

（一）冷却肉在贮藏期间的变化

1. 发黏和发霉

发黏和发霉是冷藏肉最常见的现象，这是肉在冷藏过程中微生物在肉表面生长繁殖的结果。与肉表面的微生物污染程度和相对湿度有关。微生物污染越严重，湿度越高，肉表面越易发黏、发霉。

2. 干耗

肉类在低温贮藏过程中，其内部水分不断从表面蒸发，使肉不断减重，俗称"干耗"。冷藏期的干耗与空气湿度有关。湿度增大，干耗减小。肉在冷藏中，初期干耗量较大。时间延长，单位时间内的干耗量减少。

3. 变色

肉在冷藏中若贮藏不当，牛、羊、猪肉会变成绿色、黄色、褐色等，鱼肉产生绿变，脂肪会变黄。这些变化有的是在微生物和酶的作用下发生的，有的是本身氧化的结果。但色泽的变化是品质下降的表现。

4. 串味

肉与有强烈气味的食品存放在一起，会使肉串味。

5. 成熟

冷藏过程中可使肌肉中的化学变化缓慢进行，而达到成熟。目前肉的成熟一般采用低温成熟法即冷藏与成熟同时进行。

6. 冷收缩

主要发生在牛、羊肉中，它是屠杀后在短时间内进行快速冷却时出现的一种肌肉强烈收缩现象。这种肉在成熟时不能充分软化。

（二）冷藏方法

1. 空气冷藏

以空气作为冷却介质，由于费用低廉，操作方便，是目前冷却冷藏的主要方法。冷却肉一般存放在 -1℃ ~1℃ 的冷藏间（或排酸库），一方面可以完成肉的成熟（或排酸），另一方面达到短期贮藏的目的。冷藏期间温度要保持相对稳定，以不超出上述冷却温度范围为宜。进肉或出肉时温度不得超过3℃，相对湿度保持在90%左右，空气流速保持自然循环。

2. 冰冷藏法

常用于冷藏运输中的冷却肉冷藏，用冰量一般难以准确计算，主要凭经验估计。

三、冻肉的冻藏

将冷冻后的肉贮藏于 -18℃ ~ -21℃，温度波动不超过 ±1℃ 的低温库中，在尽量保持肉质量的前提下贮藏一定的时间。冻藏间的温度一般保持在 -15℃ 以下，相对湿度保持在95%左右，空气流速采用自然循环即可。

（一）肉在冻结和冻藏期间的变化

1. 容积增加

水变成冰所引起的容积增加大约是9%，而冻肉由于冰的形成所造成的体积增加约为6%。肉的含水量越高，冻结率越大，则体积增加越多。在选择包装方法和包装材料时，要考虑到冻肉体积的增加。

2. 干耗

肉在冻结、冻藏和解冻期间都会发生脱水现象。对于未包装的肉类，在冻结过程中，肉中水分大约减少0.5% ~2%，快速冻结可减少水分蒸发。在冻藏期间重量也会减少。冻藏期间空气流速小，温度尽量保持不变，有利于减少水分蒸发。

3. 冻结烧

在冻藏期间由于肉表层冰晶的升华，形成了较多的微细孔洞，增加了脂肪与空气中氧的接触机会，最终导致冻肉产生酸败味，肉表面发生黄褐色变化，表层组织结构粗糙，这就是所谓的冻结烧。冻结烧与肉的种类和冻藏温度的高低有密切关系。禽肉脂肪稳定性差，易发生冻结烧。采用聚乙烯塑料薄膜密封包装隔绝氧气，可有效地防止冻结烧。

4. 重结晶

冻藏期间冻肉中冰晶的大小和形状会发生变化。特别是冷冻库内的温度高于 -18℃，且温度波动的情况下，微细的冰晶不断减少或消失，形成大冰晶。实际上，冰晶的生长是不可避免的。经过几个月的冻藏，由于冰晶生长的原因，肌纤维受到机械损伤，组织结构受到破坏，解冻时引起大量肉汁损失，肉的质量下降。

5. 蛋白质变性

冻结往往使鱼肉蛋白质尤其是肌球蛋白，发生一定程度的变性，从而导致韧化和脱水。牛肉和禽肉的肌球蛋白比鱼肉的稳定得多。

6. 变色

冻藏期间冻肉表面颜色逐渐变暗。颜色变化也与包装材料的透氧性有关。

7. 风味和营养成分变化

大多数食品在冻藏期间会发生风味和味道的变化，尤其是脂肪含量高的食品。多不饱和脂肪酸经过一系列化学反应发生氧化而酸败，产生许多有机化合物，如醛类、酮类和醇类。醛类是使风味和味道异常的主要原因。冻结烧、Cu^{2+}、Fe^{2+}、血红蛋白也会使酸败加快。添加抗氧化剂或采用真空包装可防止酸败。对于未包装的腌肉来说，由于低温浓缩效应，即使低温腌制也会发生酸败。

（二）冻结的方法

1. 空气冻结法

是指以空气作为与氨蒸发管之间的热传导介质。在肉类工业中，此法是应用得最多最广泛的方法。空气冻结法优点是经济、方便，缺点则是由于空气是热的不良导体，因而冻结速度较慢。

2. 液体冻结法

是指以液体（一般为氯化钠和氯化钙）作为肉体与氨蒸发管之间的热传导介质，故又称盐水冻结法。这种方法除鱼类以外，在肉类工业中目前还极少应用。

3. 二氧化碳冻结法

用冰、盐混合物及固态二氧化碳冻结，在冻肉临时保藏和冻肉运输等方面有时采用这种方法。

4. 液氮冻结法

液氮冻结是利用氮沸点在常压下为 – 195.8℃，食品（分割肉和肉制品）通过雾状的液氮而冻结。

（三）肉的解冻

各种冻结肉在食用前或加工前都要进行解冻，从热量交换的角度来说，解冻是冻结的逆过程。由于冻结、冻藏中发生了各种变化，解冻后肉要恢复到原来的新鲜状态是不可能的，但可以通过控制冻结和解冻条件使其最大限度地复原到原来的状态。

1. 解冻方法和条件

解冻方法有很多，如空气解冻法、水解冻法、高频及微波解冻法。从传热的方式上可以归为两类，一类是从外部借助对流换热进行解冻，如空气解冻、水解冻；另一类是肉内部加热解冻，如高频电和微波解冻。肉类工业中大多采用空气解冻法和水解冻法。

空气解冻法：又称自然解冻，以热空气作为解冻介质，由于其成本低，操作方便，适合于体积较大的肉类。这种解冻方法因其解冻速度慢，肉的表面易变色、干耗、受灰尘和微生物的污染。故控制好解冻条件是保证解冻肉质量的关键，一般采用空气温度14℃ ~ 15℃，风速2米/秒，相对湿度95% ~98%的空气进行解冻。

水解冻法：以水作为解冻介质，由于水具有较适宜的热力学性质，解冻速度比相同温度的空气快得多，在流动水中解冻速度更快。一般用水温度为10℃左右。水解冻的缺点是营养物质流失较多，肉色灰白。

2. 解冻速度对肉质的影响

解冻是冻结的逆过程，冻结过程中的不利因素，在解冻时也会对肉质产生影响，如冰晶的变化、微生物、酶的作用等。为了保证解冻后肉的状态最大限度地复原到原来的状态，一般对冻结速度均匀，体积小的产品，应用快速解冻，这样在细胞内外冰晶几乎同时溶解，水分可被较好地吸收，汁液流失少，产品质量高；对体积较大的胴体，采用低温缓慢解冻，因为大体积的胴体在冻结时，冰晶分布不均匀，解冻时熔化的冰晶要被细胞吸收需一定的时间。这样可减少汁液的流失，解冻后肉质接近原来状态，如在 -18℃下贮藏的猪胴，用快速解冻汁液流失量为3.05%，慢速解冻汁液流失量只是1.23%。

（四）冷库管理

冷藏库的温度应保持在 -18℃以下，温度波动范围控制在2℃以内。配备温度显示装置和自动温度记录装置并定期检查。

库内保持清洁卫生、无异味，定期消毒，有防霉、防鼠、防虫设施。库内不得存放有碍卫生的物品，同一库内不得存放可能造成相互污染或者串味的食品。

除霜作业期间，肉品会不可避免地产生回温现象。一旦除霜结束后，应在1小时内使品温降低到 -18℃以下；或者进行除霜前，将肉品的品温降到 -18℃，甚至更低，使产品回温时不致高于 -18℃。

四、肉制品包装材料与包装技术

鲜肉的颜色是肌红蛋白和氧气作用的结果，因此包装材料的透气率必须保证鲜肉与氧气的结合达到最佳状态，以保证鲜肉的最佳颜色。从这个角度来说，一般要求包装材料具有较高的透气率。但另一方面，如果包装材料的透气率很高，则包装内氧气含量大，嗜氧性微生物繁殖速度较快，肉中脂肪的氧化也快。所以，一般通过包装和冷藏相结合的方法来达到保鲜抑菌的作用。

为了防止肉中水分的过度散失，应使储运环境的相对湿度保持在85% ~95%，这就要求使用透湿率低的包装材料，阻止包装内部与外部的气体交换和水分的损失。

（一）鲜肉的包装

鲜肉品质泛指肉色、风味、多汁性、柔嫩度、肌肉组织等，其中又以肉色为判断品质最简易、最重要的指标。肉色主要是基于三种肌红蛋白——肌红蛋白、氧合肌红蛋白和变性肌红蛋白在大气中的自然变化所致。在高氧分压的情况下，氧气渗透并围绕着肌红蛋白分子，与原血红素中的铁离子结合为氧合肌红蛋白，产生鲜红的肉色，而氧仍继续不断地与原血红素结合、解离。而在较低的氧分压下，肌红蛋白与氧合肌红蛋白变为棕褐色的变性肌红蛋白。因此，鲜肉的包装应选择透氧率良好的包装材料，但这种包装材料仅使用于鲜肉的短期贮存，因为鲜肉放置于大气中太久仍会变为褐色，同时也增加微生物的滋长和脂肪的氧化酸败。

实际生产中常见的鲜肉包装有如下几种方式。

1. 托盘

一般在超级市场销售的冷藏肉多用普利龙（Polystyrene，聚苯乙烯）托盘，托盘底层垫放吸水纸以吸附肉汁，使得肉格外鲜红，刺激消费者的购买欲。常用的透明膜材料有以下几种。

（1）玻璃纸（Cellophane）

一面涂覆硝化纤维，以此面与肉品接触则可吸收肉表面水分而呈饱和状态，进而促进氧气渗透以保持优良色泽，减少失重。但如玻璃纸两面皆涂覆硝化纤维者则不适用。

（2）聚乙烯（Polyethylene）

简称 PE，可分为低密度 PE、中密度 PE 和高密度 PE 三种，对氧的通透性大，尤以低密度 PE 为最，此外，抗酸碱、抗油性和水蒸气透过性亦佳，很适合包装鲜肉。此种材料唯一的缺点是抗张强度与耐磨性较差。

2. 真空包装

真空包装是指抽取包装内所有的空气并配合氧气透过率极低的包装材料，使外界的氧气也无法渗透入内，减低了鲜肉氧化、酸败的速率以确保鲜肉的新鲜度。真空包装的鲜肉在 1℃ ~ 1℃ 可贮存 14 ~ 20 天。真空包装本身比托盘包装的货架期延长 5 ~ 7 天，但是抽真空包装之后，由于阻断了氧气，一般肉品都会呈暗红色，有损外观。拆除包装后，冷却肉遇氧气又回复成鲜红的颜色，因此真空包装一般用于贮存时间较长而又要求高品质的酒店及一些大卖场等。

真空包装所使用的材料，除了防氧气透过性及收缩性良好的聚偏二氯化乙烯（PVDC）外，还有聚酯、聚酰胺或者尼龙、聚酯薄膜和聚乙烯多层等材料。其中聚偏二氯化乙烯的防止氧气和水蒸气的透过性为各种膜料之冠，然而最大的缺点是不能耐热封。聚酯具有很强的张力强度、软性；尼龙防止氧气透过率尚好，耐热、耐寒性亦佳，机械性也很强，但水蒸气透过率大，且价格昂贵，所以多以多层复合的形式作为鲜肉真空包装的材料。

3. 气调包装

气调包装也称充气包装，就是将包装袋内的空气抽去后再充入一定比例的氮气、二氧化碳气体和氧气，使氧气的渗入可能性降低至最低限度，以抑制微生物的生长繁殖，进而延长了产品的保鲜期。

4. 真空热缩包装

大块肉的包装还可以采用真空热缩包装，这种包装形式的好处在于既能有效减少破袋率，又能消除抽真空包装的汁液渗出现象。真空热缩的处理既抑制了冷却肉表面需氧菌的繁殖，又能预防冷却肉的二次污染，有效延长货架期，相比气调包装，运输方便，包装费用低廉。真空热缩包装在欧美发达国家应用比较普遍，是我国冷却肉包装很值得借鉴的包装方法。

（二）冷鲜肉的包装

如何延长冷鲜肉的保鲜期，是影响冷鲜肉发展的关键。选择合适的包装材料和包装技术，对提高冷却肉的保鲜期，保证肉品卫生和品质，能起到非常显著的效果。

1. 气调包装技术

也称气体置换包装，通过用合适的气体组成替换包装内的气体环境，从而起到抑制微生物的生长和繁殖，延长保鲜期的目的。具体做法是用 CO_2、N_2、O_2 三种不同气体按不同比例混合，CO_2 主要抑制细菌和真菌的生长，尤其是在细菌繁殖的初期，在低温和 20% ~ 30% 浓度时抑菌效果最佳；N_2 主要防止氧化酸败，抑制真菌的生长；O_2 主要生成氧合肌红蛋白，使肉品保持鲜红颜色，并抑制厌氧菌的繁殖。

（1）气调包装中使用的气体

生鲜肉类气调包装可分为两类：一类是猪、牛、羊肉，肉呈红色又称为红肉包装，要求既保持鲜肉红色色泽又能防腐保鲜；另一种鸡鸭等家禽肉，可称为白肉包装，只要求防腐保鲜。红肉类的肉中含有鲜红色的氧合肌红蛋白，在高氧环境下可保持肉色鲜红，在缺氧环境下还原为淡紫色的肌红蛋白。真空包装红肉，由于缺氧肉呈淡紫色，会被消费者误认为不新鲜而影响销售。红肉气调包装的保护气体由 O_2 和 CO_2 组成，O_2 的浓度需超过60% 才能保持肉的红色色泽，CO_2 的最低浓度不低于 25% 才能有效地抑制细菌的繁殖。各类红肉的肌红蛋白含量不同，肉的红色程度不相同，如牛肉比猪肉色泽深，因此不同红肉气调包装时氧的浓度需要调整，以取得最佳的保持色泽和防腐的效果。

（2）充气包装中各种气体的最适比例

在充气包装中，CO_2 具有良好的抑菌作用，O_2 为保持肉品鲜红色所必需，而 N_2 则主要作为调节及缓冲用。

猪肉气调包装保护气体的组成通常为 60% ~ 70% 的 O_2 和 30% ~ 40% 的 CO_2，0℃ ~ 4℃ 的货架期通常为 7 ~ 10 天。家禽肉气调包装目的是防腐，保护气体由 CO_2 和 N_2 组成，禽肉用 50% ~ 70% 的 CO_2 和 30% ~ 50% 的混合气体气调包装在 0 ~ 4℃ 的货架期约为 14 天。在肉类保鲜中，CO_2 和 N_2 是两种主要的气体，一定量的 O_2 存在有利于延长肉类保质期，因此，必须选择适当的比例进行混合。

（3）含 CO 的 MAP

CO 可与肌红蛋白结合生成樱桃红色的 CO – Mb，其结合力是氧气的 240 倍。研究表明，MAP 中有 0.4% ~ 1.0% 的 CO 就可保持肉的鲜红颜色。

肉在充气包装时，可采用透气率和透湿率低的薄膜制成包装袋，鲜肉用纸浆模塑托盘或发泡 PS 托盘衬垫后装入袋内。随后充入一定比例的 O_2、CO_2 和 N_2 并封口。由于 PVDC 具有极低的透气、透湿率，并且在我国已大量生产并投入使用，故鲜肉可采用 PVDC 薄膜进行封装。目前国外大量采用 PVDC/PE 复合薄膜进行包装。

鲜肉的充气包装也可以采用半刚性容器如吸塑浅盘的包装形式。目前国外某些国家采用 300 ~ 800 微米厚的复合塑料片材 EVC/EVA、PVC/EVOH/EVA 或 PS/EVOH/PE 吸塑成浅盘的形状，充填鲜肉和气体后，用涂布 PVDC（厚度 70 ~ 100 微米）的 PET/PE 或多层共挤的 PVC/PVDC/EVA 复合膜作为覆盖封口材料。由于我国用 PVDC 涂布或 PS/EVOH/

EVA共挤的复合材料尚未进入生产应用阶段，而其他材料的透气率又特别高，所以，浅盘形式的鲜肉充气包装需经历一段时间在中国才能进入实用阶段。

在欧美国家，超市中包装方便的生鲜肉品基本上是混合气体充气包装。用聚苯乙烯托盘装入生鲜肉品后，充入混合气体（O_2 70%～80%，CO_2 30%～20%），再以高阻气抗雾性聚氯乙烯薄膜紧密热封。目前这种方式在我国也开始应用。

2. 真空包装

通过抽真空形式，使包装紧贴肉品，抑制肉品中水分渗出，同时阻隔氧气，抑制细菌繁殖，提高肉品的安全性。分割肉的包装大量使用了真空贴体包装和热收缩包装、热成型拉伸包装。

真空包装由于除去了使脂肪酸败及微生物赖以生存的氧气，可使肉保存相当长的时间。但是传统的真空包装技术不完全适合包装鲜肉。因为真空包装鲜肉时，鲜肉基本上处于无氧环境中、鲜肉的颜色会变浅红或发白，这种颜色不利于鲜肉的销售。传统的真空包装方法一般适用于饭店餐馆等鲜肉需求量大且不注重鲜肉颜色的单位或部门。

如果在保证真空包装的储存效果时，使真空包装的颜色变好，则真空包装非常适合于销售包装。据此，可以考虑使真空包装的透气率在不同的流通阶段发生变化，即储存时保持较低的透气率，保证鲜肉不因氧气过多使微生物大量繁殖而腐败；销售时保持较高的透气率，使鲜肉快速与氧气反应生成氧合肌红蛋白，鲜肉呈现鲜红色，促进销售。这样可将鲜肉的真空包装设计成如图9-2所示。

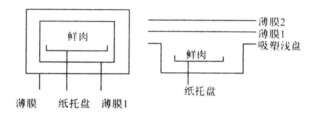

图9-2 利用薄膜真空包装

需要指出的是，不管是真空包装还是充气包装，必须与其他抑制微生物的方法相结合，才能最大限度地防止生鲜肉的腐败变质。这些方法主要包括降低水分活度、添加剂的使用、低温贮藏以及有机酸处理，它们的实质都是使微生物缺乏生长条件而无法生长繁殖。

3. 其他包装技术

（1）活性包装技术

技术由Pactive公司开发，这一活性包装技术解决了生鲜肉食的成色问题。生鲜肉用传统使用的发泡聚苯乙烯托盘放好，然后用聚氯乙烯薄膜作外包装并密封包装好。在一次包装密封前将高性能脱氧剂小包装在氮气条件下迅速密封。即托盘上的生鲜肉被密封在少氧充氮条件下，添加高性能脱氧剂后密封包装，然后再封入有密封性的二次包装中。当从二次包装中取出用MA包装的内层鲜肉包装放在商品陈列架上时，空气就能通过聚氯乙烯薄膜进入，而氧气也就同时增加了浓度，鲜肉再次呈现鲜红色。

（2）抗菌垫片法

抗菌垫片能够释放出挥发成分，具有优良的抗菌媒体，使垫片材料纤维素或者超高吸收性的聚合物材料具有抗菌功能。

（3）抗菌剂涂敷物法

Clemson 大学的 K. Cooksey 正在研究在包装材料上涂敷作为抗菌涂敷层的乳酸链球菌素（Nisin）及其类似物的性能。研究中的其他抗菌剂还有壳聚糖、二氧化氯、丙烯基异氰酸能、银离子和迷迭香的植物提取物等。乳酸链球菌素是乳酸发酵过程中制得的聚多肽。采用 156 国际单位（I. U.）的乳酸链球菌素涂敷层的包装薄膜能够抑制李氏特菌一类的微生物的增殖。

（4）智能包装

追踪入库、库存货物质量情况的位置传感器和信号发送机，不仅有实现的可能，而且也可能实现商业化生产。RFID 要比条形码更多地得到利用。在最新的智能包装技术的应用中，物理学的追踪在技术上要比生物学属性的技术有更大的实现可能。生物感知技术在包装中是可能实现的。

通过以上方法的运用，冷鲜肉的货架期在一定程度上可以延长。但要真正提高冷鲜肉的货架期和质量，最根本的硬件要求在于提高整个肉类加工企业的综合水平，建立完善的食品冷藏链，引导人们科学消费、健康消费；其次是采用先进的保鲜技术。其中，食品的非热杀菌技术（食品中低温杀菌技术和冷杀菌技术）在杀菌保鲜的同时，能够较好地保留肉和肉制品固有的色、香、味、形，越来越受人们的肯定和欢迎。

（三）冷冻肉的包装

冷冻肉包装材料除了要能防止氧气和水蒸气透过以避免脂肪的氧化酸败外，还必须能适应温度急剧的变化，随着冻结或解冻操作而收缩或膨胀。

1. 铝箔

铝箔可与其他材料复合成柔软性的包装材料用于包装冷冻食品，同时也可以加工成各种形状的半硬式包装容器来包装肉品或即食食品。其防水蒸气与气体透过性极好，但收缩性和热封性较差。

2. 塑胶膜复合材料

塑胶膜复合材料如尼龙与聚乙烯、聚乙烯与聚酯薄膜、低密度的聚乙烯、涂聚偏二氯化乙烯的聚丙烯等多层复合包装材料，常用于包装汉堡、牛排等，再装入涂蜡的纸箱后冷冻保存。

（四）加工肉制品的包装

为了维持加工肉制品的品质，肉制品的包装材料选择要考虑其生产加工、贮存及食用方式的特性。肉制品的包装材料很多，常用的包装材料可分为天然肠衣、人造肠衣及其他包装材料。

1. 天然肠衣

天然肠衣主要由猪、牛、羊的小肠、大肠、膀胱等加工而成，以猪肠衣和羊肠衣两种

图9-3　肠衣

最常用。选择时可以根据产品品质和大小特性。加工后的天然肠衣分为盐渍和干制两种。盐渍肠衣在使用前，要在清水中反复漂洗，充分洗去肠衣表面的盐及污物；干肠衣则应用温水浸泡，使其变软后使用。天然肠衣的优点是具有良好的韧性和坚实度，能够承受加工中的张力及热处理，而且具有收缩和膨胀的性能。缺点是粗细不匀，成本高，来源有限，不适合大规模自动化生产。

2. 人造肠衣

人造肠衣包括胶原肠衣、纤维素肠衣和塑料肠衣。人造肠衣的优点是规格统一，加工方便，适合规模化大生产，同时还可保存制品风味，延长保质期，减少干耗等。目前，在世界范围内已大量使用人造肠衣。我国除部分人造肠衣进口外，已能开始批量生产人造胶原肠衣及塑料肠衣。

（1）胶原肠衣

用动物胶做原料制成，具有透气性好、可以烟熏、规格统一、卫生、比天然肠衣结实、可大量生产等特点。胶原肠衣又可分为可食和不可食两种，可食的适合制作熏煮香肠类产品，不可食的主要用作风干类香肠。

（2）纤维素肠衣

纤维素肠衣是用短棉绒、纸浆作为原料制成的无缝筒状薄膜，具有韧性、收缩性和着色性，规格统一，卫生、透气，可以烟熏，表面可以印刷。这种肠衣小口径的主要用于熏烤无肠衣灌肠及小灌肠，熏煮后，冷水喷淋冷却，去掉肠衣再经过二次包装后销售；大口径的纤维素肠衣可以生产加工烟熏风味的火腿，熏煮冷却后不需要去掉肠衣，直接进行二次包装即可。

（3）塑料肠衣

塑料肠衣是利用聚乙烯、聚丙烯、聚偏二氯乙烯、聚酯塑料、聚酰胺等为原料制成的单层或多层复合的筒状或片状肠衣。其特点是无味无臭，阻氧、阻水性能非常高，具有一定的热收缩性，可满足不同的热加工要求，机械灌装性能好，安全卫生。这类肠衣被广泛应用于高温蒸煮火腿肠类及低温火腿类产品的包装。

五、其他包装材料

（一）铝箔

适用于传统肉制品的高温灭菌包装，具有较长的保质期。

（二）收缩袋

采用多层复合材料，阻氧、阻水性能比较高，具有热封性、收缩性、印刷性能，采用真空包装的形式，可以提高产品的货架期。用于低温肉制品的二次包装。

（三）拉伸膜

拉伸膜包装材料具有以下特点：拉伸强度高、纵横延伸率高、抗戳穿、防撕裂性能好、紧固性强，同时拉伸膜机械化程度高，特别适合肉制品的二次包装。包装后的产品美观大方，流通中安全卫生，已在西方国家广泛使用，近几年在我国较大的肉制品企业也得到广泛使用。

随着社会经济的发展及消费者对生活品质的追求，肉品包装与人们日常生活的关系日益密切，因此肉品包装材料与包装技术有着广阔的市场前景。真空热缩包装技术将是今后的发展方向，随着机械化程度的提高，拉伸膜包装技术会得到广泛的应用。对肉类包装材料与包装技术的研究，不仅可以提升肉类产品的附加值，同时可以推动整个肉类工业的进步。

任务四　肉类冷链运输

在运输肉类食品中冷链运输由于可以抑制酶的分解、氧化和微生物生长繁殖，从而保证牲畜肉类的新鲜。在冷链运输中通常牲畜肉类在 -18℃以下就能防止氧化， -23℃以下的低温可成倍延长冷藏期，其中猪肉最明显。冷链运输是牲畜肉类运输途中保存肉类食品新鲜，防止腐烂变质的重要方法。

图9-4　肉的运输

一、冷却肉运输注意事项

冷却片猪肉短途运输可采用保温车，长途运输应采用冷藏车吊挂式运输，装卸时严禁脚踏、触地；运输车、船的内表面以及可能与肉品接触的部分必须用防腐材料制成，从而避免改变肉品的理化特性或危害人体健康；运输途中，车、船内应保持0℃~5℃，80%~90%的湿度；运输车、船的装卸尽可能使用机械，以缩短运输时间；对于运输的胴体（1/2或1/4胴体），必须用防腐支架装置，以悬挂式运输，其高度以鲜肉不接触车厢底为宜。分割肉应避免高层堆起，最好库内有货架或使用集装箱，并且留有一定空间，以便于冷气顺畅流通。

二、冷冻肉运输注意事项

经冷藏车运输的冻肉主要有冻牛肉、冻羊肉、冻猪肉以及冻副产品。

冷冻分割肉应采用保温车运输，肉始终处于冻结状态，到目的地时，肉温不得高于-8℃；机械冷藏车装运，车内应保持-9℃~12℃。加冰冷藏车装运时，冰中加盐热季20%~25%，温季15%~20%，寒季10%~15%；发现有发软、色暗褐或有霉斑、气味杂腥等现象的冻肉不能承运；装载方法采用头尾交错、腹背相连、长短搭配，紧密装载不留空隙。

三、运输工具的卫生要求

运输车辆在上货前和卸货后应及时进行清洗和消毒。发货前，检验人员还必须对运输车辆及搬运条件进行检查，检查是否符合卫生要求，并签发运输检疫证明。

运输车辆内表面及可能与肉品接触的部分必须用防腐材料制成，从而不会改变肉品的理化特性，或危害人体健康。内表面必须光滑，易于清洗和消毒。配备适当装置，防止肉品与昆虫、灰尘接触，且要防水。

冷却片猪肉必须使用防腐支架装置悬挂式运输，其高度以鲜肉不接触车厢底为宜，运输车辆在整个运输过程中必须保持一定的温度要求。凡是运输肉品的车辆，不得用于运输活的动物或其他可能影响肉品质量或污染肉品的产品；不得同车运输其他产品（即使是头、蹄、胃，如果未经浸烫、剥皮、脱毛，也不得同车运输）。

任务五　肉品的鲜度管理与陈列

一、肉类的鲜度管理

（一）肉类鲜度管理的原理

肉是由肌肉组织、结缔组织、脂肪组织、骨骼组织等组成。肉易变色、易腐败主要原因如下。

一是肉的颜色主要是因为含有红色的色素肌红蛋白和血红蛋白。当肉与空气接触时，肌红蛋白与空气中的氧气结合形成氧合肌红蛋白，颜色由暗红色变成鲜红色，继续氧化后，氧合肌红蛋白中的二价铁元素变成三价铁元素，成为氧化肌红蛋白，当氧化肌红蛋白数量达到一定比例时，肉则呈现褐色，肉品已经开始变质。当微生物繁殖时产生的硫化氢与肌红蛋白结合生成硫化肌红蛋白时，肉就呈现绿色，表示肉品已经腐败。

二是肉的腐败变质主要是由细菌的污染和增殖而引起的。如果温度适宜，肉表面及内部的细菌会以惊人的速度增长，导致蛋白质、脂肪腐败分解，肉品表面出现黏液，色泽变差，甚至产生难闻的气味，完全失去食用的价值。

肉品所感染的细菌数量越多，温度越高，腐败就越容易，肉的保鲜期就越短。因此低温储存和清洁成为肉类鲜度管理的重要措施。肉类产品容易变质、变色，细菌容易繁殖，进行鲜度管理无非要从控制细菌的生长条件方面入手，商场所能够有效控制的方面有温度、清洁、时间，从而达到减少氧化、减少细菌污染、抑制细菌增长、延长肉品的保质期、保持肉品的正常鲜度和品质。

（二）肉类鲜度管理的措施

1. 温度管理法

肉品容易发生腐败的最适宜温度是20℃～25℃，在这个温度或更高的温度区间，5个小时内一个细菌可以增生10亿个细菌，所以采取多种方法降低肉品环境温度可有效防止肉品腐败、保持肉品的鲜度。

运输车应为冷藏车，温度维持在0℃～4℃。肉类到货后要及时验收入库，尽量缩短在常温下的时间。冷冻肉储藏温度是－18℃以下，鲜肉和冷鲜肉储藏温度是0℃～4℃。

要以适当的材质覆盖肉类原料及成品，肉类表面如果长时间受风吹袭，表面水分很容易流失，而产生褐色肉，损害口感，因此分装肉类尤其是边猪时要用塑料布盖上或保鲜膜包装后再储存。

一些易坏的禽肉制品，在包装箱内加入散冰以降低温度。分割处理室的温度控制在10℃～15℃，相对湿度80%～90%，且要有良好的通风设施，保证新鲜空气的持续流通，陈列柜的温度要控制在0℃～4℃。

2. 冷盐水处理法

用0.8%的0℃冷盐水对内脏、禽肉制品进行短时间的浸泡、洗涤5～10分钟，可起到降低肉制品的温度，使肉的表面温度与中心温度达到一致；同时流动的盐水可将肉品表面的细菌洗净，对肉品的消毒、保鲜非常有利。另外，可使在内部形成汁液的肉类利用冷盐水渗透而使肉质更加紧密，在分切时较为容易。

3. 减少细菌源法

做好运输车辆或容器、储藏冷库、加工间、设备、人员及工具的卫生管理及消毒工作，减少细菌的污染源；将已污染的肉制品的表面杂物剔除，包括肉屑、脂肪屑等杂料，减少对肉制品的污染；避免交叉感染，猪、牛、羊及禽类的储藏、处理要分开，包括刀具、砧板、加工机器的分开使用，并在不同的处理程序开始前设备设施要进行清洁、消毒，人员要洗手。

二、肉类的陈列管理

肉类的陈列原则和要求主要有以下几个方面。

（一）品质质检的原则

营业前必须质检以确定陈列的商品可以销售，营业中要复查。

（二）分类陈列的原则

主要考虑商品的分类、当地的风俗习惯以及防止交叉污染等因素；牛肉、羊肉、狗肉及其相关商品要同猪肉类商品分开陈列；各种肉类的散装陈列之间也要有挡板隔开。

（三）降低损耗的原则

商品陈列必须始终保持稳定的、适宜的温度环境，每天不少于三次检查陈列柜的温度；陈列时主要采取单层、纵向摆放为主要陈列方法；部分易损耗的肉品如猪内脏需打包陈列；冷冻品陈列不能超过冷冻柜的装载线。

（四）饱满陈列的原则

饱满陈列是基于销售的要求，陈列的品种要丰富、齐全，陈列的数量多而丰满，所有商品都要醒目不隐蔽。

（五）先进先出的原则

先进货、先生产的商品优先陈列，保质期短的商品陈列在保质期长的前面，补货时尤其注意。

（六）整齐美观的原则

不管是散卖还是打包，台面的摆放必须整齐美观；打包商品标价签一律贴在右上角；展示柜的照明用粉色灯管，以凸显肉色；陈列柜底部可用绿色或红色地毯铺垫，增强视觉效果。

本章练习

一、单项选择题

1. 根据肉的冷藏保鲜程度可以把肉分为(　　)。
A. 四类
B. 三类
C. 两类
D. 五类

2. 肉的冷却终温最佳为(　　)。
A. 0℃ ~ ℃
B. 1℃ ~ 3℃
C. −1℃ ~ −4℃
D. 0℃ ~ −4℃

3. 冷冻肉的低温库温度波动不超过(　　)。

A. ±1℃　　　　　　　　　　　B. 1℃

C. 2℃　　　　　　　　　　　　D. ±2℃

4. 加工肉制品的包装不包括(　　)。

A. 铝箔　　　　　　　　　　　B. 人造肠衣

C. 收缩袋　　　　　　　　　　D 塑胶膜复合材料

二、多项选择题

1. 冷鲜肉的特点有(　　)。

A. 安全系数高　　　　　　　　B. 营养价值高

C. 感官舒适性高　　　　　　　D. 利用价值高

2. 肉类冷藏办法有(　　)。

A. 空气冷藏　　　　　　　　　B. 冰冷藏法

C. 低温贮藏　　　　　　　　　D. 冷冻保存

3. 肉在冻结和冻藏期间的变化有(　　)。

A. 容积增加　　　　　　　　　B. 冻结烧

C. 重结晶　　　　　　　　　　D. 蛋白质变性

4. 解冻的方法有(　　)。

A. 空气解冻法　　　　　　　　B. 水解冻法

C. 常温解冻法　　　　　　　　D. 暴晒解冻法

三、简答题

1. 影响肉色变化的因素有哪些？

2. 何谓肉的尸僵？尸僵肉有哪些特征？

3. 何谓肉的成熟？影响肉成熟的因素有哪些？

4. 简述肉变质的原因及影响肉变质的因素。

5. 简述冷却肉生产的基本原则、冷却条件控制的一般原则。

项目十　水产品冷链物流

任务导入

　　随着我国经济的发展和人民消费水平的提高及消费习惯的改变，我国水产品及其加工品的消费规模快速增长，人民对水产品的新鲜度、营养性和食品安全等方面提出了更高要求。水产品冷链物流是提升水产品消费品质，减少营养流失，保证食品安全的必要手段。

学习大纲

1. 了解水产品冷链物流概念
2. 了解水产品冷加工工艺
3. 掌握水产品冷藏保鲜
4. 掌握水产品低温保活运输与鲜度管理

任务一　水产品冷链物流概述

一、水产品冷链物流概念

　　水产品冷链物流是指水产品从产地捕获后，在产品加工、贮藏、运输、分销、零售等环节始终处于适宜的低温控制环境下，最大限度地保证水产品品质和质量安全，减少损耗，防止污染的特殊供应链系统。

二、水产品的定义及分类

　　水产品是指鱼类、甲壳类、贝壳类、头足类、藻类等鲜品及其加工制品。

　　水产品行业按类别可划分为鲜活品、冷冻品、干制品、腌制品、罐制品、鱼糜及鱼糜制品等六大类。其产品主要包括：海水/淡水鱼类、海水/淡水虾类、海水/淡水蟹类、海水/淡水贝类、其他海水/淡水动物、冻海水/淡水鱼类、冻海水/淡水贝类、鱼类干制品、虾类干制品、贝类干制品、藻类干制品、腌制鱼、鱼罐头、其他水产品等。

　　鱼类营养丰富，表皮保护能力差，酶活性较强，鱼体表面和消化系统含有大量腐败菌；渔业生产季节性强，易导致产量集中、处理不当、机械损伤从而影响鱼体保藏。

图 10 - 1 水产品

三、水产品的成分与特性

（一）水产品的成分

水产品化学组成一般是水分为 70% ~ 80%，粗蛋白为 20% 左右，脂肪为 0.5% ~ 30%，糖类为 1% 以下，灰分为 1% ~ 2%。

1. 水分

水是生物体一切生理活动过程所不可缺少的，亦是水产食品加工中涉及加工工艺和食品保存性的重要因素之一。水产原料中鱼类的水分含量一般在 75% ~ 80%，虾类为 76% ~ 78%，贝类为 75% ~ 85%，海蜇类为 95% 以上，软体动物为 78% ~ 82%，藻类为 82% ~ 85%，通常比畜禽类动物的含水量（65% ~ 75%）要高。

2. 蛋白质

一般鱼肉中约含 15% ~ 22% 的蛋白质，虾蟹类与鱼类大致相同，贝类的含量较低为 8% ~ 15%，且因种类、季节而异。水产品是一种高蛋白、低脂肪和低热量的食物。鱼贝类以肌原纤维蛋白为主，肌浆蛋白、肌质蛋白较少。鱼类蛋白质有良好的营养价值，特别是赖氨酸含量特别高。鱼类蛋白质消化率和蛋、乳相同，高于畜产肉类。

3. 脂肪

鱼贝类脂质大致可分为非极性脂质和极性脂质，或者为贮藏脂质和组织脂质。鱼贝类中的脂肪酸大都是 C14 ~ C20 的脂肪酸，大致可分为饱和脂肪酸、单烯酸、不饱和脂肪酸。同一种鱼，养殖的风味往往略逊于天然的。其脂肪酸比例也有差异，这主要可能与饲喂的饵料有关。

4. 浸出物

在鱼贝类肌肉成分中，除了蛋白质、脂肪、高分子糖类之外，通常将那些水溶性的低分子成分统称为浸出物。浸出物成分中的大半是非蛋白态氮化合物，其不含氮的化合物则为有机酸、糖类等，在食品中起呈味作用。鱼肉中含有 1% ~ 5% 的浸出物，软体动物肉中含有 7% ~ 10%，甲壳类含有 10% ~ 12%。红身鱼肉中的浸出物含量多于白身鱼类，故滋味浓一些。浸出物中所含的非蛋白态氮化合物主要是游离氨基酸、低分子肽、核酸及其相关物质、氧化三甲胺、尿素等；不含氮的浸出物主要是有机酸类和糖类。

5. 维生素

鱼贝类的维生素含量随鱼种、鱼龄、渔场、营养状况、渔期及鱼体部位不同而异。维生素 D 与维生素 A 一样，多含在肝脏里，在沙丁鱼、鲣鱼、鲐鱼等红身鱼的肌肉中含量多，而在白身鱼肉中则很少。维生素 E 的含量随鱼贝类种类而异，每 100 克肉中平均含 0.5 ~ 1.0 毫克。水溶性 B 族维生素常存在于水产品的褐色肉和肝脏中。

6. 矿物质

水产品矿物质主要是磷、钠、铁、钙等成分，鱼类褐色肉中含铁量多。鱼贝类肉中钙的含量大多高于畜产动物肉。锰、镁、锌、铜等微量元素含量均高于畜肉中含量。

（二）水产品的特性

1. 种类的多样性

中国水产资源丰富，水产食品原料品种多，分布广。渔获物的种类远比农、畜产品多。水产品加工原料主要是指具有一定经济价值和可供利用的生活于海洋和内陆水域的生物种类，包括海洋和内陆水域的鱼类、甲壳动物、软体动物、棘皮动物、肛肠动物、两栖动物、爬行动物和藻类等。由此可见，水产加工原料覆盖的范围非常广，不仅有动物，而且有植物，无论是在体积还是形状上都千差万别，这就是水产加工原料的种类多样性。

2. 组成成分的易变性

由于水产加工原料多，其化学组成和理化性质常受到栖息环境、种类、性别、大小、季节和产卵等因素的影响而发生变化。水产品营养成分是由水分、蛋白质、脂肪、无机盐、维生素和糖类等组成的。鱼肉中的蛋白质和无机盐含量的变化并不大，而水分和脂肪含量的变化是较大的，而且脂肪含量的变化通常与水分含量成反比关系。

鱼贝肉的一般组成呈明显的种特异性。除个别鱼外，鱼肉蛋白质含量一般在20%。水产动物中脂肪含量的多少因种类、年龄、季节及摄食饵料等的状况不同而有差异。海洋洄游性中上层鱼类如金枪鱼、鲱、鲐、沙丁鱼等，脂肪含量大多高于鲆、鳕、鲽、黄鱼等底层鱼类。前者一般称为脂肪性鱼类，其脂肪含量通常在 10% ~ 15%，高时可达 20% ~ 30%；后者称为少脂肪鱼类，脂肪含量多在 5% 以下，鲆、鳕、鲽脂肪含量在 0.5% 左右。

鱼贝肉的一般组成，即使是同一种类，也因渔场、季节、鱼龄等而有显著变化。鱼体的部位不同，脂肪含量也不同。金枪鱼的脂肉（含脂质较多的腹肉）超过20%，但金枪鱼的红色肉部分的脂肪含量仅 1.4%，部位差异幅度极大。一般年龄大、体重大的鱼类，其肌肉总脂肪的含量高于年龄、体重小的鱼。暗色肉的脂肪含量高于普通肉的含脂量。

3. 水产品的营养性与功能性

从氨基酸组成、蛋白质的生物效用来看，鱼贝类蛋白质的营养价值并不逊于鸡蛋、肉类等优质蛋白质。人们在水产食品原料中发现并提取了许多生理活性物质，例如，海洋生物多糖种类繁多，其中许多表现出明显的生理活性。在海洋活性物质研究中，活性多糖的研究是一个重要方面，目前的研究工作多集中在大型海藻类多糖及棘皮动物和贝类动物多糖方面，如卡拉胶、褐藻胶、琼脂、甲壳质、氨基多糖等。甲壳素是虾蟹类等外壳的重要成分，据推测每年甲壳素的生物合成量超过 10 亿吨，是一种巨大的可再生资源。二十碳五烯酸（EPA）、二十二碳六烯酸（DHA）对人类的健康有着极为重要的生理保健功能。众所周知，EPA、DHA 主要来自海洋动物中的油脂，特别是鱼油中含量较高。EPA、DHA 的主要生理功能：一是预防心血管疾病；二是健脑和预防老年性痴呆；三是预防免疫系统疾病；四是保护视力；五是预防癌症。牛磺酸是生物体中的一种含硫氨基酸，对维持人体正常生理功能有很重要的作用，在海洋贝类和鱼类中含量丰富。由于水产食品原料中含有各种各样的生物活性物质，因此就赋予水产食品的营养性和功能性鲜明的特色。同时水产品中还含有许多未知的有效成分等待人们去研究开发。

4. 水产品的易腐败性

水产品中海藻属于易保鲜的品种，而对于鱼贝类来说则特别容易腐败变质。其原因如下。

一是鱼体在消化系统、体表、鱼鳃丝等处都依附着细菌，并且细菌种类繁多。鱼体死后，这些细菌开始向纵深渗透，在微生物的作用下，鱼体中的蛋白质、氨基酸及其他含氨物质被分解为氨、三甲胺、吲哚、硫化氢、组胺等低级产物，使鱼体产生具有腐败特征的臭味，这个过程就是细菌腐败，也是鱼类腐败的直接原因。

二是鱼体内含有活力很强的酶，如内脏中的蛋白质分解酶、脂肪分解酶，肌肉中的 ATP（腺苷三磷酸）分解酶等。一般来说，鱼贝类的蛋白质比较不稳定和易于变性。在各种蛋白分解酶的作用下，蛋白质分解，游离氨基酸增加，氨基酸和低分子的氯化合物为细菌的生长繁殖创造了条件，加速了鱼体腐败的进程。

三是鱼贝类的脂质由于含有大量 EPA、DHA 等高度不饱和脂肪酸而易于变质，产生酸败，双键被氧化生成的过氧化物及其分解物加快了蛋白质变性和氨基酸的劣化。鱼贝类的蛋白质和脂质极不稳定，因为鱼贝类是生息于水界的变温动物，是生态环境所注定的固有特性。

四是温度对腐败有促进作用，一般鱼贝类栖息的环境温度较低，当它们被捕获后往往被放置在温度稍高的环境中，因此酶促反应大大提高，加快了腐败。

五是鱼贝类相对于畜肉来说，个体小，组织疏松，表皮保护能力弱，水分含量高，因此造成了腐败速率的加快。

水产品加工原料的这些特点决定了其加工产品的多样性、加工过程的复杂性和保鲜手段的重要性。对水产品而言，没有有效的保鲜措施，就加工不出优质的产品。因此保鲜是水产品加工中最重要的一个环节，有效的保鲜措施可避免鱼贝类捕获后腐败变质的发生。

四、水产品冷链需求市场发展状况

水产品在物流过程中需快速流转。因为鲜活性，部分水产品需要冷藏和冷冻，按常温品、低温品和冷冻品不同属性进行储存运输或活水车带制冷充氧设备的运输。如冷冻水产品一般要求在 -18℃ ~ -25℃流通，而生鲜高档金枪鱼的保鲜储存和运输，则需要 -55℃ 及其以下的超低温冷库或相关设备。

我国冷链物流发展落后阻碍行业发展，目前相当比例的水产品基本上还是在没有冷链保证的情况下运销的，冷链水产品的品质保障薄弱。由于冷链水产品消费的季节与周期性、产品传递渠道的长度等，在激烈的竞争环境中，产业低成本竞争导致冷藏链低水平重复建设。水产品损耗主要是贮藏和运输温度无法保证、操作时间控制不当及转运衔接不好引起的变质腐烂等，这都造成我国水产品流通成本一直居高不下。

水产品冷链的发展与国民经济实力和人民生活状况是密不可分的。随着我国水产品品种及产品的不断增加及扩大，国家对食品安全的高度重视，市场对水产品冷链物流的需求也越来越高，水产品冷链物流迎来了发展新机遇，但是同时面临更多的问题。

五、我国水产品冷链物流存在的问题

水产品冷链物流操作没有统一的标准。水产品冷链物流中的装卸速度、作业流程、检验验货制度及一些环节在管理上缺乏统一的作业标准，使得中国大部分水产品销售环境不能控制在冷链温度之下。对各大类水产品的产品温度、湿度指标及储存期限，冷链标准建设不及时，不能具体提供一个科学统一的推荐范围。

在一般的菜市场上冷链配置建设不完整，水产品物流设备比较落后，因此，水产品的品质损失比较大。冷链体系配置只能依赖于城市化的提高，农村是很难做到的。在运输过程中还缺乏统一化的包装配置和物流形态。

当前，我国水产品冷链构建属于初步性、分散性、片段性，水产品冷链更多的是集团性或者企业独自性的配置，离区域性、全国性的冷链网络还有比较大的差距。而这种片段分散方式的冷链系统，往往使得冷链标准无法连贯地执行，全过程冷链温度的记录无法发挥作用，冷链的交接过程比较复杂。

六、我国冷链物流发展壮大的建议

没有冷链系统，现代水产品物流无从谈起，构建冷链系统是发展水产品物流的重要内容。

（一）建设完善的一体化冷链技术系统

基于水产品生产的季节性与消费的全年性、生产的地域性与消费的全局性的矛盾，必须建立从生产到消费者餐桌的一体化冷链技术系统。必须对水产品产地养殖、捕捞、运输及销售一条龙封闭链条的冷处理加工等环节，建立集成冷链技术体系，形成水产品预冷加工→冷库→冷藏车运输→批发部冷库→超市冷柜→消费者冰箱的一体化冷链系统。

（二）建设完善的一站式冷链配送网络

水产品冷链配送网络的关键是冷链配送的一站式，目前间断的冷链配送过程中，实际上冷链是不连贯的。必须积极采用自动化冷库技术，包括储藏技术自动化、存储库房数据管理系统。冷藏运输技术从公路冷藏运输、铁路冷藏运输、水路冷藏运输发展到冷藏集装箱多式联运。冷藏运输将朝着多品种、小批量和标准化的方向发展，进行一站式"门对门"的服务。

（三）建设完善的水产品冷链系统标准

水产品冷链物流体系需要各种科学规范的标准，例如水产品冷藏温度标准、运输操作标准、包装材料和规格标准、水产品品质检验标准等，节能和注重环保将是冷藏车技术标准发展的主要方向。

（四）建设完善的水产品冷链经营环境

对水产品安全和质量负责，对委托企业自身商业秘密负责，水产品冷链物流企业在"行业自律"基础上必须规范经营。规范和标准执行的基础是诚信，规范和标准执行的约束力是法律。水产品冷链需要法律保障，开展诚信系统和法律系统的建设，配置完善的水产品物流经营环境。在规范冷链经营环境的基础上，对冷藏车的使用进行定位信息动态监控，跟踪各种水产品货物，同时将全国的需求信息和遍布各地区的连锁经营网络联结起来，确保冷链物流信息快速可靠地传递，以适应我国日益扩大的水产品冷链物流市场。

任务二　水产品冷加工工艺

水产品自捕获后，应及时进行冻结与加工。冻结前水产品质量的优劣对冻品货架期的影响十分重要。鱼类产品种类繁多，包括整条鱼、鱼片、鱼段、鱼磨制品等，其冷加工工艺流程各有特点。

一、冻鱼加工一般工艺

冻鱼加工，就是将新鲜的或经过处理的初级鱼加工成鱼片、鱼段等，在 -25℃ 低温条件下完成冻结，再置于 -18℃ 以下冷藏，以抑制微生物的生长繁殖和酶的活性，延长贮藏期，是保持水产品原有的生鲜状态的一种加工保藏方法。

（一）原料

各种海水、淡水鱼类。

（二）工艺流程

如图 10 - 2 所示：

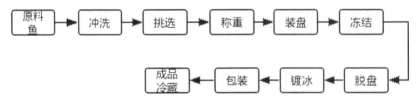

图 10 - 2　冻鱼加工工艺图

（三）操作要点

鱼冲洗干净后，按品种、规格挑选剔出不合格鱼体及腐败鱼、杂质和异物。洗涤水温控制在 20℃ 以下，必要时可加冰降温。

挑选后按规格和让水标准称重。为了补充冻结过程中鱼体挥发的水分，小杂鱼需另加让水 6%，其他鱼品让水 2% ～3%。

装盘时，鱼品理齐理平，鱼头朝向盘两端或两侧，带鱼或鳗鱼等长条鱼需圈摆。鱼品装盘后，头尾不得露出盘外或高出盘面。

装盘后可直接冻结，也可在预冷间预冷 2 小时左右，使鱼体温度在 −5℃ 以下进冻。冻结室温度要求达到 −20℃ ～25℃，冻结时间一般为 12 ～16 小时，最长不应超过 24 小时，使鱼品中心温度达到 −12℃。冻结过程要浇水 1 次，水量以盖住鱼体为宜。名贵或多脂鱼类宜全水冻或半水冻，干冻品应镀冰衣。

淋水脱盘时水温不超过 20℃，操作过程中应注意保持冰被完整。脱盘后的鱼品可直接出厂或冷藏后出厂，亦可用塑料袋包装后出厂，成品应在 −16℃ 以下冷库中存放。

（四）冻黄鱼和带鱼加工实例

1. 工艺流程

如图 10 −3 所示：

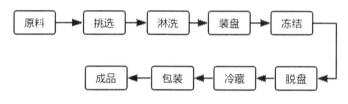

图 10 −3　冻黄鱼和带鱼加工工艺

2. 操作要点

（1）原料要求

体形完整，体表有光泽，眼球饱满，角膜透明，肌肉弹性好。变质鱼或杂鱼必须剔除。

（2）淋洗

因为原料本身比较清洁，洗涤可以从简，一般以喷淋冲洗为好。

（3）称量装盘

每盘装鱼 15 ～20 千克，加 0.3 ～0.5 升的让水量，以弥补冻结过程中鱼体水分挥发而产生的重量损失。按鱼体大小规格分别装盘，并在摆盘方式上加以区别。黄鱼摆盘时，要求平直，使鱼在盘中排列紧密整齐，鱼头朝向盘两端，带鱼作盘圈状摆入鱼盘内，鱼腹朝里，即底、面两层的腹部朝里，背部朝外。对鱼体较小的鱼，则理直摆平即可，鱼体及头尾不允许超出盘外。

（4）冷冻

装好盘的鱼要及时冷冻，在 14 小时以内使鱼体中心温度降至 −15℃ 以下。

（5）脱盘

将鱼盘置于 10℃ ～20℃ 的水中浸几秒钟后，将鱼块从鱼盘中取出。

（6）冷藏

冻鱼如不立即出售，必须装箱后及时转入 −18℃ 以下的冷库中冷藏。

二、贝类冻品加工

蛤仔、文蛤、牡蛎等贝肉和扇贝的肉柱均可加工成冻制品。

（一）工艺流程

如图 10 - 4 所示：

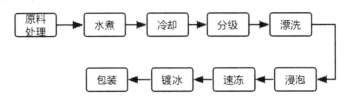

图 10 - 4　贝类加工工艺图

（二）工艺要点

加工冷冻贝肉，应充分注意卫生，使之符合国家卫生标准。蛤仔和文蛤需用海水蓄养一夜，使之吐出泥沙，然后剥壳取肉。将贝肉置于铁丝网上，在 3.5% 食盐水中搅拌 5 ~ 10 分钟，除尽泥沙，然后沥水，装入聚乙烯袋，用送风式或接触式冻结装置冻结 4 ~ 5 小时。由于贝肉鲜度下降很快，所以要加冰冷却，并在 4 小时内进冻。

牡蛎肉冷却与蛤仔相同，但为防止冻牡蛎肉鲜冻时流出大量液体，最好把牡蛎肉放入 75% 食盐水中搅拌洗涤 3 分钟以上，然后进冻，冻好后低温贮藏。

（三）质量标准

应符合水产品质量标准。

（四）保藏和食用方法

-18℃ 或以下温度贮藏，温度越低，质量越好。保质期一般不超过 6 个月。严禁严重升温和出现再冻现象。可不经解冻直接进行烹调后食用。

（五）贝类加工实例

1. 加工原料

冻扇贝柱。扇贝作为水产品加工的原料是由于其与呈味有关的氨基酸含量丰富，具有独特风味。目前，冷冻生扇贝柱是一种主要的出口和内销的产品形式。

2. 工艺流程

如图 10 - 5 所示：

3. 工艺要点

（1）原料

活鲜无异味、无腐败变质的海湾扇贝。

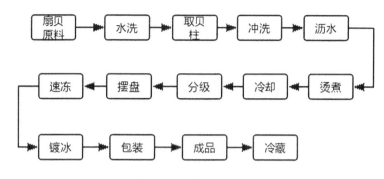

图 10 - 5　扇贝加工工艺

（2）取贝柱

用小刀将扇贝的闭壳肌取出，除出外套膜及杂质。

（3）冲洗

贝柱不要用淡水洗，应用 0.5% 盐水冲洗，除去黑膜、污物，水温在 15℃ 以下，时间不宜过长。

（4）烫煮

将冲洗沥水的贝柱放入沸水中，水温不低于 95℃，烫煮 5～10 秒。

（5）冷却

将烫煮的贝柱放入冰水中急速冷却，迅速捞起，冷却水温要求在 10℃ 以下。

（6）分级

按 50 计，100～150 粒、151～200 粒、201～250 粒、251～300 粒及 300 粒以上 5 级。

（7）速冻

速冻温度在 -25℃ 以上，块冻中心温度达 -15℃ 即可出库，要求速冻时间不超过 12 小时。

（8）包装及冷藏

将单冻贝肉称量后用聚乙烯塑料袋包装，并加热封口，检封合格的成品，置于 -18℃ 或 -20℃ 的冷库中冷藏。

质量要求：冻贝柱水分在 82% 以下，蛋白质在 14% 以上。冻贝柱在贮藏过程中易发生黄变现象，由于扇贝闭壳肌表面氨基酸和游离糖引起美拉德反应，以及磷酸质的氧化形成，为缓解黄变现象的发生，可用 0.5% 盐水洗净。

三、头足类冻制品加工

（一）冻乌贼、章鱼类加工

头足类主要有章鱼和乌贼。乌贼类主要有鱿鱼、枪乌贼、金乌贼等。现以鱿鱼为例。将鱿鱼用 3% 食盐水洗净后装盘。装盘时腕手向下弯曲作为外侧，使鳍在中央部重叠，背朝上排列。也可把头、足部切下后装入胴部装盘，然后冻结 20～22 小时，脱盘后镀冰衣，于 -25℃ 贮藏。章鱼类主要有短蛸和水蛸等，分鲜冻品和熟冻品两种。鲜章鱼冷冻品是经过除内脏、水洗、用盐揉搓、水洗、装盘、冻结加工而成。熟冻品加工经过除内脏、用盐揉搓后，放入海水或3%食盐水中煮至变红色，取出后投入冷水中迅速冷却沥水，将其腕手（足）团起来裹住胴部，单尾或装盘冻结。

（二）冻鱿鱼加工

鱿鱼学名柔鱼，是重要的海洋经济头足类，广泛分布于大西洋、印度洋和太平洋各海区。近年来我国远洋鱿鱼业有很大发展，鱿鱼的捕获量日益增加，除鲜销外，将鱿鱼加工成冷冻鱼块出口或供应国内市场，均可取得较好的经济效益。现介绍冷冻鱿鱼块的加工工艺。

1. 工艺流程

如图10-6所示：

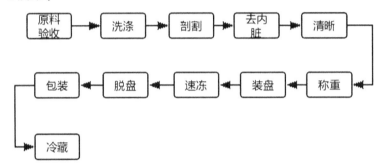

图 10-6 头足类冻制品加工工艺

2. 工艺要点

（1）原料

应选用品质好、鲜度好、无损伤、有色泽的鱿鱼做原料，要求肉质结实，并具有新鲜味。

（2）洗涤

用筐装适量鱿鱼在海水中搅洗，去掉鱿鱼体外的污物。

（3）剖割

剖割鱿鱼时将其腹朝上，用刀顺腹腔正中间剖割至尾部，使两边肉呈对称。对来不及加工的鱿鱼应加入适量冰块降温，以保持其鲜度和质量；去内脏、软骨、表皮：将鱿鱼剖开后小心摘除其墨囊，不使囊内的墨汁流出。

（4）外观

接着清除内脏、软骨，剥去胴体、肉鳍、长足腕的表皮，留眼、嘴，要求外观完整洁白。

（5）清洗

用清水浸洗鱿鱼体，水中加进少量冰，除去原料残存的内脏、杂物等后，重新用清水（加少量冰）再漂洗干净，沥水5～10分钟，以滴水为准，转入装盘。如来不及装盘应暂放入加有冰块的水中冷却，但时间不宜长。

（6）称量

每块成品1kg，干耗率2%，称重时每盘装1.02kg。

（7）装盘

把鱿鱼头尾错开平放入盘中。

（8）速冻

将摆好盘后的鱿鱼及时送进速冻间排列在搁架管上，每层盘之间用竹片垫架，以利垫放和冷冻。8小时内鱿鱼块中心温度达到 -15℃即完成速冻。

（9）脱盘

采用水浸式脱盘，将鱿鱼冻盘依次放入清洁的水中 3~5 秒后捞出，倒置在包装台上轻轻一磕，鱿鱼块即脱盘，同时镀上冰衣。

（10）包装

每一冻鱿鱼块外套透明塑料袋，每两块装入纸箱，用胶带贴封箱口。包装上需标明品名、规格、净重、日期、出口国及公司名称、产地、批号。

（11）冷藏

包装好的产品应及时进入冷藏库中贮藏，冷藏温度应稳定在 -18℃，少波动。

任务三　水产品冷藏保鲜

鱼、贝类的特性是鲜度容易下降，腐败变质迅速。要想保持鲜度或减缓腐败速率，可以采用各种措施。目前实际应用于水产品的保鲜技术已有低温保鲜、高压保鲜、辐照保鲜、气调保鲜、生物保鲜等。在这些保鲜方法中，以低温保鲜应用得最广泛，研究得最为深入。根据低温保鲜的目的和温度的不同又可以分为冷藏保鲜和冷冻保鲜。

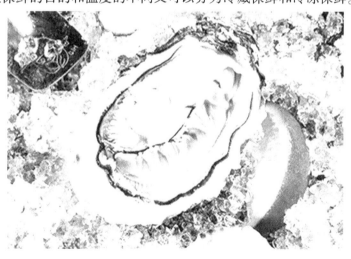

图 10 - 7　水产品冷藏

一、冷却保鲜原理与方法

冷却保鲜是将鱼品温度降低到接近冰点，但不冻结的保鲜方法。一般温度在 0~4℃之间，是延长水产品贮藏的一种广泛采用的方法。鱼类捕捞后采用冷却法可保藏 1 周左右，冷却温度越低，保鲜期越长。冷却鱼的质量和保藏期，取决于原料质量、冷却方法、冷却所延续的时间和保藏条件。

因鱼体附着水中的低温细菌，在冷却贮藏温度下，低温细菌的繁殖和分解作用还在缓慢进行，因此此法保存时间长，亦会发生鱼类的腐败。

（一）水产品冷却保鲜

1. 冰水保鲜法

先用碎冰把海水（或清水）降温至 -1℃（清水至0℃），然后把渔获物浸泡在冰水中。保存3~5天能取得较好的保鲜效果。冰水的配制可按下式快速计算：

用冰量 =（水重 + 鱼重）× 水的初温/80

鱼与水的比例大致为2:1。由于外界热量的传入和保藏期的延长，实际用冰量也要逐渐增大。

冰水冷却法注意事项：装载鱼舱要有保温和水密处理；出海作业的渔船，装载鱼货保鲜时，鱼舱要注满水，防止摇晃擦伤鱼体；用冰要充分，水面要被冰覆盖，若无浮冰，应及时加冰；鱼洗净后才可放入，避免污染冰水；鱼体温度冷却到0℃左右时或在2~3天取出，改为撒冰保鲜贮藏，则能取得较好的保鲜效果。

2. 冷却海水保鲜法

冷却海水保鲜是将渔获物浸渍在 -1℃ ~0℃ 的冷却海水中保鲜的一种方法。冷海水有冰制冷海水和机制冷海水两种。冰制冷海水是用碎冰和海水混合制得，机制冷海水是用制冷设备来冷却海水制得。冷却海水优点是冷却速度快，能迅速处理大宗鱼货，短期保鲜质量好。缺点是如果浸泡时间过长（超过5天），鱼肉会吸水膨胀，易变质。

冷海水保鲜装置通常由小型氟利昂制冷机组、蒸发器、海水循环管路、水泵及隔热、水密鱼舱等组成。冷海水保鲜冷却速度快，保鲜效果好，在短时间内可处理大量的鱼货。处理鱼货时的操作步骤：在起网前预先开动制冷机制备 -1℃左右的冷海水；起网后，将鱼货用水冲洗干净放入鱼舱，并将鱼舱注满水，加盖水密舱盖，以减少摆动对鱼体的损伤；开动制冷机和循环水泵，使水温继续保持在 -1℃左右。

冷海水保鲜的缺点：因鱼体在冷海水中浸泡，鱼肉吸收水分和盐分，使鱼体膨胀并略带咸味；冷海水保鲜随着时间延长（超过3天），鱼体表面会褪色或稍有变色，在以后的流通环节中会提早腐烂；由于船体的摇动致使鱼体损伤和脱鳞；船上必须要有冷海水冷却制冷系统设备和船舱隔热、水密处理。

3、冷海水喷淋保鲜法

冷海水喷淋保鲜的方法：将循环海水通过制冷装置，使水温降至 -1.5℃，再将冷海水通过管道用水泵送入鱼舱，喷淋在装于特制容器内的鱼体上，使鱼体温保持在 -1℃左右。

冷海水喷淋保鲜主要的优点：能够用一股缓慢的水流不断洗涤鱼体，消除细菌。一般只用几百升循环水，压力循环率每小时可达数万升水，可以随时更换海水而不影响鱼体温度。因为输送到鱼舱各处的冷海水是稳定的，故使用该系统能比冰藏更准确地控制鱼体温度。保鲜时间可达7~10天，并可克服浸泡式冷海水保鲜时发生鱼肉吸水膨胀的缺点。

（二）水产品微冻保鲜

微冻保鲜是在 $-3℃\sim2℃$ 下冷却渔获物，使鱼体水分处于部分冻结状态下的保藏方法。它较冰藏和冷海水的保藏期长（可达 $20\sim27$ 天），保鲜效果好。

1. 冰盐混合微冻法

采用碎冰与食盐混合时，冰和盐迅速融化，短时间内吸收大量热，使温度迅速下降。在一定范围内盐对冰的比例越大，使冰的融化越多越快，温度下降也越低。生产中一般在碎冰中加入3%的盐，可使温度达到 $-3℃$。由于冰融化快，冷却温度较低，因此冰盐保藏用于短时间的保鲜，或者在高温季节用于冰藏前鱼体预冷较为适宜。

冰盐混合微冻法具有鱼体含盐量低、鱼体基本不变形、不需要制冷设备、操作简单等优点。

2. 低温盐水微冻法

低温盐水微冻保鲜操作步骤：先将微冻舱灌入一定量的海水，再用盐将海水调配成含盐量约10%，然后开动制冷机制冷，使盐水降温到 $-5℃$ 时，把冲洗干净的渔获物投入冷盐水中冷却，待鱼体内温度冷却到 $-3℃\sim-2℃$ 时，微冻结束后将渔获物捞起快速装盆（或装箱），并移入温度维持在 $-3℃$ 的鱼舱内保藏。每次微冻后的盐水要测定其浓度，并补充相应的盐量，使用的盐水要根据污染程度及时更换。

盐水浓度是此技术的关键所在，浸泡时间、盐水温度也应有所考虑。从经验得知，三者的最佳条件为：盐水浓度10%，盐水冷却温度 $-5℃$，浸泡 $3\sim4$ 小时。

3. 空气冷却微冻法

采用搁架吹风式制冷装置，把冷风吹向用盘装的渔获物，将微冻间的温度降低并控制在 $-5℃$ 左右，当鱼体温度达到 $-2℃\sim-1℃$ 时，微冻结束，将鱼货移到保持 $-3℃$ 的保温间里保藏，保藏时间可达20天。其缺点是鱼体表面容易干燥。

（三）水产品冻结保鲜

1. 冻前处理

必须在低温、清洁的环境下迅速、妥善地进行。各种鱼产品的冻前处理都不一样。通常，冻前处理包括原料鱼捕获后的清洗、分类、冷却保存速杀、放血、去鳞、去内脏、漂洗、挑选分级、称量、装盘等操作。在实际加工操作过程中，有的海水鱼不需进行放血、去鳞、去鳃、去内脏等工序，但对淡水鱼则必须进行这些工序。对一些鱼类加工还必须去头、去尾，合起来统称"三去"或"四去"。

2. 冻结

摆好盘后，应立即将鱼货送进冻结间（或冻结装置）进行冻结。鱼货进行冻结时，随着冻结时间的推移，其温度就会下降，当鱼体的中心温度降到 $-15℃$ 以下时，便可停止冻结。在鱼货冻结操作进程中，缩短冻结时间不仅可以充分发挥冻结设备的生产能力，而且有助于提高产品的冻结质量。鱼货的冻结时间与鱼货的初温、终温、几何形状和制冷蒸发温度都有密切的关系。值得注意的是：冻结时，鱼货的装盘不能过厚，否则会严重影响冻结时间。

（1）空气自然对流冻结法

此冻结法是最为传统的一种。在冻结库的顶部和边上装有冷却排管，库内装置一定高度的冷却管架作为蒸发器。冻结时，将水产品装盘后放置在管架上，经制冷机制冷，使库内温度降至 −30℃ ~ −25℃，形成自然对流空气，从而冻结水产品。此方法冻结时间长，冻品干耗大，质量差，但设备简单，适于小型冷库使用。为加快冻结速度，库内可增加风机，以 1 ~ 2 米/秒的风速加强冷空气循环流动，达到缩短冻结时间的目的，此方法称为半吹风冻结法。

（2）吹风冻结法

为了克服静止空气冻结速度慢的缺点，采用冷风机使空气强制循环。冷风机由蒸发器和风机组成，安装在冻结室的一侧。在冷风机的作用下冷空气以 3 ~ 4 米/秒的速度吹向被冻结鱼货，这样可大大缩短冻结时间。在一些中小型冷冻加工厂中普遍采用吹风冻结法。

（3）隧道式冻结法

隧道式冻结装置是将吹风冻结装置及其围护结构的制作由制冷设备厂按标准制作完成。是一种成套的冻结装置，可安装于室内。由于在工厂内按标准制作，冷冻的气流可均匀地吹向被冻鱼货，送风温度可达 −45℃ ~ −35℃，风速 3 ~ 5 米/秒，从而加快了冻结时间。且冻品是由机械化程度较高的小车或吊车来运送的，减轻了操作劳动强度。隧道式冻结装置在大中型冷冻加工厂中使用较多。

（4）单体冻结法

又称连续冻结法，是近十年来非常流行的一种新型的冻结方法，它以连续式输送带传输冻品，冻品多是个体较小的包装或单体鱼、虾、蟹、贝类等原料。单体冻结法装置及其围护结构是由制冷设备厂按标准制作的一种成套的冻结装置。按结构的分类还可分为螺旋带式连续冻结装置、水平输送式连续冻结装置等。这种冻结方式的特点是冻品在冻结过程中的路程长且回转多，冷风与冻品呈逆向对流换热。厚 2.5 厘米的冻品在 40 分钟就能冻结到 −18℃。因此可获得均匀的冻结效果，冻结速度快，冻结质量好，且操作简便，劳动强度相对小些。目前，对于经济价值高和初级产品的冻结多采用这种方式。

（5）接触式冻结法

接触式冻结装置包括立式平板冻结装置和卧式平板冻结装置等，接触式冻结法是目前应用最广泛的冻结方式之一。冻结时，在各平板之间放入被冻品，以油压装置使平板和鱼货紧贴，以提高平板与鱼货间的表面传热。由于鱼货由两面进行冻结，故冻结速度极快。6 ~ 8 厘米厚的鱼货在 2 ~ 4 小时就能冻结好。

3. 冻后处理

冻后处理主要指鱼货冻结后所进行的脱盘、镀冰衣和包装等操作工序。冻后处理也必须在低温、清洁的环境下迅速仔细地进行，它直接影响到冻品的质量，尤其是镀冰衣。

冻鱼制品对包装材料和包装技术有一定的要求，包装材料除满足一般食品包装的清洁卫生、无毒、不串味和防止细菌污染要求外，还应具有耐低温、气密性好、透湿低和透光性好等性能。

水产冻品的包装都应在 4℃ 以下的环境中进行，包装材料在使用前必须要预冷到 0℃ 以下，以防止冻品的温度回升。

（四）低温冷藏保鲜

冻结后的水产品要想长期保持其鲜度，还要在较低的温度下贮藏，即冻藏。在冻藏过程中受温度、氧气、冰晶、湿度等影响，鱼货冻结的品质还会发生氧化干耗等变化。

1. 冻藏温度

冻藏温度对冻品品质的影响极大，温度越低品质越好，贮藏时间越长，但考虑到设备的耐受性和经济性以及冻品所要求的保鲜期限，一般冷库的冻藏温度设置在 $-30℃$ ~ $-18℃$。我国的水产冷库库温一般保持在 $-18℃$ 以下，有些发达的国家则为 $-30℃$。

2. 注意冻藏过程冻品品质的保持

冻藏温度的高低是影响冻品品质的主要因素之一，除此之外还有温度的波动幅度、包装材料、湿度、堆放方式等。在冻藏过程中如果不注意这些细节，将会给冻品品质造成极大的危害。因此，要严格控制库房温度，防止波动，在 $-18℃$ 以下冻藏时允许有 $3℃$ 的波动。其次要减少开门次数、进出人数和开灯时间等。

（五）超级快速冷却保鲜技术

超级快速冷却（super quick chilling，SC）是一种新型保鲜技术，也称超冷保鲜技术。具体的做法是把捕获后的鱼立即用 $-10℃$ 的盐水做吊水处理，根据鱼体大小的不同，在 10~30 分钟之内使鱼体表面冻结而急速冷却，这样缓慢致死后的鱼处于鱼仓或集装箱内的冷水中，其体表解冻时要吸收热量，从而使得鱼体内部初步冷却。然后再根据不同保藏目的及用途确定贮藏温度。

现在，渔船捕捞渔获物后，大多数都是靠冰藏来保鲜的。冰藏可使保藏中的鲜鱼处于 $0℃$ 附近，如冰量不足，或与冰的接触不均衡，可使鲜鱼冷却不充分，造成憋闷死亡，肉质氧化，K 值上升等鲜度指标下降的现象。日本学者发现超级快速冷却技术对上述不良现象的出现有显著的抑制效果。

这种技术与非冻冷和部分冻结有着本质上的不同。鲜鱼的普通冷却冰藏保鲜、微冻保鲜等技术的目的是保持水产品的品质，而超级快速冷却是将鱼立即杀死和初期的急速冷却同时实现，它可以最大限度地保持鱼体原本的鲜度和鱼肉品质，其原因是它能抑制鱼体死后的生物化学变化。

超冷保鲜是一个技术性很强的保鲜方法。冷盐水的温度、盐水的浓度、吊水处理的时间长短都是很关键的技术参数，不管其中哪一个因素掌握不好都会给渔获物质量带来严重损伤，所以需要细化处理鱼种及其大小、鱼体初温、环境温度、盐水浓度、处理时间、贮藏过程中的质量变化和每一个环节，规范整个操作程序及操作参数，以求有更强的实用性。

二、水产品其他保鲜方法

鱼、贝类保鲜的其他方法有气调保鲜、化学保鲜、生物保鲜、辐射保鲜等。

（一）气调保鲜

气调保鲜即是用某种惰性气体（如 CO_2、N_2）充入装有食品的包装袋内，替换包装袋内空气，使细菌及真菌的生长得以控制，从而达到食品防腐保鲜目的的一种保鲜方法。气调保鲜有抑制细菌腐败、保持水产品新鲜色泽和隔绝氧气的三大优点。日本东京大学对各种海洋鱼类、鲜鱼类进行气调保鲜，试验表明以 $40\% CO_2 + 60\% N_2$ 的混合气体配以低温流通，对鲜鱼片保鲜的效果良好。在 $0\text{℃} \sim 4\text{℃}$ 贮藏条件下，梅童鱼在 $60\% CO_2 + 20\% O_2 + 20\% N_2$ 及 $60\% CO_2 + 40\% N_2$ 混低温保鲜合气体中保鲜，效果明显优于空气对照组，且以 $60\% CO_2 + 20\% O_2 + 20\% N_2$ 配气比例的保鲜效果最佳，其保质期高达 20 天。

气调包装与超冷却组合保鲜是较为瞩目的新技术之一。相关研究表明，气调包装与超冷却组合技术能有效延长大西洋鲭鱼鱼片、烟熏蓝鳕、大西洋鲑鱼鱼片、新鲜鳕鱼脊肉等水产品的货架期。

（二）化学保鲜

化学保鲜是指在水产食品中添加入对人体无害的化学物质来延长其保鲜时间的一种方法。鉴于化学物质种类繁多，抑制细菌生长繁殖和保持食品品质的机理也多不相同，根据化学物质在保鲜中所起作用，一般分为保鲜剂、盐藏、烟熏等保鲜方法。

1. 保鲜剂保鲜

（1）水产加工助剂

荷兰开发的一种水产品加工助剂 BOXYL325，活性成分是一种氧化剂和一种载体，通过氧化作用起到保鲜杀菌的目的，而载体的主要作用是增加氧化剂的稳定性，使其抑菌效果更加持久，并在被处理产品表面形成保护膜。

（2）抗氧化保鲜剂

VC 及其制剂早在 20 世纪 50 年代就作为抗氧化剂被尝试用在各种鱼的冷冻贮藏和浸渍后冻结等初级加工品的保鲜。此类保鲜剂具有能保持水产品原来颜色的效果，特别对防止鱼类、甲壳类等的体表面的褪色有效果，并且能提高水产品的光泽和色泽，适用于盐渍、干制鱼等初级加工制品，冻鱼、冻鱼片、冻鱼段等冻制品，烤鱼等烘干制品。用脂溶性茶多酚、水溶性茶多酚、乳酸链球菌素、油脂抗氧化剂为主要配方的 4 种保鲜试剂对墨鱼均有保鲜作用，尤以脂溶性茶多酚对墨鱼的保鲜效果最佳。

（3）防腐保鲜剂

俄罗斯研制了一种以甘油、羟乙基酰胺、山梨酸和聚乙烯醇为主要成分的防腐剂，可大大减缓氧化，从而延长鱼类的保藏期。

2. 盐藏保鲜

盐藏是沿海渔民对海水鱼进行保鲜的传统方法。其保鲜原理是利用食盐溶液的渗透脱水作用，使鱼体水分降低，通过破坏鱼体微生物和酶活力来作用、抑制微生物的繁殖和酶的活性，从而达到保鲜的目的。盐藏保鲜的方法主要有干腌法、湿腌法和混合腌法。

3. 烟熏保鲜

烟熏保鲜是对水产品进行烟熏，利用熏烟中的酚、醇、醛、有机酸等多种具有防腐作用的化合物，并与加热处理结合使用，以杀灭鱼体中的微生物，从而达到保鲜的目的。根据烟熏方式的不同，可将熏制法分为直接烟熏法和间接烟熏法。其中直接烟熏法按其所保持的温度范围，一般可分为冷熏法、温熏法、热熏法和焙熏法等；间接烟熏法按烟的发生方法和烟熏室内的温度条件，可分为燃烧法、摩擦发烟法、湿热分解法、流动加热法、二步法和炭化法等。

（三）生物保鲜

生物保鲜剂是指从动植物、微生物中提取的天然的或利用生物工程技术改造而获得的对人体安全的保鲜剂。

生物保鲜剂按其来源可分为植物源保鲜剂、动物源保鲜剂、微生物源保鲜剂与酶类保鲜剂等。

1. 植物源保鲜剂

植物源保鲜剂来源广泛，成本相对较低，应用前景广阔。目前国内外用于水产品保鲜的植物源性生物保鲜剂主要有：蜂胶、茶多酚、丁香提取液、桂皮提取液等。蜂胶乙醇提取液可以减少水产品细菌数，用蜂胶乙醇提取液处理虾体后，可延长其储存期 2~3 倍，而且安全无毒。例如研究蜂胶对南美白对虾的保鲜效果，发现蜂胶能在虾体表面形成很好的保护膜，有效地防止虾的黑变。在 -3℃ 的碎冰贮藏时喷淋质量分数 0.2% 的茶多酚，能有效地抑制白鲢鱼肉内源酶的活性和腐败菌的生长繁殖，明显降低鱼肉的 pH 值和 TVB-N，能减缓 ATP 的降解。

2. 动物源保鲜剂

目前国内外用于水产品保鲜的动物源性生物保鲜剂主要有壳聚糖和抗菌肽等。例如研究了壳聚糖涂膜对虾的保鲜作用，发现涂膜后的鲜虾比未涂膜的延长保质期 2~3 天。国外有研究报道，质量分数为 0.0075%~0.1000% 的壳聚糖溶液即可对几种病原微生物产生很强的抑制作用，将无头虾于 4℃~7℃ 下浸渍在不同浓度的壳聚糖溶液中，可保存 20 天左右。

然而需要说明的是，壳聚糖确切的抑菌机理至今还不太清楚，壳聚糖保鲜膜涂膜效率低、难干燥、制膜强度差，壳聚糖本身具有的涩味也在一定程度上限制了它在水产品保鲜上的应用范围。

3. 微生物源保鲜剂

目前国内外用于水产品保鲜的微生物源保鲜剂主要有 Nisin 和双歧杆菌等。Nisin 是由乳酸链球菌产生的一种高效、无毒、安全、营养的生物保鲜剂，能抑制许多引起食品腐败的革兰氏阳性菌的生长和繁殖。有研究发现，在新鲜鱼中添加 Nisin，能很好抑制产毒菌的生长和产量，添加质量浓度 25mg/L 的 Nisin，对龙虾肉、鲑鱼、蟹肉组织无任何损伤，明显降低了单核细胞增生李斯特氏菌的水平。

4. 酶类保鲜剂

酶法保鲜技术是生物保鲜中的一种，利用酶的催化作用，防止和消除外界因素对水产品的不良影响，从而保持水产品的鲜度。酶法保鲜具有无毒、无味以及不损坏产品本身的价值，对底物有严格的专一性，催化效率高，作用所要求的温度、pH 值等作用条件都很温和，以及反应终点易于控制等优点。常用的酶有葡萄糖氧化酶、溶菌酶、谷氨酰胺转氨酶、脂肪酶甘油三酯水解酶等。例如，利用谷氨酰胺转氨酶处理鱼肉蛋白后生成的可食性薄膜，可直接用于水产品的包装和保藏，以提高产品的外观和货架期。

（四）辐射保鲜

水产品的辐射保鲜技术诞生于 20 世纪中叶，实验证明用 Co60 的 γ 射线和高能电子束对水产品进行照射杀菌，可延长其贮藏时间。辐射加工属于冷加工，不会引起其内部温度的明显增加，易于保持水产品的色、香、味和外观品质；辐射保鲜处理可杀灭水产食品中的沙门氏菌、大肠杆菌等肠道病原菌及其他寄生虫，从而提高水产食品卫生质量，而且成本低，产品附加值高。

知识连接：

溶菌酶作为一种天然蛋白质，在体内可以被消化和吸收，对人体无毒性，亦不会在体内残留，是一种安全性很高的食品保鲜剂、营养保健品和药品。随着科技水平的提高、人们对食品安全性的关注，高效、安全的溶菌酶作为生物保鲜剂在食品中的应用亦会愈来愈受到重视，其已应用于奶酪与纯生啤酒中。在崇尚绿色安全食品的大潮中，科研工作者定会加大天然安全溶菌酶的理论及应用研究力度，以促进其在水产品防腐保鲜中的推广。

任务四　水产品低温保活运输

从某种意义上来讲保活应看作保鲜的一个特殊范畴，并且是难度更大的一种技术。就目前的科学技术条件来说，低温无水保活运输具有运载量大、无污染、质量高等优点，是海水鱼保活运输的发展方向之一。自 20 世纪 90 年代中期以来，我国真鲷、河豚、牙鲆、鲈鱼、黑鲷、六线鱼、大黄鱼等海水鱼类的养殖已有较大的产量，如何使海水活鱼在高密度下贮藏运输已越来越引起人们的重视。

一、低温保活运输原理

鱼类和其他冷血动物一样，当生活环境温度降低时，新陈代谢就会明显减弱。当环境温度降到其生态冰温时，呼吸和代谢就降到了最低点，鱼处于休眠状态。因此，在其冰温区内，选择适当的降温方法和科学的贮藏运输条件，就可使海水鱼在脱离原有的生活环境后，还能存活一个时期，达到保活运输的目的。海水鱼活体运输应考虑的因素有：鱼体的状况、运输方式、温度、装运密度、氧气供应、代谢产物、水质、运输时间等。无水运输时还应考虑降温方式、暂养的程序、包装材料等。

二、影响低温保活运输的因素

（一）暂养

暂养亦称蓄养，是指人们将捕获于天然水域或人工养殖中的水产生物转移至人工条件下进行停饵驯化保活，是鱼进行活运前的必备环节，直接影响其运输时间的长短。暂养环

图 10 -8 水产品运输

境条件应因种类品种的基本生活习性、生理特征、运输方式等而异。暂养的目的：一方面是使水产生物肠道排空，防止运输途中产生有毒排泄物的积累而污染水质，另一方面是对其进行驯冷化，使其降低新陈代谢，从而适应低温运输。

就低温保活运输而言，在暂养过程中不仅对暂养设施、密度、时间、水质等有严格的要求，而且更重要的是对温度要进行精密的调节控制。暂养设施一般可用普通的水池、水族箱、水槽等，但若采用低温保活运输，则需采用可控温暂养设备。暂养密度一般不能过大，可根据运输设备及时间确定，对鱼类而言，暂养时间最好在48小时以上。

(二) 温度

低温保活运输过程中对温度的控制要求非常严格，主要包括3个温度调控期：暂养期、运输期及恢复期（唤醒期）。在10℃以下，降温速率对牙鲆保活时间的影响较大，尤其是在1℃以下时，对牙鲆的保活时间影响更大。这不仅说明了降温速率对牙鲆保活时间具有明显的影响，而且表明了其对整个水生生物低温保活的重要意义。因此，在低温保活过程中，应该严格按照不同水生生物的习性进行梯度降温，在接近其生态临界温度区时，应调节速率在0.5℃/小时以下。

当温度降至某一温度区可使水生生物处于半休眠或完全休眠时，再捞出进行处理运输。运输期间只需要将温度控制在临界温度不变即可，而恢复期则需要对温度进行精确调控，使其进行梯度升温，以减少对水生生物的刺激而延长保活时间，最终保证销售时间及产品质量。

(三) 氧气

水中溶解氧量是影响水产品生存的重要因素之一，同时，其耗氧量也是重要的生理参数。当水中溶氧充足时，既可减少水产品因疲累、缺氧等引起的死亡，同时大大降低水体氨氮等还原性物质的含量。

当水中溶解氧降低到一定数值时，鱼类就要加快呼吸频率来弥补氧的不足，当低于临界氧浓度时，可引起血碳酸过多症，从而导致呼吸性酸中毒及呼吸作用受阻使血液溶氧量大大降低，直接致使组织缺氧，最终窒息致死。因此，高密度、长时间、远距离的保活运输过程中要有充足的氧供给，才能保证较高的存活率。

水中溶解氧的量至少要保持在 3～5 微克/毫升以上，CO_2 的含量要保持在可接受的水平 20～30 毫克/升以内。因此，鱼类活运的过程中应提供足够的氧。不仅需要在暂养期提供充足的氧，更重要的是在运输期提供足够的氧，只有保证这两个时期充足的供氧，才能提高保活率。

（四）水质

在低温活运过程中，对水质的要求主要包括两个方面。一方面，运输用水的来源。通常澄清河流、湖泊、水库等水质较适宜作为运输用水，但实际生产中较难实现。饲养池的水较肥，井水中氧的含量较低，自来水含氯量较高，都不宜采用。若现代水产养殖业不经过任何处理而直接用作运输用水，会直接降低运输的成活率和时间。若采用井水或自来水作为运输用水，需要对其进行处理后方可使用，常用的方法是将其放入池中暂放几天。另一方面，运输过程中水质的保持。虽然低温保活运输法可以有效地抑制水产品的新陈代谢及降低其废物的排放，但是往往由于运输密度较大及环境较差不可避免地导致水体中积累一些排泄废物如二氧化碳、氨氮、有机物废物等，其中氨氮对水产品起到一定的毒害作用。可以通过加入 pH 缓冲盐、杀菌剂、循环水过滤除污、活性炭吸附等方法来净化水质。

三、常用的活鱼运输方法

（一）增氧法

增氧法是保活运输过程中用纯氧代替空气或特设增氧系统，以解决运输过程中水产动物的氧气不足，该法多适用于淡水鱼类。

（二）麻醉法

麻醉法是采用麻醉剂抑制中枢神经，使水产动物失去反射功能，从而降低呼吸和代谢强度，提高存活率，当前该法仅限用于亲鱼、鱼苗，而食用鱼能否使用这种方法人们还有争议。

（三）低温法

低温法是根据水产动物的生态冰温，采用控温方式，使其处于半休眠或完全休眠状态，降低新陈代谢，减少机械损伤，延长存活时间。该法应用较广，如鱼、虾、蟹、贝等的保活运输均可使用。

（四）无水法

由于鱼类属冷血动物，有着冬眠现象。因此，采用低温法使鱼类冬眠，可达到长距离保活运输的目的。日本学者曾使鱼处在生态冰温7℃左右，保持鱼体湿润冬眠成功，无水保活运输的特点是：不用水，运载量大，无污染，并且保活质量高，适合于长途运输。

四、常规鱼苗、鱼种及成鱼运输技术

活鱼运输是渔业生产的一大难题，要取得较高的运输效率、成活率及效益，必须具备运输设备与技术。

（一）尼龙（塑料）袋充氧密封运输技术

先在尼龙袋内加入总容量 1/4 ~ 1/3 的水，再装入鱼苗或鱼种。充氧和装箱放入鱼种后排出袋内空气，氧气充入量以使袋有弹性为度，充氧后用橡皮筋扎紧袋口，不漏气，再装进长 50 厘米、高宽各为 30 厘米的硬纸箱即可起运。

（二）帆布桶或大木桶运输技术

帆布桶或大木桶适于中短途大批量运输，途中可换水。常用汽车、火车、轮船、拖拉机运输，装水 2/3。装载密度视水温、路途远近、鱼类品种及规格而定。每桶可装鱼苗100 万尾、鱼种 2 万 ~ 3 万尾。途中注意鱼苗、鱼种情况，要不停地击水或送气、淋水增氧，无效时应立即换水。载重 5 吨的汽车，每车可装帆布桶或木桶 8 只，分列两侧，中央留通道，4 人照管。

（三）活鱼运输机运输技术

装鱼前拉网锻炼，鱼停食 2 ~ 3 天。带足氧气瓶，按每 10 小时配一瓶氧气计算用量。检查启动动力系统。注满清水后装鱼，加盖。装鱼密度视鱼类品种、规格、水温而定。

运途中常照看动力系统，定时加油，观测鱼情，更换氧气瓶。每 5 ~ 10 小时换水 1 次，换水温差不超过 5℃。由 2 个以上驾驶员轮换驾车。卸鱼用网兜捞鱼，再从卸鱼孔排放。

五、特种水产品运输技术

（一）黄鳝、泥鳅运输技术

1. 黄鳝运输

黄鳝运输用湿蒲包、木桶、机帆船或尼龙袋充氧装运。运前剔出伤、病黄鳝。

（1）蒲包装运

装运 1000 千克以下，途中不超过 24 小时，洗净浸湿蒲包，每包装黄鳝 30 千克入筐加盖。炎夏筐中放冰块。

（2）木桶装运

用圆木桶，桶口用杉木板做盖，留若干孔通气。水温 25℃ 以下、运程 1 天以内的，桶内装鳝量与加水量相当，闷热天气每桶装水量应减少。定时换水，常搅拌，气温高时每2 ~ 3 小时换清洁活水 1 次。

（3）机帆船装运

运途 24 小时内，水路畅通的用机帆船装运，黄鳝和水各占 50%。

（4）尼龙袋充氧装运

每袋 10~15 千克，加水充氧紧扎袋口，用汽车、火车、飞机运输。

2. 泥鳅运输

（1）稚鳅运输

用塑料袋盛水充氧运输。

（2）成鳅运输

短途用平阔容器加少许水敞口运输；中、远程用灌足氧气的塑料袋，加少许冰块装箱运输，成活率达 90% 以上。

（二）河蟹运输技术

1. 蟹苗运输

蟹苗运输有蟹苗箱干法运输和尼龙袋充氧运输两种方法。

（1）蟹苗箱干法运输

①蟹苗箱结构

蟹苗箱用木材或泡沫塑料做成，规格为 60 厘米 ×30 厘米 ×6 厘米或 60 厘米 ×40 厘米 ×10 厘米。箱底用 16 目筛绢或网目为 0.1 厘米的聚乙烯网布固定。箱壁四周各开一长方形气窗。

②蟹苗装箱

装苗前浸湿苗箱，箱底放些洗净的鲜水草或浸过的丝瓜筋、棕片，每箱装苗 0.25~0.50 千克。

③蟹苗运输中的管理

夜间运输可避免阳光曝晒。要专人押车。气温 30℃ 以上要勤喷水，每 0.5 小时检查喷水 1 次或加冰。如运输 24 小时以上，需清水塘暂养蟹苗，每次 10min，让蟹苗活动，漂洗黏液泡沫。途中防止风吹、日晒、雨淋、颠簸。

（2）塑料袋充氧运输

在规格为 30 厘米 ×28 厘米 ×60 厘米的双层塑料袋内装入 5 千克新鲜淡水，每袋装入优质蟹苗 250~500 克，立即充氧，用橡皮筋扎紧袋口放入纸盒运输。

2. 成蟹的运输

成蟹运输前需用竹笼、竹筐及草包、蒲包、木桶包装。在笼、筐内先铺一层湿蒲包或草包，将商品蟹背朝上层层码放平整，沿筐边的河蟹头朝上用湿草包盖好，加盖捆牢，不使河蟹活动，减少体力消耗，提高运输成活率。途中加水喷淋保湿。需专人押车，开车要平稳。1~2 天的长途运输，商品蟹成活率可在 90% 以上。

（三）鳢类运输技术

鳢类鱼苗鱼种用湿法运输。这种方式用口径为 48 厘米、水深 24 厘米的水桶，每担装 3~6 厘米的鱼种 3000-5000 尾，运输一昼夜较安全。规格鱼种可在筐内铺盖水草干运，启运前淋透水一次可维持 8~12 小时。运输时间长的每 6~8 小时淋水一次。成鱼运输可放在阴湿容器内，25℃~27℃ 下可维持一昼夜不死；10℃~15℃ 下可维持 3~4 昼夜；

7℃~8℃下可维持一周。乌鱼的成鱼可加少量水湿运和干运。

（四）鲶类运输技术

1. 鱼苗鱼种运输

苗种可用木桶、竹箩、帆布袋加水运输或尼龙袋充氧密封运输。

（1）装运密度

1个25升容量的桶可装3厘米鱼种5000尾；4~6厘米鱼种2500尾；7~9厘米鱼种1500尾；10~15厘米鱼种800尾。氧气袋每袋可盛0.8~1厘米鱼苗5000~8000尾；3厘米鱼种1500~2000尾；5~6厘米鱼种600~800尾；8~10厘米鱼种300~500尾，可安全运输12~15小时。

（2）适当投饵

长途运输每隔6小时用糕饼、鸡蛋作饲料投饵1次，最好将生鸡蛋用针戳一小孔，让蛋液流出喂鱼，喂后半小时换去2/3的陈水，捞去死鱼和泡沫。

（3）及时换水

3~4小时换水1次，倾出陈水，加注新水，清除粪便残渣和死鱼，水温差不超过3℃。

2. 商品鲶运输

商品鲶捕起后经2~3天暂养，用无水湿法和带水湿法运输。

（1）无水湿法运输

将暂养后的鲶鱼离水装入浸湿的木桶或木箱，放入水葫芦、水浮莲，桶口加有通气孔的木盖或用网罩紧启运。大木桶内加一二层有孔板分层装运。途中每隔几小时用清水淋水洗涤鱼体1次。此法连续运输1~2天，成活率达95%以上。

（2）带水湿法运输

用桶（箱）装水放入鲶鱼，装水深度不超过0.5米，装运密度100~50千克/立方米，运输12小时。短途运输桶口加网盖即可启运，途中应换水。

六、海水鱼无水活体运输时应注意的几个问题

（一）保活生态冰温

由于水产动物的种类不同，决定其生死的临界温度、冰点也各不相同，因此它们的冰温区也不一样，只有确定了其相应的生态冰温，才能采用控温方法，使活体处于半休眠或完全休眠状态。例如，魁蚶的冰温区为0℃~2.3℃，菲律宾蛤仔的冰温区为1.5℃~1.7℃。在其冰温区内保活，魁蚶经18天，存活率为100%；菲律宾蛤仔经7天，存活率100%。

（二）降温方法

鱼类虽各有一个固定的生态冰温，但当改变其原有生活环境时，往往会产生应激反应，导致鱼的死亡。因此许多鱼类如牙鲆、河豚等要采用缓慢梯度降温法，降温一般每小

时不超过5℃，这样可减轻鱼的应激反应，提高其存活率。

（三）辅助条件

活鱼无水运输的容器应是封闭控温式，当鱼处于休眠状态时，应保持容器内的湿度，并考虑氧气的供应。

任务五　水产品的鲜度管理与陈列

一、水产品鲜度管理的原理

（一）鱼贝类死后的变化

鱼贝类在死亡的同时，其肌肉也会发生一些变化，这种变化与活着时不同。在其生存时，氧能得以充分的补充，处于有氧状态，新陈代谢过程中有分解也有合成。鱼体死亡后，氧的供应停止，鱼体处于无氧状态。鱼贝类死后，体内的各种酶仍具有活力，一些新陈代谢还在进行，但代谢途径与存活时有所不同。与陆产动物相比，水产动物在死后易腐败变质，为了延缓其死后变化速率，生产出优质的水产品，就必须了解鱼贝类死后变化的规律。

1. 死后僵硬

鱼体死后放置一段，肌肉收缩变硬，缺乏弹性，用手指按压，指印不易凹下；手握鱼头，鱼尾不会下弯；口紧闭，鳃盖紧合，整个躯体挺直，此时的鱼体进入僵硬状态。僵直期的鱼体是新鲜的，因此死后僵硬常作为判断鱼类鲜度的重要标志。

影响鱼体僵硬期的开始和持续时间的因素主要表现在以下几个方面。

（1）鱼的种类和生理营养等状态

中上层洄游性鱼类，其所含酶类的活性较强，且生前活力甚强，故死后僵硬很快发生；底层鱼类一般死后僵硬出现较慢，且僵硬期较长。

（2）捕捞和致死方法不同

用网捕获并经自然死亡，一般是滞网时间越长，僵硬开始越早，僵硬期也短。活鱼经迅速杀死，其僵硬开始的时间较自然死亡者晚。

（3）渔获物保持的情况

轻搬、轻放、保持鱼体的完整，则可维持其应有的僵硬期，但若使鱼体受机械损伤或强烈的振动及打击等处理，则会缩短其死后僵硬的持续时间。

（4）鱼体保存的温度

鱼体温度低，从捕获到开始僵硬及僵硬持续的时间都长。要尽可能延迟僵硬期的开始和延长僵硬期，以延长鱼体的保存时间。

2. 自溶作用

鱼体在僵硬以后，又开始逐渐地软化，失去了弹性。这是鱼体内所含各种酶类对鱼体自行分解的结果。这种变化称为自溶作用，也称自己消化作用。

虽然自溶作用的鱼体仍处于新鲜状态，但自溶作用与腐败过程差不多平行进行，因此必须尽量避免自溶作用的发生，尽可能使鱼体保持在僵硬期内，才能保持鱼的鲜度。

影响自溶作用速度的因素包括以下几点。

（1）鱼的种类

自溶作用速度以鲐、鲣等中上层涧游鱼类最大，而黑鲷、鳕、鲽等底层鱼类的自溶速度较小。

（2）pH 值

鱼类自溶作用最适 pH 值在 4.5 左右。

（3）温度

温度是影响自溶作用的重要因素。在组织蛋白酶的最适温度范围内，自溶作用速度最大；在适温范围以下时，自溶作用速度变慢，如果降至 0℃，自溶作用几乎停止；若温度超出适温范围，自溶作用的速度也会降低，甚至停止。自溶作用的适温范围，一般海水鱼为 40℃~50℃，淡水鱼为 23℃~30℃。

3. 腐败过程

鱼类在微生物的作用下，鱼体中的蛋白质、氨基酸及其他含氮物质被分解为氨、三甲胺、吲哚、组胺、硫化氢等低级产物，使鱼体产生具有腐败特征的臭味，这种过程称为腐败。

影响腐败的因素如下。

（1）鱼的种类和性质

鱼死亡以后到开始腐败所需的时间，在最适宜的温度条件下，大体为 1~3 天。红肉鱼类较白肉鱼类较早开始腐败，而且开始腐败以后的分解速度也快，同种类的鱼肉，含水量多的则腐败得快。

（2）温度

在一定的温度范围内，温度增高，腐败加快；而温度降低，则腐败缓慢。例如在 15℃界限以下，每下降 10℃，其腐败速度约可减小到 1/8 以下。

温度对腐败阶段中酶的活性和微生物的生长都有明显的影响。在 0℃~25℃ 的温度范围内，温度对微生物生长繁殖的影响大于对酶活性的影响。随着温度的下降，对微生物的抑制能力明显大于酶活性的失活，许多细菌在低于 10℃ 的温度下是不能繁殖的，当温度下降至 0℃ 时，甚至嗜冷菌的繁殖也很缓慢。因此，采用低温贮存是延长鱼贝类货架期的最有效方式。而不同温度下的货架寿命可用腐败的相对速率（RRS）来表示：

在温度 T 时腐败的相对速率（RRS）= 在 0℃ 保持的时间/在温度 T 时保持的时间

（3）pH 值

当 pH 值为 7 时最适合细菌发育，降低 pH 值，则细菌受到抑制甚至杀灭。

（4）自溶作用

自溶作用旺盛者，则腐败开始得快。

二、水产品鲜度管理的方法

（一）鲜活水产的鲜度管理

鲜活水产的鲜度管理主要靠提升养殖技术，在水温、水质、氧气、盐度、密度等各方面保障鱼类的生存环境。另外，在验收、上货、捕捞等过程中使鱼类尽量不受外伤，延长其生命。

鲜活水产的订货和到货都要准确，尽量做到日销日毕，隔夜鱼的鲜活度会因养殖时间的加长而逐渐降低，会出现鱼眼呆滞、鱼皮脱鳞、鱼体溃烂长毛等病变现象并加速其死亡。

鲜活水产的收货时间不宜过长，到货后应立即安排人员进行验收，验收完毕迅速转入卖场鱼缸和备养池，换水时注意前后温差不要超过5℃，应该先调好水温再放鱼而不是放鱼后再调温。

(二) 冰鲜水产的鲜度管理

冰鲜水产鲜度管理的有效方法是"低温管理"，因为低温可缓和酵素作用以及抑制细菌的繁殖。冰鲜水产应以碎冰（或片冰）覆盖于鱼体，使其温度保持在5℃以内。冰鲜水产鲜度管理要点如下：

供应商每天送来的水产品经运输过程，受外界影响，原覆盖的碎冰多已化解，使水产品的体温回升。为了避免影响鲜度，验收完毕后，应立即将水产品运回冰台敷冰作业。

经常注意冰台上陈列的水产品是否有足够的覆冰，并且随时添加碎冰及喷洒足量冰盐水，以保持水产品的鲜度。

每晚营业结束后剩余的冰鲜鱼严禁存入冻库，也不允许直接裸露存于保鲜库。其正确的储藏方式是将冰鲜类装入泡沫箱，里面垫一层冰，然后将鱼逐条放入，每层鱼之间要用冰层隔开，然后放入保鲜库，这就是"层鱼层冰冷藏法"。

(三) 冷冻水产的鲜度管理

冷冻水产的收货时间不宜过长，避免在常温下解冻。收货完毕后立即转入卖场或仓库，冷冻库（柜）温度设定在 −25℃ ~ −18℃之间，并定期检查库（柜）温，冷冻库（柜）水产品存放不可以超过冷冻库（柜）的安全线，发现异常情况应立即转移冷冻品至安全区并及时汇报相关部门前来检修。另外注意冷冻库（柜）必须定期除霜、清洗。

不定期巡视冷冻（藏）库（柜），检查到有鲜度不良或有异味的水产品应立即从冷冻（藏）库（柜）中剔除，避免发生交叉污染、连续污染。解冻的水产品应及时调拨进行深加工处理，变质的水产品应立即报损，切记任何水产品都不可以二次冷冻。

三、水产品鲜度鉴定方法

(一) 感官鉴评

感官鉴评是以人的感觉（视觉、味觉、嗅觉、听觉、触觉）将鱼鳃、鱼眼的状态，鱼肉的松紧程度，鱼皮上和鳃中所分泌的黏液的量、色泽和气味，以及鱼肉断面上的色泽等作为基本标志对鱼的鲜度进行鉴评的方法。

(二) 微生物学鉴评

微生物学鉴评主要是测定鱼体肌肉的细菌数。由于鱼体在死后僵硬阶段，细菌繁殖缓慢，到自溶阶段后期，由于含氮物质分解增多，细菌繁殖速度很快，因此测出的细菌数的多少，大致反映了鱼体的新鲜度。

（三）物理学方法鉴评

物理学方法鉴评主要测定鱼的质地、持水率、鱼肉电阻、眼球水晶体混浊度等。质地测定需专用的质地测定仪，一般可测定包括水产品在内的各种食品的硬度、脆性、弹性、凝聚性、附着性、咀嚼性等参数，与感官鉴评具有较好的一致性。

（四）化学方法鉴评

化学方法鉴评主要是通过测定挥发性盐基氮、挥发性硫化物、挥发性脂肪酸及吲哚族化合物的量来鉴评鱼类的鲜度。国内常测的是挥发性盐基氮、pH 值和 K 值（电导率）。

四、水产品的陈列

水产品陈列要求视觉饱满，颜色和谐，价格标识清晰明了，且与商品实物一一对应，商品摆放要方便顾客拿取。

（一）鲜活类陈列要求

鱼池玻璃清洁明亮，淡水鱼和海水鱼要分开。鱼池内的鱼不能太少，勤加护理，保持缸内无死鱼。

（二）冰鲜类陈列要求

冰台高度适中，冰面呈一定坡度，让远处顾客一眼就能看到冰鲜鱼；装饰有新意，但颜色搭配要和谐；冰鲜鱼要充分与冰接触，但不能深埋冰内；保持有干净的柠檬水，方便顾客洗手；冰鲜鱼表面风干时，可用盐冰水泡 5 分钟再陈列，保持色泽光亮。

（三）冷冻类陈列要求

整齐有序，视觉饱满，方便顾客拿取。深海冻品为防止顾客不良行为导致的损耗，最好要求供应商改为真空包装或简易封闭包装；肉丸类必须封闭包装，不可散卖。

（四）干货类陈列要求

主要是防尘、防霉、防潮、防虫。

本章练习

一、单项选择题

1. 将碎冰直接与鱼体接触而冷却鱼的保鲜方法叫(　　)。

A. 辐照保鲜法　　　　　　　　　B. 水冰法

C. 冷冻法　　　　　　　　　　　D. 撒冰法

2. 水产品中心从 –1℃ 降到 –5℃ 所需的时间，在(　　)分钟之内为快速，超过此即为慢速。

A. 10　　　　　　　　　　　　　　B. 30

C. 60　　　　　　　　　　　　　　D. 120

3. 我国选用的水产品冻藏温度为(　　)或以下。

A. –10℃　　　　　　　　　　　　B. –18℃

C. –25℃　　　　　　　　　　　　D. –30℃

4. 冻鲳鱼的加工工艺如下。

原料鱼→清洗→称量装盘→速冻→脱盘→(　　)→包装成品

A. 杀菌　　　　　　　　　　　　　B. 前处理

C. 冻结　　　　　　　　　　　　　D. 镀冰衣

二、多项选择题

1. 影响水产品腐败的因素有(　　)。

A. 鱼的种类　　　　　　　　　　　B. 温度

C. PH 值　　　　　　　　　　　　　D. 自溶作用

2. 鱼、贝类保鲜的其他方法有(　　)等。

A. 气调保鲜　　　　　　　　　　　B. 化学保鲜

C. 生物保鲜　　　　　　　　　　　D. 辐射保鲜

3. 水产品微冻保鲜主要有(　　)。

A. 冰盐混合微冻法　　　　　　　　B. 低温盐水微冻法

C. 空气冷却微冻法　　　　　　　　D. 冷却海水保鲜法

4. 鲜活水产的鲜度管理主要靠提升养殖技术，在(　　)、密度等各方面保障鱼类的生存环境。

A. 水温　　　　　　　　　　　　　B. 水质

C. 氧气　　　　　　　　　　　　　D. 盐度

三、简答题

1. 水产品新鲜度鉴定有哪些指标？

2. 水产品冻结保藏的基本原理？

3. 水产品低温保鲜技术主要有哪几种？

4. 水产品保活和保鲜的根本性区别在哪里？

5. 水产品保活的影响因素有哪些？

参考文献

［1］ 梅宝林．农产品冷链物流技术研究［M］．长春：吉林科学技术出版社，2020．

［2］ 姚源果．区域农产品冷链物流配送优化研究［M］．北京：中国农业出版社，2020．

［3］ 冷凯君．基于大数据时代背景下农产品冷链物流一体化模式研究［M］．北京：九州出版社，2020．

［4］ 刘军．商贸物流管理［M］．4版．北京：中国财富出版社，2020．

［5］ 李红．区域果蔬外贸冷链物流模式及其机制创新研究［M］．北京：中国农业科学技术出版社，2020．

［6］ 周叶．郑家文．农产品冷链物流碳减排的机理、路径与策略研究［M］．北京：经济科学出版社，2019．

［7］ 张晓明．孙旭．物流信息化与物联网发展背景下的农产品冷链物流优化研究［M］．北京：经济管理出版社，2019．

［8］ 白世贞．曲志华．冷链物流［M］．北京：中国财富出版社，2019．

［9］ 郑健民．周洁红．农产品物流管理实务［M］．北京：国家开放大学出版社，2019．

［10］ 龚英编．电子商务物流［M］．北京：科学出版社，2019．

［11］ 谢晶．食品低温物流［M］．北京：中国农业出版社，2019．

［12］ 张玉华．王国利．农产品冷链物流技术原理与实践［M］．北京：中国轻工业出版社，2018．

［13］ 蔡晓莹．农产品冷链物流管理体系［M］．长春：吉林出版集团股份有限公司，2018．

［14］ 李学德．高科技下的农产品冷链物流［M］．北京：现代出版社，2018．

［15］ 吴砚峰．农产品检验与物理安全［M］．北京：北京理工大学出版社，2018．

［16］ 王茂春．俞媛．王茂春．农产品仓储与运输管理实操［M］．贵阳：贵州大学出版社，2018．

［17］ 温卫娟．行业物流管理研究［M］．北京中国财富出版社，2018．

［18］ 毛海军．江苏物流创新典型案例［M］．南京：东南大学出版社，2018．

［19］ 蔡源．陈锦华．智能物流系统设计与应用发展研究［M］．长春：吉林大学出版社，2018．

［20］ 张兵．张颖．吴云．徐州市物流标准化发展研究［M］．徐州：中国矿业大学出版社，2018．

［21］ 张滨丽．卞兴超．农产品物流实务［M］．哈尔滨：哈尔滨工程大学出版社，2017．

［22］ 范炳絮．现代农村农产品物流研究［M］．哈尔滨：东北林业大学出版社，2017．

［23］周洁红．徐莹．农产品供应链与物流管理［M］．杭州：浙江大学出版社，2017.

［24］翁心刚．安久意．胡会琴．冷链物流［M］．北京：中国财富出版社，2016.

［25］崔剑．成龙．陈晓玲．冷链物流体系建设研究［M］．武汉：武汉大学出版社，2016.

［26］周胜芳．陈方丽．农产品经纪人中高级教程［M］．杭州：浙江大学出版社，2016.

［27］翁心刚．安久意．鲜活农产品冷链物流管理体系研究［M］．北京：中国财富出版社，2015.

［28］杨芳．果蔬冷链物流系统安全评估及优化研究［M］．北京：中国财富出版社，2015.

［29］张天琪．大数据时代农产品物流的变革与机遇［M］．北京：中国财富出版社，2015.

［30］魏来．生鲜农产品产业链价格潮涌效应及其应对方法研究［M］．成都：电子科技大学出版社，2015.